ELOGIOS A **AGENTE DE MUDANÇA**

"John condensou seus anos de experiências adquiridas com muito esforço em um lindo e delicado livro. Este é o tipo de recurso que reduz anos de sua curva de aprendizado."

— **UJ RAMDAS,** Cocriador do *Cinco Minutos por Dia: Um Diário para uma Vida Melhor*, cofundador da Intelligent Change

"John tem uma forma única de derrubar conceitos elevados, como 'paixão' e 'propósito', transformando-os em etapas reais, práticas e cotidianas. Ele mudou fundamentalmente meu modo de pensar (e buscar) minhas metas, minhas habilidades e meu autodesenvolvimento. Sistemático e sincero, este livro é um roteiro confiável para operar mudanças reais e curtir essa jornada."

— **CAMILLE DEPUTTER,** Autora de *Little Poems for Big Hearts*, criadora de Storytelling with Heart

"Este é o livro que eu gostaria de ter quando comecei no ramo fitness. Ainda hoje, pego-me revisitando determinados capítulos e retirando novos insights. Fiel ao seu nome, *Agente de Mudança* mudará fundamentalmente a forma como você vê o mundo, e isso pode mudar sua vida."

— **NATE GREEN,** Autor de *Built For Show*, escritor na revista *Men's Health*

"*Agente de Mudança* começa no lugar em que os certificados param. Os profissionais de saúde e fitness têm acesso aos segredos para a criação de negócios sustentáveis e bem-sucedidos, ajudando seus clientes a transformar suas vidas."

— **GERALYN COOPERSMITH,** Autora, palestrante e consultora do ramo fitness

"Eu literalmente ampliei minha fé na humanidade devido à forma como John Berardi e sua equipe alcançaram tamanho sucesso. *Agente de Mudança* oferece lições integrais de alguém que fez as coisas acontecerem — e fez da forma certa!"

— **GEOFF GIRVITZ,** Fundador da Bang Fitness, criador da Dad Strength

"A orientação e a sabedoria de John Berardi impactaram positivamente minha vida e meus negócios. Se você deseja uma carreira longa, impactante e lucrativa, recomendo muito este livro."

— **CASEY SASEK,** Codiretor da Girls Gone Strong, proprietário da Wildcat Mattress

"*Agente de Mudança* vai além de todas as expectativas. É realmente o roteiro completo para realizar suas maiores ambições. E também pode torná-lo um ser humano melhor."

— **ADAM CAMPBELL,** Autor de best-sellers e ex-diretor de conteúdo da *Men's Health, Women's Health, Prevention e Runner's World*

"Há 11 anos, abri meu primeiro negócio fitness: uma instalação baseada em princípios que aprendi treinando pessoas em operações especiais. Durante esse processo, os conselhos e as percepções de JB desempenharam um papel inestimável na definição de meu novo negócio para o que eu queria que ele fosse. Se estiver iniciando uma carreira no setor fitness, você deve ter este livro em sua mesa."

— **CRAIG WELLER,** USN SWCC, fundador da Barefoot Fitness, cofundador da Ethos Colorado, Treinador de nutrição de precisão

"Parabéns por encontrar este livro! Você escolheu um ramo que tem a capacidade de mudar o mundo. E este é o guia certo para ajudá-lo a trabalhar nele."

— **JONATHAN GOODMAN,** Autor de *Ignite the Fire*, fundador do PTDC

AGENTE DE MUDANÇA

AGENTE DE MUDANÇA

Transforme sua **PAIXÃO** por **SAÚDE e FITNESS** em uma carreira **PODEROSA** e imensamente **BEM-SUCEDIDA**

JOHN BERARDI, PHD

ALTA LIFE
EDITORA
Rio de Janeiro, 2022

Agente de Mudança

Copyright © 2022 da Starlin Alta Editora e Consultoria Eireli.
ISBN: 978-85-508-1554-1

Translated from original Change Maker. Copyright © 2019 by John Berardi Consulting, Inc. ISBN 978-1-9488-3655-5. This translation is published and sold by permission of BenBella Books, Inc., the owner of all rights to publish and sell the same. PORTUGUESE language edition published by Starlin Alta Editora e Consultoria Eireli, Copyright © 2022 by Starlin Alta Editora e Consultoria Eireli.

Impresso no Brasil — 1ª Edição, 2022 — Edição revisada conforme o Acordo Ortográfico da Língua Portuguesa de 2009.

Todos os direitos estão reservados e protegidos por Lei. Nenhuma parte deste livro, sem autorização prévia por escrito da editora, poderá ser reproduzida ou transmitida. A violação dos Direitos Autorais é crime estabelecido na Lei nº 9.610/98 e com punição de acordo com o artigo 184 do Código Penal.

A editora não se responsabiliza pelo conteúdo da obra, formulada exclusivamente pelo(s) autor(es).

Marcas Registradas: Todos os termos mencionados e reconhecidos como Marca Registrada e/ou Comercial são de responsabilidade de seus proprietários. A editora informa não estar associada a nenhum produto e/ou fornecedor apresentado no livro.

Erratas e arquivos de apoio: No site da editora relatamos, com a devida correção, qualquer erro encontrado em nossos livros, bem como disponibilizamos arquivos de apoio se aplicáveis à obra em questão.

Acesse o site www.altabooks.com.br e procure pelo título do livro desejado para ter acesso às erratas, aos arquivos de apoio e/ou a outros conteúdos aplicáveis à obra.

Suporte Técnico: A obra é comercializada na forma em que está, sem direito a suporte técnico ou orientação pessoal/exclusiva ao leitor.

A editora não se responsabiliza pela manutenção, atualização e idioma dos sites referidos pelos autores nesta obra.

Dados Internacionais de Catalogação na Publicação (CIP) de acordo com ISBD

B483a

    Berardi, John
        Agente de mudança: transforme sua paixão por saúde e fitness em uma carreira ponderosa e imensamente bem-sucedida / John Berardi ; traduzido por Kathleen Miozzo. – Rio de Janeiro : Alta Books, 2022.
        368 p. : il. ; 16cm x 23cm.

        Tradução de: Change Maker.
        Inclui índice.
        ISBN: 978-85-508-1554-1

        1. Autoajuda. 2. Carreira. 3. Orientação profissional. 4. Personal trainers. I. Miozzo, Kathleen. II. Título.

                                            CDD 158.1
2022-973   CDU 159.947

Elaborado por Odilio Hilario Moreira Junior - CRB-8/9949

Índice para catálogo sistemático:
1. Autoajuda 158.1 | 2. Autoajuda 159.947

Produção Editorial
Editora Alta Books

Diretor Editorial
Anderson Vieira
anderson.vieira@altabooks.com.br

Editor
José Ruggeri
j.ruggeri@altabooks.com.br

Gerência Comercial
Claudio Lima
claudio@altabooks.com.br

Gerência Marketing
Andrea Guatiello
marketing@altabooks.com.br

Coordenação Comercial
Thiago Biaggi

Coordenação de Eventos
Viviane Paiva
comercial@altabooks.com.br

Coordenação ADM/Finc.
Solange Souza

Direitos Autorais
Raquel Porto
rights@altabooks.com.br

Produtores Editoriais
Illysabelle Trajano
Maria de Lourdes Borges
Paulo Gomes
Thales Silva
Thiê Alves

Equipe Comercial
Adriana Baricelli
Daiana Costa
Fillipe Amorim
Heber Garcia
Kaique Luiz
Maira Conceição
Victor Hugo Morais

Equipe Editorial
Beatriz de Assis
Brenda Rodrigues
Caroline David
Gabriela Paiva
Henrique Waldez
Marcelli Ferreira
Mariana Portugal

Marketing Editorial
Jessica Nogueira
Livia Carvalho
Marcelo Santos
Pedro Guimarães
Thiago Brito

Atuaram na edição desta obra:

Tradução
Kathleen Miozzo

Copidesque
Vanessa Schreiner

Revisão Gramatical
Kamilla Wozniak
Fernanda Lutfi

Diagramação
Lucia Quaresma

Capa
Marcelli Ferreira

Editora afiliada à:

ASSOCIADO
Câmara Brasileira do Livro

ALTA BOOKS
EDITORA

Rua Viúva Cláudio, 291 — Bairro Industrial do Jacaré
CEP: 20.970-031 — Rio de Janeiro (RJ)
Tels.: (21) 3278-8069 / 3278-8419
www.altabooks.com.br — altabooks@altabooks.com.br
Ouvidoria: ouvidoria@altabooks.com.br

Para minha esposa e filhos:
Por me ajudarem a viver meu propósito
usando minhas habilidades únicas em
harmonia com nossos valores compartilhados.

++

Para os agentes de mudança do mundo todo:
Por seguirem sua paixão,
tornarem sua vida importante e
ajudarem o mundo a se tornar um lugar melhor.

AGRADECIMENTOS

A ideia de que a pessoa cujo nome está na capa de um livro é a responsável por "criar" o livro é enganosa, talvez até hilária. Phil Caravaggio, meu amigo de longa data e sócio, chama isso de "o mito da autoria". E esse projeto certamente acabou com quaisquer ideias restantes que eu tinha sobre ser "o autor" do "meu próprio" livro.

Não me interpretem mal; passei mais de um ano em guerra com o manuscrito. Quase diariamente. E durante a maior parte de meu horário de trabalho. No entanto, uma enorme lista de pessoas foi responsável por eu chegar ao ponto em que poderia sequer entrar nessa guerra, para começar. Sem eles, eu jamais teria aprendido as lições apresentadas, começado a escrever ou concluído o trabalho. Tenho com todos uma grande dívida de gratidão, incluindo:

Phil Caravaggio, meu amigo e sócio há 20 anos. Sem ele, este livro nunca existiria. Não neste universo nem em qualquer outro. Porque, sem ele, não sou o tipo de pessoa que poderia escrever.

A equipe de liderança da Precision Nutrition, incluindo Timothy Jones, Erin Weiss-Trainor, Luke Galea, Tracy Simpson, Robert Lombardi, Lorinda Nepaul, Belinda Hudmon e Adam Campbell. Seu trabalho e caráter me influenciaram de formas poderosas e numerosas demais para serem contadas. Serei eternamente grato.

Os membros da equipe da Precision Nutrition com quem trabalhei de perto, incluindo Aaron Hughes, Alex Cimino, Alex Picot-Annand, Jason Crowe, Jason Grenci, Jennifer Nickle, Kate Kline, Lance Jones, Lee Walker Helland, Morgan Kennedy, Nate Green, Angela Self, Holly Monster, Jen Schwartzenhauer, Janet Filipenko, Krista Schaus, Sarah Masi, Ailbhe Keys, Eva Tang, Nadia Fisher, Ruby Bennett, Alaina Hardie, Cheryl Stinson, Doug Estey, Graham Anthony, James Herdman, Jason Dreher, Jenny Brook, Justin Giancola, Kelly Shea, Kyra Aylsworth, Mattia Gheda, Adam Feit, Brian St. Pierre, Craig Weller, Denise Allen, Dominic Matteo, Gillian Hagg, Jason Bonn, Jen Cooper, Jessica Christensen, Jonathan Pope, Kate Solovieva, Krista Scott-Dixon, Lisanne Thomas, Pam Ruhland, Ryan Andrews, Sarah Maughan, Scott Quick, Toni Bauer, Tracy Reck e Zach Moore. Cada uma dessas pessoas acredita na missão da Precision Nutrition e a executa com entusiasmo todos os dias. Ao fazerem isso, eles me ensinaram muitas lições importantes sobre o trabalho e a vida. Fui transformado nesse processo.

Scott Hoffman e Steve Troha, meus extraordinários agentes. Ambos confiaram em minhas ideias, representaram-me de forma infalível e guiaram este novato no processo de publicação com experiência, graça e sabedoria. Nem sei quanto significa ter "representantes" que levam você e suas ideias à frente, desde o início.

Ted Spiker, meu parceiro de escrita. Quando se trata de entender o processo de redação e publicação, a sabedoria de Ted deve ser medida em idade de cachorro. Sem seu talento, experiência e orientação regular, este livro nunca teria sido concluído. E, se tivesse, certamente não teria sido tão convincente.

Minha equipe de colegas e revisores, incluindo Adam Campbell, Bryan Krahn, Camille DePutter, Carter Schoffer, Casey Sasek, Craig Weller, Geoff Girvitz, Geralyn Coopersmith, Krista Scott-Dixon, Nate Green, Stuart McMillan e UJ Ramdas. Cada um deles emprestou seus olhos talentosos e críticos ao primeiro rascunho deste livro. E cada um compartilhou o feedback do "protocolo verbal Think Aloud", que levou a mudanças importantes na estrutura e entrega do livro. Quando pedi a cada um que ajudasse dessa maneira, eles responderam com entusiasmo e afirmativamente no dia seguinte, sem esperar nada em troca. Sou um cara extremamente sortudo.

A equipe de produção e publicação da BenBella, incluindo Glenn Yeffeth, Claire Schulz, Sarah Avinger, Monica Lowry e Lindsay Marshall. Eles têm sido verdadeiros parceiros em todos os sentidos. Em dezenas de reuniões, e numerosas interações, nenhuma de minhas ideias foi recebida com resistência. A cada passo do caminho, sentia seu desejo de trabalharmos juntos para fazer deste o melhor livro possível.

Rodrigo Corral e Anna Kassoway, minha talentosa equipe de design, e uma das melhores do mundo. Além de gênios no design, também são colaboradores autênticos, confiáveis e acolhedores, uma combinação rara. Juntos, criamos algo lindo do qual tenho muito orgulho. E a cereja do bolo? Foi muito divertido fazer tudo isso.

Andrea Hayes, que atuou, igualmente, como assistente, gerente de projeto e parceira enquanto trabalhávamos na conclusão e na comercialização deste livro, além de lançar a marca Change Maker Academy. Seu entusiasmo por ideias e o compromisso de esmiuçá-las era revigorante, a cada passo do caminho.

Por fim, porém não menos importante, Amanda, Amalynn, Raelon, Graydon e Ambria, minha família, a quem dedico este livro. Durante as horas passadas enclausurado em meu escritório, e nos momentos irritáveis em que finalmente saí dele, eles me apoiaram sem hesitar, enquanto eu fazia o possível para moldar esse trabalho e divulgá-lo para o mundo. O simples fato de vê-los passar pela vida me inspira e me proporciona alguns de meus melhores momentos de aprendizado e ensino, além de algumas das melhores histórias deste livro.

SUMÁRIO

XII
PREFÁCIO
Jonathan Goodman

———

XIV
INTRODUÇÃO
Como encontrei meu chamadoe como você
pode encontrar o seu também

———

1
CAPÍTULO 1: OPORTUNIDADE
Como transformar seis desafios comuns do ramo em
oportunidades para o sucesso

———

24
CAPÍTULO 2: CARREIRA
Como usar seu propósito,suas habilidades únicase seus valores para
trilhar o caminho de sua carreira

———

72
CAPÍTULO 3: CLIENTES
Descubra o que seus clientes realmente quereme
faça com que o recebam sempre

———

106
CAPÍTULO 4: COACHING
Como dominar a motivação, construir relacionamentos,
e permanecer focado em seus clientes

———

156

CAPÍTULO 5: NEGÓCIOS

Como construir seus sistemas, atrair clientes, e ganhar dinheiro

---

224

CAPÍTULO 6: REPUTAÇÃO

**Como conquistar respeito e atrair profissionalismo
de elite para seu trabalho**

278

CAPÍTULO 7: EDUCAÇÃO

Um currículo completo para se tornar o melhor dos changemakers

---

322

CONCLUSÃO

Uma Pessoa Com Tanta Pressa Raramente Alcança Bons Resultados

---

326

GUIA DE REFERÊNCIA RÁPIDA PARA PLANILHAS, EXERCÍCIOS DE REFLEXÃO E RECURSOS

330

GUIA DE REFERÊNCIA RÁPIDA PARA AS PERGUNTAS E RESPOSTAS

334

RECURSOS EDUCACIONAIS

337

ÍNDICE

342

SOBRE O AUTOR

PREFÁCIO

Eu tive sorte.

Quando estudava na Universidade de Western, em Ontário, enviei um e-mail para o lendário pesquisador de nutrição e membro do corpo docente dr. Peter Lemon, pedindo conselhos de carreira. De forma muito simpática, ele me convidou para ir até seu escritório e passou horas me dando referências e me ajudando a me concentrar não *no que* pensar, mas *como* pensar, no que diz respeito a aprender mais sobre uma carreira em saúde, fitness e nutrição e avançar nela.

Durante essa visita, dr. Lemon me mostrou um estudo de 2002. Seu coautor era um jovem (e desconhecido) doutorando chamado John Berardi, que posteriormente conheci como JB. Como dr. Lemon era seu orientador de doutorado, ele comentou sobre a pesquisa de JB, sua ética de trabalho e as grandes esperanças que reservava para ele.

Embora sejamos amigos há anos, e JB tenha se tornado um de meus mentores mais influentes, nunca havia contado essa história para ele. Mas ele ajudou a guiar minha carreira muito antes de nos conhecermos. E, acredite em mim, é difícil encontrar orientações úteis na área de saúde e fitness.

Como JB e eu somos leitores ávidos, sei que ele vai gostar desta frase de Tolkien que peguei emprestada para ilustrar o que acontece com muitos dos novos profissionais de saúde e fitness: "Fora da frigideira e direto para o fogo." Ao contrário de muitos outros setores, o ramo de saúde e fitness parece lançar as pessoas de cabeça na profissão. Basta um curso de certificação ou um treinamento em coaching e, então… quem não souber nadar, afoga-se!

Claro, há oportunidade para uma educação continuada ao longo do caminho. Mas, na maioria dos casos, é lamentável a falta de orientação sobre quais cursos seguir, quais habilidades desenvolver e quais carreiras fazem, ou farão, mais sentido agora e no futuro.

Isso até agora.

Em *Agente de Mudança*, JB fornece conselhos autênticos, perspicazes e sábios. Aqueles que muitos profissionais de saúde e fitness precisam, independentemente de estarem apenas no começo ou no meio de suas carreiras profissionais.

Ele começa derrubando o mito de que o caminho para um objetivo poderoso e uma carreira muito bem-sucedida é simplista e unidimensional. De fato, como ele discute, há *muitas* oportunidades disponíveis, e elas não envolvem *apenas* o trato com clientes e pacientes pessoal ou individualmente.

Ele também destaca diversas maneiras de usar sua paixão para realmente fazer a diferença, além de reunir objetivos, talentos e valores únicos. A boa notícia é que, mesmo que ainda não tenha encontrado seu propósito, nunca é tarde para mudar o foco e alinhá-lo.

Além de discutir todas as grandes oportunidades disponíveis atualmente — e as que surgirão nos anos seguintes —, ele também ensina como se voltar para o que é importante para você, para as pessoas a quem presta serviço e para sua carreira. Dessa forma, é possível dedicar sua energia a coisas que fazem realmente a diferença, ignorando o que não é importante ou, pelo menos, sem importância no momento.

Se vamos resolver os problemas de obesidade, as doenças relacionadas ao estilo de vida e os esmagadores custos de assistência médica para as gerações futuras, precisamos pensar na prevenção. E movimento, nutrição, sono e controle do estresse são os melhores preventivos disponíveis.

No entanto, como eu disse antes: sua capacidade de escrever um programa de qualidade é menos importante do que sua capacidade de conseguir alguém para seguir esse programa. É essa a área que JB domina. Neste livro, ele partilha uma entusiasmante noção de coaching, voltada para a psicologia comportamental e baseada em uma mudança sustentável a longo prazo, e não em dietas ioiô ou da moda.

Com um misto de humildade e sinceridade, JB compartilha algumas de minhas lições favoritas: estratégias de negócios e desenvolvimento profissional que o ajudaram a se tornar uma das pessoas mais bem-sucedidas da história nesse ramo, criando a maior empresa de coaching, certificação e software de nutrição e estilo de vida do mundo.

Enfim, é um momento em que tudo parece cíclico para mim. O homem cujo trabalho me foi apresentado durante minha primeira sessão de verdadeira orientação nesse ramo pediu que eu escrevesse o prefácio de um livro que guiará você (e centenas de milhares de outras pessoas) ao sucesso pessoal e profissional.

Então, parabéns por encontrar este livro. Você escolheu um ramo que tem a capacidade de mudar o mundo. E escolheu o livro — e o guia — certo para ajudá-lo a trabalhar nele.

Jonathan Goodman

Autor de *Ignite the Fire*

Fundador do PTDC

INTRODUÇÃO

Como encontrei meu chamado e como você pode encontrar o seu também

Em quase todos os aspectos da vida, é preciso algum tipo de infraestrutura. Uma casa sem fundação seria detonada somente com uma brisa. Uma cidade sem tubulações, estradas e linhas de energia sucumbiria. Um corpo sem ossos seria uma pilha carnuda de gosma.

Então, por que quase não temos estrutura no setor de saúde e fitness?

É claro que há muitas opções: uma variedade de livros, sites, oficinas, certificações e conselhos amigáveis (ou nem tanto) para absorver aleatoriamente. Mas, ainda que haja uma abundância de opções, quase ninguém as aproveita. Não há currículo, caminho ou diretrizes do que fazer e de como agir, nenhum suporte para que você tenha a estrutura de que precisa para se lançar em uma carreira de sucesso.

Se seu trabalho for na área de saúde e fitness, você está praticamente sozinho.

Claro, você pode saber muito sobre exercícios ou nutrição, até mesmo sobre o funcionamento interno do corpo. Mas onde aprenderá como escolher sua especialização, atrair clientes, administrar um negócio, gerenciar problemas e proteger sua reputação? Onde será exposto ao funcionamento interno de um negócio de sucesso?

Aqui temos um dos maiores problemas que identifico no setor de saúde e fitness: **Muita informação, pouquíssimo contexto.** É fácil ficar sobrecarregado ou se concentrar nas coisas erradas. E isso pode levar a uma visão equivocada, um desenvolvimento pessoal frustrante (ou nulo) e — por fim — a muitos bons profissionais se sentindo estagnados em carreiras que antes eram seus sonhos.

Para ilustrar meu argumento, atualmente há uma taxa de rotatividade anual de 40% entre os profissionais de saúde e fitness — o que significa que, a essa altura, no próximo ano, quatro em cada dez profissionais terão abandonado um ramo pelo qual eram profundamente apaixonados.

Este livro foi projetado para mudar isso.

Em *Agente de Mudança*, compartilharei um roteiro, um currículo, uma forma de aproveitar o conteúdo que o ajudará a obter sucesso em seus próprios termos. Obviamente, definir o sucesso depende de sua perspectiva, seus objetivos e do estágio em que você está em sua vida. Mas a maneira como defino é:

ESCOLHER UM CAMINHO PROFISSIONAL
que lhe traga mais significado;

GANHAR DINHEIRO
suficiente para ter segurança financeira;

TER FLEXIBILIDADE
para criar a própria programação;

EQUILIBRAR SUA VIDA PESSOAL E PROFISSIONAL
para que deem suporte uma à outra; e

VER RESULTADOS FENOMENAIS
em seus clientes e pacientes.

Este último é o motivo de você estar nesse negócio, certo? Muito provavelmente não é porque esse ramo está repleto de treinadores, nutricionistas e médicos funcionais dirigindo Maseratis e usando barras de ouro como pesos de academia. Em vez disso, talvez você esteja aqui porque: 1) foi "chamado" (por alguém ou algo) a ajudar na mudança de vida; e/ou 2) o ramo de saúde e fitness mudou *sua* vida, assim como a minha.

Como a saúde e o fitness mudaram — ou melhor, salvaram — minha vida

Talvez seja porque eu era pequeno e fraco, estava sempre espirrando e com algum problema respiratório. Ou talvez porque crianças magras como eu sofrem muito bullying. Seja qual for o motivo, quando cheguei ao ensino médio, eu era muito revoltado e sentia raiva do mundo. Faltava a muitas aulas, estava sempre bêbado e chapado. Não era muito divertido ficar perto de mim, e eu não tinha perspectivas de continuar meus estudos.

Então, uma noite, depois de beber e dirigir com amigos (pode me julgar, eu mereço), batemos o carro. Quando perdemos o controle e fomos parar em uma área arborizada, tive uma daquelas experiências cinematográficas de quase morte: tudo passou em câmera lenta. Tive visões da minha infância e me vi sendo enterrado enquanto meus pais pairavam no alto, lamentando, envergonhados.

Mas, milagrosamente, por pouco não batemos contra as árvores. Não nos machucamos, nem a ninguém. Somente arranhamos o carro e quebramos um retrovisor lateral durante o acidente. Quando a poeira baixou, nós nos sentamos, tentando pensar em "quem-onde-como?". "Vamos tirar o carro desse barranco", disse o motorista. "Meus pais vão me matar."

Minha reação foi totalmente diferente. *Puta merda!*, pensei. *Preciso fazer algo diferente com a minha vida.*

Embora estivéssemos a quilômetros de minha casa, decidi voltar caminhando. Meus amigos foram embora e, mais tarde naquela noite, foram presos.

A ideia do que fazer em seguida me martirizava. Eu sabia que precisava fazer *alguma coisa*. Mas não tinha quaisquer habilidades. A única coisa que conhecia eram as baladas, e eu era tão franzino que a circunferência de meu braço era quase idêntica a de meu punho. Mesmo assim, a ideia de uma vida melhor me parecia muito atraente. Parte de mim queria dormir mais, comer melhor e criar mais massa muscular. Então me matriculei em uma academia local.

Não conhecia ninguém, muito menos sabia o que fazer, então simplesmente fui.

Você provavelmente já ouviu o ditado: "Quando o aluno está pronto, o professor aparece." Bem, foi isso que aconteceu comigo. Um dia, enquanto tentava me entender com a máquina de *leg press*, o proprietário da academia, Craig, aproximou-se de mim. Ele me deu algumas dicas, e acho que as aceitei bem porque ele me convidou para malhar com ele no dia seguinte.

Craig era o herói de qualquer cara jovem. Ele era grande e forte, um fisiculturista de 200kg. Formado em administração e dono de algumas respeitadas academias, ele era culto e dirigia um bom carro, além de ser bonito e as meninas o adorarem.

Não faço ideia do que Craig viu em *mim*. No entanto, durante os dois anos seguintes, ele se tornou um treinador de confiança, um bom amigo e meu maior mentor. Ele me indicou livros para ler e me ensinou sobre saúde e fitness. Falou sobre a realidade de ser proprietário de uma academia, me ofereceu um emprego na recepção e me mostrou como as coisas funcionavam.

A orientação de Craig não só mudou minha vida, ela me *salvou*. Não voltei à minha rotina de baladeiro. Em vez disso, me matriculei em uma faculdade comunitária e, para pagar a faculdade, fiz cursos de personal training e coach de estilo de vida, e comecei a trabalhar com alguns clientes na academia de Craig.

Encontrei meu chamado.

Depois da faculdade comunitária, estudei medicina, biologia, química, psicologia e filosofia, à medida que progredia em cursos avançados em cinco universidades diferentes. Enquanto trabalhava minha mente, também nutria meu corpo, participando de competições de musculação e levantamento de peso. Acabei ganhando um campeonato nacional de fisiculturismo, tornei-me PhD e cofundei a Precision Nutrition, que agora é a maior empresa de coaching, certificação e software de nutrição do mundo.

Quando descobri o ramo de saúde e fitness, precisava de uma transformação

Quando comecei a trabalhar, precisava renovar meu corpo, minha mente e minha perspectiva.

Depois, precisei reconstruir minha perspectiva outra vez.

Trabalhando como coaching, paguei dez anos de cursos de especialização. No entanto, no meio dessa jornada, eu me senti inquieto com relação ao trabalho. Isso foi estranho, porque o ramo de saúde e fitness salvou minha vida. E eu também acreditava no poder de salvar outras vidas.

Ao mesmo tempo, quando olhava a meu redor, via uma grande distância entre as pessoas que trabalhavam no ramo de saúde e fitness e as pessoas que deveríamos estar ajudando.

Parecia que toda essa área estava voltada apenas para o atendimento a pessoas como eu e meus colegas do mercado fitness: pessoas que já trabalhavam em academias, faziam suas compras em mercados orgânicos e estavam comprometidas com um estilo de vida saudável.

Pense nas implicações disso.

Toda nossa energia era focada em servir uma pequena porcentagem da população — o pequeno grupo de pessoas que, ironicamente, *menos* precisava de nossa ajuda. Além de um dilema ético, isso também era um problema para os negócios. Como me destacaria ao competir com todas as pessoas que tentavam prestar serviços no mesmo mercado que eu?

Além disso, ignorávamos as pessoas que sofriam, os milhões que não tinham qualquer experiência em saúde e fitness, aqueles que *mais* precisavam de nossa ajuda. Isso realmente me chamou a atenção quando percebi que, por mais que eu estivesse me "especializando", ainda não tinha a habilidade ou a capacidade necessárias para ajudar as pessoas com quem eu me importava, as pessoas mais próximas de mim, evitando modismos e trazendo mudanças realmente positivas para suas vidas.

Depois que entendi isso, não consegui *voltar à antiga perspectiva*.

Novamente, sabia que algo precisava mudar

Eu precisava aprender uma forma diferente de enxergar meus clientes — e também de pensar sobre meu trabalho.

Foi quando decidi duas coisas.

Em primeiro lugar, não queria *apenas* ajudar pessoas saudáveis e em forma a ficarem *mais* saudáveis e em forma. Eu também queria ajudar a *todos* que estivessem prontos e dispostos a fazer mudanças em suas vidas — não importava quem fossem, como eram ou de que ponto estavam partindo.

Em segundo lugar, queria garantir que minha ajuda fosse para valer — o tipo de ajuda que facilita mudanças duradouras e significativas na vida de uma pessoa. Sem soluções rápidas nem fórmulas que só funcionam quando as condições são perfeitas.

Infelizmente, no início de minha carreira, eu não fazia nenhuma das duas coisas

Eu não estava fazendo nada disso — ajudando aqueles que mais precisavam nem oferecendo mudanças duradouras — por conta própria. Nem mesmo fazia isso nos primeiros dias da Precision Nutrition, que montei com meu amigo Phil Caravaggio em um porão, no início dos anos 2000.

A Precision Nutrition foi, inicialmente, um projeto baseado em uma paixão, uma forma divertida de satisfazer nosso amor por saúde e fitness, ao mesmo tempo em que expressávamos nossas facetas de nerds loucos por ciência e tecnologia.

Nos primeiros anos de empresa, escrevemos artigos, criamos DVDs educacionais, vendemos e-books, ou seja, administramos o que as pessoas chamam de uma empresa de "produto da informação". Durante esse período, reunimos muitos depoimentos e todos nos diziam que estávamos fazendo um ótimo trabalho.

Mas eu não tinha muita certeza disso.

Phil e eu começamos a perceber que artigos, livros e DVDs — ainda que oferecessem *algum* valor — não tinham um alcance tão amplo. Começamos a perceber que receber uma montanha de informações de uma só vez não era válido para aqueles que buscam mudanças em suas vidas.

Um *coaching* cuidadoso, paciente e sensível faz toda a diferença

Phil e eu começamos a perceber que esse tipo de coaching em um nível mais profundo era quase que totalmente inexistente no setor de saúde e fitness. Por isso, decidimos encontrar melhores formas de alcançar mais pessoas que precisavam de nós — especialmente aquelas que ainda não estavam interessadas em saúde e fitness.

COMEÇAMOS, ENTÃO, A *REALMENTE ESCUTAR* AS PESSOAS e, assim, oferecer soluções para suas necessidades mais profundas ao descrever nossos programas.

ENTÃO, QUANDO ELAS SE TORNAVAM CLIENTES, APLICÁVAMOS O COACHING USANDO NOVOS MÉTODOS — emprestados de áreas mais estabelecidas, como a psicologia comportamental —, conhecidos por facilitar mudanças sustentáveis.

ENFIM, ISSO SIGNIFICAVA COMPROMETIMENTO COM A CONSTRUÇÃO DE UM NEGÓCIO MELHOR, que existiria por muito tempo — ou seja, tempo suficiente para ajudar a criar mudanças em todo o setor.

Felizmente, fizemos grandes progressos.

Hoje, a Precision Nutrition consegue ajudar diretamente milhões de pessoas a comer, a se movimentar e a viver melhor, além de capacitar profissionais de saúde e fitness a fazer o mesmo com seus próprios clientes e pacientes.

Em 2019, alcançamos o número de mais de 150 mil clientes de coaching e de 75 mil profissionais de saúde e fitness que orientamos em todo o mundo.

Atuamos com o coaching de equipes esportivas profissionais e atletas olímpicos do mais alto nível.

Realizamos consultoria para algumas das empresas mais respeitadas do mundo, incluindo Apple, Equinox, Nike e Virgin.

Nossos métodos foram validados em diversas revistas científicas avaliadas por profissionais.

Nossa equipe foi reconhecida pela Fast Company como uma das organizações mais inovadoras do mundo.

Nosso cofundador, Phil Caravaggio, foi homenageado como um dos Top 40 abaixo de 40, do Canadá. Uma lista que reconhece jovens empreendedores visionários notáveis de empresas canadenses.

Fui repetidamente selecionado como uma das 100 pessoas mais influentes em saúde e fitness.

Mas não estou mencionando tudo isso para me gabar. Espero que esse histórico de sucesso ajude a reforçar sua confiança em mim para guiá-lo em direção a uma carreira mais produtiva e empoderadora. Porque é exatamente isso que quero fazer.

Como *você* pode se tornar o melhor agente de mudança?

Embora eu esteja esperançoso pelo futuro do setor de saúde e fitness, toda a distração atual me deixa frustrado. Vi muitos agentes de mudança ficarem estagnados na matriz — mentes influenciadas por ideias erradas de pseudoespecialistas, o poder persuasivo do marketing inescrupuloso e a pouca atenção da mídia de saúde e fitness —, incapazes de distinguir o que é verdadeiro, útil ou importante.

Mas, se você acha que isso é ruim para os profissionais, imagine para o público. São essas pessoas que precisam desesperadamente de nossa ajuda. Em uma área repleta de livros sobre dietas, infomerciais noturnos e um milhão de diagnósticos do dr. Google, as pessoas não sabem para onde ir ou a quem recorrer.

É claro que minha intenção é que eles recorram a *você*.

Mas apenas se estiver disposto a mudar sua forma de pensar sobre quem é, por que está aqui, como pode ter uma vida incrível e fazer realmente a diferença.

Porque, se conseguir fazer isso, sei que será capaz de:

Converter sua paixão em uma carreira gratificante e transformadora, da qual se orgulha;

Ganhar dinheiro suficiente para fazer (e ter) o que deseja;

Descobrir se as coisas que deseja (e tem) são realmente o que você precisa;

Montar seu próprio cronograma, trabalhar em projetos valiosos e fazer a diferença; e

Rodear-se de quem extrai o melhor de você e celebra suas conquistas.

E mais:

Você tem a oportunidade de mudar e, até mesmo, de salvar vidas

Pense em todas as pessoas que estão sofrendo, com dor ou frustradas.

Talvez estejam dizendo para suas filhas no parquinho: "Não posso brincar agora; o joelho do papai está doendo demais."

Talvez estejam aplicando a primeira dose de insulina em sua mãe e dizendo que será somente uma picadinha.

Talvez estejam sentadas na poltrona do meio de um avião, tentando solicitar à comissária de bordo (o mais silenciosamente possível) uma extensão do cinto de segurança e evitando os olhares de julgamento de todos a seu redor, desejando que, de alguma forma, pudessem encolher e desaparecer dentro de si mesmas.
Ou talvez estejam sentadas na maca do consultório médico, ouvindo que não viverão para ver seus filhos se formarem no ensino médio.

Para a sorte dessas pessoas, você está aqui. E, para sua sorte, você está pronto e disposto a ajudar.

Mas vamos fazer isso da forma certa

Vamos transformar sua paixão em algo real. Vamos colocá-lo no caminho para se tornar o melhor profissional, capaz de realizar mudanças nos outros e em si mesmo. Montar uma estrutura por meio da qual você não apenas aprenderá a ajudar os outros a alcançar seu potencial, mas também viverá de acordo com ela.

Espero oferecer essa estrutura neste livro.

Para começar, *Agente de Mudança* está organizado em sete capítulos que ensinam como transformar seu amor por saúde e fitness em um propósito revigorante e uma carreira sustentável. Se você já estiver trabalhando nesse ramo ou estiver pensando em migrar de outro setor para esse, vou ajudá-lo a evitar o desgaste e a falta de direção que, infelizmente, podem ser bastante comuns a esse ramo ainda novo.

Para auxiliar o seu aprendizado, também disponibilizarei questionários no fim de cada capítulo, repletos de perguntas práticas e ponderadas que ouvi ao longo dos anos. Por meio de cada pergunta, compartilho minha opinião sem filtros sobre os desafios que, sem dúvida, você enfrentará à medida que progredir em sua carreira. Eles estão disponíveis online e é possível baixá-los (gratuitamente) no site da editora Alta Books.

Ao ler este livro, você encontrará diversos exercícios, atividades, perguntas e planilhas. Isso é absolutamente essencial para colocar em prática sua aprendizagem. Portanto, recomendo baixá-los agora (também gratuitamente) no site da Alta Books. Há versões de cada formulário que podem ser impressas e preenchidas, além do Guia de Referência Rápida, ao final do livro, que lista tudo isso.

Espero que você siga meu conselho e baixe esses recursos agora. Espero, também, que trabalhe com eles ordenadamente, pois melhorarão muito sua experiência de aprendizado. E, digo mais, eles o ajudarão a passar de "saber" para "fazer" — a marca de todos os profissionais de sucesso que conheço.

Se estiver pronto para se tornar o melhor agente de mudança de todos os tempos, vamos começar!

CAPÍTULO 1

OPORTU

UNIDADE

COMO

Transformar
SEIS DESAFIOS
Comuns do Ramo
EM **OPORTUNIDADES**
PARA *o Sucesso*

Há 40 anos, quase ninguém se exercitava "por diversão".

Somente após o lançamento de *The New Aerobics*, do dr. Ken Cooper, em 1979, é que as pessoas começaram a fazer exercícios aeróbicos, como corrida, ciclismo, natação e esqui, de forma recreativa. As academias modernas não existiam até cerca de 30 anos atrás. Portanto, se atualmente você trabalha com saúde e fitness ou pensa em mudar para essa área, seu trabalho é uma inovação completamente moderna.

Se comparado com outras profissões existentes, como direito, medicina, clérigo e química, fica claro que o setor de saúde e fitness, como o conhecemos hoje, é *muito* jovem. Quase uma criancinha, ainda aprendendo a andar e a falar suas primeiras palavras.

Isso não é necessariamente negativo. A maioria das crianças é cheia de paixão e propósito. Podemos medir seu entusiasmo em decibéis. Sua energia gera ação e, por isso, elas são ótimas experimentadoras, aprendizes e praticantes. São o futuro!

Claro, elas também têm seus defeitos. A maioria é impulsiva e ingênua. Comete erros. Elas não pesam as consequências de suas ações e não têm maturidade para analisar "o que mais quero?" em vez de "o que quero agora?". Isso as torna praticamente um primeiro rascunho, e não o produto final.

Essa descrição não poderia ser perfeitamente transposta para a área de saúde e fitness atual?

Somos apaixonados, entusiasmados, *fervorosos* por tudo que envolve alimentação, boa forma, saúde e bem-estar. E isso é ótimo! Precisamos mesmo de toda essa emoção e empolgação. Enquanto escrevo isto, o ramo já está crescendo. Historicamente, vivemos o estágio inicial de um novo movimento e de uma nova profissão. E ela está mudando rapidamente. Somos responsáveis por moldar seu futuro.

Antes de nos deixarmos levar pela empolgação, no entanto, nós que trabalhamos nessa área precisamos reconhecer que *também* somos inexperientes, impacientes e teimosos. Falta estrutura e sabedoria. Perdemos tempo em debates improdutivos, lançamos produtos vergonhosos, ignoramos o raciocínio científico e lutamos pelo que consideramos ser recursos limitados.

A parte boa disso? É completamente normal!

Ninguém espera que uma criança de 1 ano que acabou de aprender a andar complete um curso de guerreiro ninja. Nem que uma criança de 4 anos que acabou de aprender a mentir escreva uma dissertação sobre ética. Ou, ainda, que uma criança de 6 anos resolva problemas matemáticos complexos logo que aprender a somar. Sabemos que elas são jovens e inexperientes; por isso, lhes damos tempo e chance de se desenvolver. Geralmente, com apoio, ajuda e incentivo, isso acontece. O mesmo se aplica a novos mercados e profissões.

Vamos considerar a química como exemplo, uma das ciências mais antigas que existem. Há cerca de 3 mil anos, os humanos começaram a catalogar e a manipular metais. Desde então, foram mais de 1 mil anos até Aristóteles propor, de forma incorreta, que todas as coisas são feitas de quatro elementos diferentes. (Atualmente, são 118.)

Posteriormente, os seres humanos passaram outros 1 mil anos tentando transformar metais baratos em ouro. (Sim, séculos de alquimia.) Finalmente, na década de 1700, o oxigênio foi identificado, permitindo que compreendêssemos o que são elétrons, prótons, massa atômica e muito mais. A conclusão disso tudo: a química cometeu erros e acertos por 2.700 anos, durante o que podemos chamar de infância e adolescência, antes que os humanos fizessem avanços mais modernos.

No entanto, na maturidade, eles puderam ser realizados.

Sim, pode parecer frustrante pensar que muitas de nossas perguntas levarão um bom tempo até que sejam respondidas. Ainda assim, é animador saber que o trabalho que fazemos agora levará a progressos futuros. E esse futuro é promissor.

Este capítulo é sobre isso: esperança.

É sobre reconhecer que esse é um ramo novo, aceitar os obstáculos que acompanham essa realidade e transformá-los em crescimento pessoal e em um avanço do mercado.

Para ajudar nessa tarefa, este capítulo aborda os seis maiores desafios que identifico hoje na área de saúde e fitness. Em vez de tentar ignorá-los por constrangimento (*É... não tem nada para ver aqui, vou ficar ali do outro lado*), ou ficar na defensiva (*De jeito nenhum, isso não é verdade!*), que tal extrair oportunidades deles? Dessas oportunidades, surgem o aprendizado, o crescimento e a maturidade.

DESAFIO 1

A DISTÂNCIA Entre Nós E Eles

OPORTUNIDADE 1

Diminuir A DISTÂNCIA

Os dados sobre obesidade são assustadores. Está ocorrendo um aumento de doenças relacionadas ao estilo de vida, e os cuidados com a saúde estão em decadência extrema. Por outro lado, os profissionais de saúde e fitness têm soluções reais para esses três problemas. Então, há oportunidades reais para construirmos uma carreira fazendo a diferença.

Só há um problema: criamos uma grande distância entre as pessoas que *querem* ajudar (que chamarei de grupo 1) e aquelas que *precisam* de ajuda (o grupo 2).

O grupo 1 é formado por: você, eu e nossos colegas. Somos o pequeno exército de agentes de mudanças de saúde e fitness que são chamados para ajudar. Eu, claro, adoro esse grupo. Somos pessoas comprometidas e apaixonadas, empolgadas em divulgar e mudar a vida das pessoas.

Entretanto, nosso problema é que, às vezes, nossa paixão por saúde e fitness é confundida com a habilidade real de ajudar outras pessoas a melhorar as próprias condições de saúde e fitness.

Isso fica claro nos esportes, quando um atleta famoso e premiado tenta a sorte como técnico sem nunca realmente ter desenvolvido o domínio dessa prática. Ou nos negócios, quando os melhores vendedores sofrem quando tentam dar certo como gerentes de vendas.

Na verdade, você pode se exercitar como um louco e comer mais cenouras do que um cavalo vencedor da Triple Crown. Ou, ainda, ter diversos certificados e diplomas e mais títulos do que sobrenomes. Você também pode ter conseguido uma transformação pessoal gigantesca (como perder uns 45kg, completar um desafio físico desafiante, ou reverter uma série de doenças relacionadas ao estilo de vida). Você pode até mesmo manter uma atitude positiva, uma ética de trabalho inabalável e ter um coração de ouro.

Mas, se você *ainda não* tiver treinamento em coaching ou as ferramentas psicológicas necessárias para facilitar mudanças duradouras em outra pessoa, não estará pronto para a árdua tarefa de ajudar seus clientes.

Infelizmente, apesar de todo o foco em anatomia e fisiologia, séries e repetições, macro e micronutrientes, a área de saúde e fitness muitas vezes ignora a parcela relacionada ao *coaching* no trabalho de um coach. Pensamos no *corpo*, mas ignoramos a *mente*.

E isso precisa mudar!

Para o bem ou para o mal, esse foi o nosso legado. Todos herdamos as mesmas regras e ideias. Eu não fui uma exceção. Quando comecei nessa área, não sabia como ajudar a maioria das pessoas a conseguir alcançar resultados, especialmente aquelas que não se pareciam comigo. Eu me frustrava com "clientes difíceis" ou situações que pareciam desafiar todas as regras em que me apoiava. E, como eu só sabia ajudar uma parcela muito pequena de meus clientes, fiquei preocupado com o futuro de minha carreira. Sabia que estava faltando alguma coisa, mas não tinha certeza do quê.

Talvez você esteja se sentindo assim agora. Se esse for o caso, você não está sozinho.

De fato, a maioria dos profissionais de saúde e fitness está se perguntando — neste exato momento — por que mais clientes ou pacientes não estão conseguindo alcançar resultados que mudem suas vidas.

Eles pensam:

"Talvez eu precise de outro certificado."

"Talvez eu precise voltar a estudar."

"Talvez eu deva encerrar minha relação com esse cliente para não ter que lidar com isso."

"Tomara que ninguém perceba que eu não faço ideia do que estou fazendo."

Por causa disso, eles estão se desgastando. Sua paixão está se esvaindo, e seus sonhos estão se tornando cada vez menos importantes.

Conheça o grupo 2: os clientes em potencial — as milhões de pessoas que sofrem com seu peso, sua saúde e sua autoconfiança. Elas estão insatisfeitas, não apenas com partes do corpo e com suas vidas, mas com todos nós do grupo 1. E com toda razão.

Elas confiaram em vários coaches e investiram em produtos que não funcionaram. Os livros sobre exercícios falharam. Os aplicativos de nutrição não as ajudaram a realizar uma mudança. Os profissionais não lhes deram ouvidos. Elas estão passando por uma crise de saúde.

Estão frustradas, sem esperança.

E, pior ainda, temos parte da culpa nisso. Quando essas pessoas fizeram perguntas redundantes ou se sentiram estranhas na primeira vez em que se exercitaram, nós reviramos os olhos. (*Novato!*) Quando sentiram dificuldades com coisas que não entenderam bem, nós as taxamos de preguiçosas. (*Você não quer isso o suficiente!*) Quando atingiram a meia-idade, fizemos comparações com ícones idealizados. (*Se tivesse se cuidado, estaria assim hoje!*) E, quando procuraram ajuda, pedimos que mudassem tudo sobre si mesmas e que vivessem uma vida completamente diferente. (*Não é uma dieta, é um estilo de vida!*)

Mas isso não seria como dizer às pessoas que elas simplesmente não podem ser *elas mesmas*? Que, para comer melhor, perder peso ou melhorar sua saúde, elas precisam ser como *nós*? Para mim, essa é a forma mais preguiçosa de realizar coaching. Não me surpreende que não seja duradoura. Essas pessoas não querem ser como nós. Elas querem ser elas mesmas, só que mais saudáveis.

E, assim, cria-se uma distância.

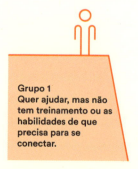

Grupo 1
Quer ajudar, mas não tem treinamento ou as habilidades de que precisa para se conectar.

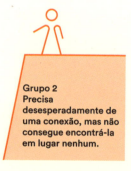

Grupo 2
Precisa desesperadamente de uma conexão, mas não consegue encontrá-la em lugar nenhum.

E o resultado? Apesar de toda a atenção à saúde e ao fitness atualmente, as pessoas ainda estão ficando cada vez mais obesas, doentes, sedentárias, com menor mobilidade e menos funcionais no dia a dia. E acabam tendo doenças "evitáveis".

Isso significa que o ramo de saúde e fitness *ainda* não está melhorando a saúde, o condicionamento físico e/ou a qualidade de vida da maioria da população.[*]

Além disso, os centros de saúde e fitness tornaram-se lugares onde pessoas já saudáveis e em forma interagem com outras pessoas saudáveis e em forma, para fazerem coisas saudáveis e se manterem em forma. É claro que isso não é um problema. Se essas forem as pessoas a quem você deseja servir, vá em frente. Apenas sejamos honestos: majoritariamente, o ramo de saúde e fitness atrai um grupo muito pequeno de pessoas como clientes. Ainda que seja um pouco triste, também leva à nossa maior chance: a oportunidade do "oceano azul".

Em seu livro *A Estratégia do Oceano Azul*, W. Chan Kim e Renée Mauborgne argumentam que empresas de sucesso geralmente criam "oceanos azuis", onde seus produtos e serviços são tão únicos ou atendem a um grupo amplamente renegado que não há muita concorrência de atuação.

Em comparação, também temos os "oceanos vermelhos", nos quais as empresas disputam com seus concorrentes sem piedade, pois todas oferecem produtos e serviços semelhantes para as mesmas pessoas. A analogia é que um oceano tomado pela competição ferrenha se torna um mar de sangue.

Em outras palavras, em vez de tentar atrair mais pessoas "como nós" (o que cria um oceano vermelho, porque é um pequeno grupo e todos estão tentando disputar sua preferência), seria melhor tentar atrair pessoas "como eles" (o que cria um oceano azul, porque é um grupo enorme e ninguém os atende adequadamente).

Vamos falar melhor sobre isso no Capítulo 3.

---

[*] Não só não estamos ajudando, como podemos até causar problemas de saúde. Considerando o custo de oportunidade, os ferimentos desnecessários e o ciclo constante de alternância de mudanças transitórias a curto prazo e de comportamento saudável a longo prazo. A indústria pode estar perdendo o tempo, a energia e a confiança das pessoas. Eventualmente, elas desistem e se sentem pior e mais confusas do que quando começaram.

DESAFIO 2

NÃO COMPREENDER O QUE AS PESSOAS Querem E Precisam

↓

OPORTUNIDADE 2

Suponha MENOS, Ouça MAIS E TENHA EMPATIA COM AS PESSOAS a Quem Você ESPERA Servir

Todos temos aqueles momentos em que surge uma ideia que muda tudo.

Um de meus momentos mais brilhantes foi graças a uma cliente insatisfeita da Precision Nutrition.

Os coaches de saúde e fitness geralmente supõem que os participantes de seus programas desejam ficar saudáveis e em forma — talvez perder peso, diminuir o colesterol ou apenas se exercitar mais. Bom, eu sempre imaginei isso. **Também supus que, se eu pudesse ajudá-los a alcançar essas metas físicas, meus clientes ficariam satisfeitos.**

Eu estava errado.

Há alguns anos, li uma resenha de uma ex-cliente de coaching em grupo. Alguém perguntou se ela recomendaria nosso programa. Esta foi basicamente sua resposta:

Não recomendo. Perdi um pouco de peso, mas nunca me senti conectada à minha coach. Realmente não precisava muito da ajuda dela. Mas, se precisasse, não sei ao certo o quanto ela teria feito. Então não, não recomendo.

Curioso sobre "em que" erramos, procurei em nosso banco de dados e descobri que essa cliente perdeu mais de 24kg em nosso grupo! Sim, *vinte e quatro*. Além disso, quase todos os dados que coletamos melhoraram — dados de saúde à composição corporal, passando por seu conhecimento sobre alimentação e nutrição, e até mesmo sua resiliência.

Entretanto, esta era a realidade: ela estava infeliz e *não* recomendava nosso serviço de coaching.

Talvez eu pudesse considerar que esses comentários viessem de sua natureza excessivamente exigente, por ela criar expectativas irracionais ou ser fundamentalmente desagradável. Eu pagaria um preço enorme por isso. Em vez disso, perguntei se ela gostaria de conversar para que eu pudesse entender melhor o que aconteceu.

E o que ela me disse mudou nosso negócio.

Apesar de ser algo agradável, perder peso e "obter resultados" *não era suficiente.*

Mesmo que estivesse em um grupo, ela não queria *se sentir* parte de um grupo. Ela queria a *sensação* de ter um relacionamento individual com seu coach. Alguém que pudesse contatar diariamente, que soubesse de sua agenda e dos nomes de seus filhos, que a fizesse se sentir especial, cuidada e valorizada. E não foi isso que ela recebeu.

Perdemos uma grande oportunidade de criar um relacionamento significativo e duradouro com essa cliente, e ela se foi, insatisfeita.

É claro que, se *tivéssemos* perguntado sobre seus objetivos, ela provavelmente não teria dito: "Quero me sentir conectada." Isso acontece porque aprender mais sobre os clientes não é tão simples quanto fazer uma pergunta genérica qualquer. Você precisa aprender uma forma específica de fazer perguntas, que vou mostrar no Capítulo 3.

As respostas para essas perguntas têm valor inestimável para nós. Atualmente, elas estão mais presentes do que nunca. Assim, conseguimos identificar melhor os verdadeiros valores de quem prometemos ajudar. As pessoas se sentem mais bem servidas e mais conectadas, e nós ficamos mais felizes e satisfeitos com nosso trabalho.

Acredito que você possa sentir o mesmo!

DESAFIO 3

NÃO DEFINIR Seu PROPÓSITO

OPORTUNIDADE 3

DEFINA o Seu E ALINHE-O COM SEUS Talentos

Em seu livro *Comece Pelo Porquê: Como Grandes Líderes Inspiram Pessoas e Equipes a Agir*, Simon Sinek argumenta que a maioria das pessoas vive suas vidas por acidente — encarando as situações da vida à medida que elas acontecem. A solução para isso, como ele propõe, é viver a vida de propósito, encontrar nosso "PORQUÊ" (o propósito, a causa ou a crença que nos inspira) e usá-lo como um filtro para escolher os cargos, organizações, comunidades e relacionamentos que provavelmente nos satisfarão.

Com base em minha experiência, a maioria dos profissionais que trabalha com saúde e fitness o faz porque passou por uma experiência transformadora. Talvez, como é meu caso, um mentor de saúde e fitness o tenha ajudado a remodelar sua vida e agora você queira fazer o mesmo pelos outros. Talvez isso faça parte de sua vida desde a juventude e tenha se tornado uma forma de se conectar com sua família ou de se expressar. Talvez você tenha perdido um ente querido em decorrência de uma doença que poderia ter sido prevenida e, desde então, tornou sua missão ajudar os outros a fugir de um destino igual a esse.

Não importa o motivo, você deve se conectar profundamente com seu propósito e declarar de forma explícita o motivo pelo qual ingressou nessa área. Porque pode ser um trabalho difícil. Você pode até mesmo se sentir como no filme *O Feitiço do Tempo*. Acordar, ir trabalhar, realizar sua lista interminável de tarefas, rever a política do local de trabalho, lidar com clientes, voltar para casa, arranjar um tempinho para autocuidado, ir dormir e repetir tudo no dia seguinte.

No entanto, quando temos uma noção clara da importância de nossos dias, quando sabemos como nossas tarefas diárias estão conectadas ao motivo de realizá-las, quando reconhecemos como elas levam "para a frente" algo que consideramos importante, as coisas ficam mais fáceis. Na pior das hipóteses, essa conexão ajuda a dar sentido aos nossos dias. E, na melhor delas, nos mantém entusiasmados, motivados e inspirados.[*]

Mas não pode parar por aí.

A verdadeira mágica está em alinhar seu objetivo com suas habilidades únicas.

O processo de habilidades únicas, popularizado por Dan Sullivan, um dos coaches de empreendedorismo mais influentes do mundo, define que:

1 Você é ou tem potencial para estar entre os melhores nisso;

2 Você realmente gosta de fazer isso;

3 Você realmente fará a diferença quando fizer isso.

Imagine um cenário em que você tenha um propósito sentido de forma profunda e explicitamente declarado *e* esteja trabalhando para usar seus talentos mais originais, divertindo-se e fazendo a diferença. #vivendoosonho

Sim, muitas pessoas do ramo de saúde e fitness têm fortes motivações para atuarem nesse meio. Porém, muitos precisam definir explicitamente seu objetivo (e isso exige um pouco mais de trabalho). Quando definido, é preciso descobrir como usar as habilidades únicas a serviço dessa finalidade.

No Capítulo 2, vou ajudá-lo a descobrir ambos.

---

[*] Uma grande amiga faz um exercício do livro *Comece Pelo Porquê: Como Grandes Líderes Inspiram Pessoas e Equipes a Agir* com seus alunos no início de sua oficina. Isso os ajuda a se concentrar no motivo por que estão lá e o que esperam como resultado; isso, por sua vez, ajuda-os a permanecer motivados e inspirados mesmo quando acometidos pela fadiga durante os longos dias de aprendizado.

DESAFIO 4

Tornar-se ESPECIALIZADO DEMAIS

OPORTUNIDADE 4

GENERALIZE *e* ABRACE
A IDEIA DO GERENTE DE CASOS

"Procuro um personal trainer especialista em supino, uma nutricionista que foque a dieta da couve e uma massoterapeuta especialista no músculo PSOAS", eis uma frase que ninguém nunca disse. Por que não? Porque os clientes em potencial — grupo 2, conforme descrito anteriormente — não pensam em termos de especializações.

De forma simples e profunda, os clientes só querem ajuda. Em suas vidas, sofrem algum tipo de dor — física, mental e/ou emocional — e querem que ela desapareça.

Ao mesmo tempo, a ideia de "se ater à sua especialidade" impede que os profissionais desse ramo ajudem o máximo possível. *Personal trainers não devem falar sobre alimentação. Coaches voltados para o treinamento de força não devem administrar a dor. Nutricionistas não devem falar sobre movimento.* Esse tipo de pensamento voltado para a especialidade de cada profissional aumentou a divisão entre aqueles dispostos a ajudar e quem precisa de ajuda.

Não acredita nisso? Então imagine que eu tenha um sobrepeso de 50kg, meu colesterol e açúcar no sangue estejam altos, sofra de azia, tenha dores na região lombar e perca o fôlego ao simplesmente cruzar a sala de minha casa. Imagine que essa seja minha realidade há um bom tempo, há 10 anos ou mais, e finalmente chegou a hora de pedir ajuda. Então, ao receber essa ajuda, descubro que vou precisar de:

Um médico para tratar de meu colesterol, açúcar no sangue e minha azia;

Um especialista em reabilitação física que tratará minha dor lombar;

Um nutricionista para ajudar no ajuste de minha dieta para perda de peso;

Uma matrícula em uma academia; e

Um personal trainer para me ajudar a descobrir como usar a academia.

É claro que meu plano de saúde cobre apenas uma pequena parte desses custos, nenhum dos especialistas trabalha do mesmo lado da cidade e tampouco sabe o que o outro está fazendo. Portanto, além de todos os exercícios, da alimentação saudável, do gerenciamento de estresse e do autocuidado para os quais preciso arrumar tempo, também preciso arrumar tempo para ser um gerente de projetos que supervisiona quatro novos funcionários em meio período, além de uma nova instalação.

É mesmo surpreendente que as pessoas sintam dificuldade diante dessa situação?

Sei que o que vou dizer agora será bastante polêmico — especialmente para aqueles que se dedicaram a desenvolver uma experiência real em uma área específica ou para aqueles que lucram com a divisão das coisas em especialidades —, mas é preciso dizê-lo: no campo de saúde e fitness, o futuro pertence ao generalista, e não ao especialista.

Sim, foi difícil dizer isso, uma vez que dediquei 12 anos de minha vida à minha formação no ensino superior, especializando-me mais a cada ano, e, agora, tenho o melhor certificado em nutrição do setor. No entanto, os sinais são claros: existe uma excelente oportunidade para os profissionais que desejam ser "gerentes de casos" de saúde e fitness, "solucionadores" ou "concierges".

Claro que não há nada de errado em ter uma formação voltada para uma especialização. Isso também oferece muitas vantagens. Mas não se deve parar por aí. **Será preciso que o profissional do futuro dê suporte a todos os aspectos relacionados à saúde: movimento, nutrição, suplementação, sono, controle do estresse e muito mais.**

Será preciso que os profissionais sejam especialistas em cada uma dessas áreas? Não. Eles devem diagnosticar ou prescrever algo? Não. Mas será necessário ter treinamento e conhecimento para fornecer o equivalente a um "resumão" daqueles[*] em cada tópico.

Em outras palavras, os nutricionistas ainda focarão a nutrição. Os treinadores, o movimento. Médicos focarão o diagnóstico e o tratamento. Entretanto, cada um deles *também* compartilhará recursos e insights sobre outros tópicos relacionados ao estilo de vida. E eles poderão acessar sua lista de contatos com os nomes de outros profissionais de sua confiança — ou se referir a ela — quando precisarem responder a perguntas, ou quando alguém precisar de mais do que eles podem oferecer.

Essa mudança já está acontecendo, o que é ótimo! Mas está acontecendo muito devagar — em parte por causa do territorialismo e do lobby de organizações profissionais, mas, em especial, devido a velhos hábitos e reações instintivas. Por exemplo, em um grupo privado do Facebook do qual faço parte, um personal trainer e coach de estilo de vida mencionou que sua cliente recentemente recebeu um diagnóstico de doença renal e ele estava pensando em como ajudá-la. Ele foi bombardeado com pelo menos 50 comentários mais ou menos como este: "Você está saindo do seu alcance! Você não é médico! É ilegal e imoral ajudar! Fuja disso!"

Obviamente, esse coach não deve diagnosticar ou prescrever nada relacionado à doença renal. Mas ele pode agregar muito valor a essa situação, tornando-se parte da equipe de saúde de sua cliente.

Por exemplo, ele poderia ajudá-la a *encontrar ajuda*. Ela provavelmente está vivendo um momento assustador e estressante. A última coisa de que precisa é que seu coach de confiança diga: "Isso está fora do meu alcance. Tchau." Portanto, ainda que ele não possa fornecer suporte a suas necessidades médicas ou nutricionais, ele pode ajudá-la a manter a calma, pensar com clareza e, talvez, até ajudá-la a procurar os profissionais de que precisa para seguir em frente. Além disso, caso ele se sinta confiante, poderá continuar apoiando suas práticas de exercício, sono e controle do estresse, em conjunto com sua nova equipe de assistência médica. Em caso negativo, poderia ajudá-la a encontrar alguém que

---

[*] Como o Resumão vendido nas bancas de jornal.

ocupe seu lugar. Basicamente, por um período de tempo, seu papel pode alternar de treinador e coach de estilo de vida para gerente de casos e concierge.*

Por fim, se quisermos adotar o coaching centrado no cliente de forma legítima (falaremos mais sobre isso no Capítulo 4), o passo seguinte mais lógico é desenvolver um conjunto de conhecimentos e uma prática de coaching mais robustos (discutiremos isso em detalhes no Capítulo 7). Não, você não deve buscar ser especialista em tudo. Mas deve buscar conhecimento geral em todas as áreas que contribuam para melhorar a saúde.

Seus clientes não estão interessados em realizar o agachamento perfeito ou em como estão estabelecidas suas proporções de macronutrientes. Eles querem viver uma vida mais saudável.

DESAFIO 5

FICAR Preso a OPÇÕES Educacionais

OPORTUNIDADE 5

CRIE a SUA PRÓPRIA "TU-NIVERSIDADE"

Há toda uma variedade de livros, oficinas, certificações, seminários, sites e conselhos amigáveis disponíveis para profissionais de saúde e fitness. A informação é abundante, mas o contexto nem tanto. E quase ninguém está ligando um ao outro.

Não me interpretem mal: Eu adoro aprender. Como disse, fiz 12 anos de ensino superior (estudei medicina, filosofia, psicologia, ciência do exercício e

---

* Obviamente, você pode fornecer esse tipo de serviço mediante uma taxa, se necessário. Embora essa ideia possa soar incomum na área de saúde e fitness, o pagamento pelo gerenciamento de casos é muito comum na medicina.

bioquímica nutricional). Também investi uma enorme quantia de dinheiro em cursos de extensão tanto nas ciências de saúde quanto em outras áreas (coaching, psicologia da mudança, negócios, marketing, e assim por diante).

Isso quer dizer que comecei com uma base sólida, determinada pelas universidades em que estudei. Depois, continuei meus estudos, mergulhando mais fundo nas áreas em que tinha interesse, que faltaram na minha formação universitária ou que eu precisava aprender para dar continuidade ao meu desenvolvimento como profissional.

Atualmente, considero que falta essa base sólida em muitos profissionais de saúde e fitness. A maior parte de sua formação vem de cursos de extensão. Isso é um problema por dois motivos: primeiro, porque esses cursos não devem ser considerados fundamentais. A função deles é expandir uma base forte já construída. Por melhores que sejam os cursos, sempre vai faltar algo. Em segundo lugar, sem uma base sólida, os profissionais não estarão verdadeiramente prontos para tomar boas decisões sobre qual será o curso subsequente de que eles precisam. É claro que seguir nossos interesses é divertido e envolvente. Porém, não há qualquer garantia de que você aprenderá o necessário para ser um profissional eficiente.

Por exemplo, vamos considerar um personal trainer. Nos EUA, com um certificado de um curso de fim de semana, qualquer um pode começar a trabalhar nessa área. Depois disso, os melhores profissionais iniciarão um processo vitalício de aprendizado. Mas quais cursos eles devem fazer? E em que momento de sua vida profissional? Como acumular esse aprendizado de maneira progressiva?

Sem uma base sólida ou alguma orientação — o que chamo de contexto —, tudo é basicamente um jogo de adivinhação. Se errarem nesse jogo, muitos coaches terminam cronicamente ocupados com cursos, e com altos investidos financeiros, sem resultar em um bom aprendizado.

Podemos comparar isso com a formação de médicos. Os médicos têm um currículo bem-estabelecido e plurianual que inclui cursos, experimentações clínicas, atuação de forma progressiva mais independente em consultas (ainda que sob supervisão) e avaliação específica do contexto. E isso é o que ele precisa fazer para *se tornar* apenas um clínico geral. Depois disso, eles enfrentam os requisitos dos cursos de extensão para ajudar a orientar suas carreiras por muito tempo após formados na faculdade de medicina.

Outro exemplo que podemos citar são as profissões com qualificações específicas. Um encanador, por exemplo, deve ter formação em escola técnica com carga de 144 horas de aula, além de atuar como aprendiz sob a tutela de um mestre encanador antes de conseguir seu primeiro emprego. Então, já trabalhando como encanadores, os profissionais devem acumular oito horas de cursos de extensão todos os anos.

Ainda que sejam profissões drasticamente diferentes, médicos e encanadores têm algo em comum: infraestrutura profissional baseada em fases distintas de desenvolvimento. "Primeiro você faz A, depois faz B, porque usa como base seu aprendizado em A; em seguida, vem C, que une todos esses aprendizados." As crianças não começam aprendendo cálculo avançado na escola. Elas começam pela aritmética básica e constroem seu aprendizado com base nisso.

O mesmo acontece com o coach de treinamento funcional. Não passamos aleatoriamente exercícios de balanço de kettlebell, saltos em caixa e corridas em inclinação e esperamos que os clientes apresentem um desempenho olímpico de elite. Como coaches, oferecemos uma progressão que, passo a passo, supera de forma sistemática um caminho para alcançar um resultado específico.

Esse plano progressivo é o que falta para o coaching voltado para a saúde, o coaching de treinamento e, até certo ponto, para o coaching em nutrição.

Este livro quer ajudar a remediar esse problema. Não por meio da proposta de regulamentação governamental ou da criação de escolas técnicas (embora estas possam fazer a diferença em alguns contextos). Em vez disso, ao ajudá-lo a criar seu próprio currículo personalizado, uma "tu-niversidade" pessoal que equilibra o que você precisa aprender (a ser um profissional completo) com o que deseja aprender (a buscar o que é interessante e divertido).

Essa abordagem não apenas o ajudará a melhorar sua carreira, mas também a se destacar em meio a tantos profissionais amadores. É fascinante olhar em volta e ver coaches com PhDs, outros que "leram algumas coisas na internet" e todo o espectro entre esses dois extremos. Mas também é triste ver como isso pode confundir os clientes em potencial. Eles não sabem ao certo quem tem qualificação e credibilidade. Ao criar um currículo sólido e deixar explícito o que você fez (e por que), você se destacará. Exploraremos mais essa ideia nos Capítulos 6 e 7.

DESAFIO 6

NÃO PRATICAR

Profissionalismo

OPORTUNIDADE 6

CULTIVE INTENCIONALMENTE Sua REPUTAÇÃO

Quando falo sobre profissionalismo para a maioria das pessoas envolvidas no ramo de saúde e fitness — especialmente de fitness —, o medo delas é que eu recomende a troca de camisetas por camisas sociais e do uso de uma linguagem informal por uma mais formal. Na verdade, o que quero dizer é algo mais profundo: cortesia, integridade, ética, comunicação, dar e receber feedback, lidar com críticas e outras habilidades sociais por meio das quais conquistamos nossa reputação.

Você pode até usar terno e gravata, mas não terá qualquer característica que mostrará seu profissionalismo se, constantemente, estiver atrasado e, quando finalmente aparecer, agir de forma rude; se disser uma coisa e fizer outra; se suas práticas de negócios forem projetadas apenas para o ganho pessoal em vez de criar valor para os clientes em potencial e atuais.

Para que tenhamos confiança, respeito e sejamos vistos como profissionais, precisamos nos tornar profissionais. Isso significa estabelecer um padrão alto para nos comunicarmos, comportarmo-nos com os outros e vivermos em sociedade (ou mesmo em nossas casas, quando ninguém está vendo). De uma forma ou de outra, nossa reputação não se baseia apenas nos resultados que nossos clientes e pacientes alcançam. O restante é determinado pela forma como nos apresentamos, como nos comunicamos, ouvimos e fazemos com que os outros se sintam quando estão conosco.

Vamos nos aprofundar nesse assunto no Capítulo 6.

Conforme dito anteriormente, o ramo de saúde e fitness é jovem, e os jovens costumam criar falsas dicotomias. Eles perguntaram o seguinte: *Você prefere ter um coach que traga resultados ou alguém que faça você se sentir bem consigo mesmo?*

Ambos! Prefiro ter um coach que traga resultados *e* que me faça sentir bem comigo mesmo.*

Caso queira se tornar o melhor agente de mudança de saúde e fitness, você precisará aprender a fazer as duas coisas. Deixe que outras pessoas se concentrem exclusivamente na fisiologia muscular, na bioquímica de nutrientes, nas vias hormonais, nos sistemas orgânicos, nos macro e micronutrientes.

Sim, aprenda sobre esses tópicos também. **Mas não perca a maior oportunidade de todas — tornar-se o tipo de profissional pelo qual os clientes fazem fila para serem atendidos.**

---

* Essa percepção é o ponto que indica a virada para muitas pessoas. No início de suas carreiras, elas acreditam que, se realizarem bem a questão técnica do coaching, o restante se encaixará. Mas, assim que encaram evidências do contrário, decidem aumentar suas habilidades interpessoais... ou se esquivam, supondo que as pessoas sejam estúpidas demais para reconhecer sua genialidade óbvia. Como um colega respondeu a uma pergunta sobre por que coaches com menos credenciais geralmente trabalham mais: "Você já pensou, nem que seja por um segundo, que talvez você seja simplesmente um idiota?"

DESAFIO 1

A **DISTÂNCIA** *Entre Nós* E *Eles*

⟶ OPORTUNIDADE 1

Diminuir A **DISTÂNCIA**

DESAFIO 2

NÃO **COMPREENDER** O QUE

AS PESSOAS *Querem* E *Precisam*

↓

OPORTUNIDADE 2

Suponha **MENOS**, *Ouça* **MAIS**,

E **TENHA EMPATIA COM**

AS **PESSOAS** *a Quem Você* **ESPERA** *Servir*

DESAFIO 3

NÃO **DEFINIR** *Seu* **PROPÓSITO**

OPORTUNIDADE 3

DEFINA *o Seu* E **ALINHE-O**

COM **SEUS** *Talentos*

OPORTUNIDADE 21

DESAFIO 4

Tornar-se ESPECIALIZADO DEMAIS

OPORTUNIDADE 4

GENERALIZE e ACEITE

A IDEIA DO GERENTE DE CASOS

DESAFIO 5

FICAR Preso A

OPÇÕES Educacionais

OPORTUNIDADE 5

CRIE a SUA PRÓPRIA

"TU-NIVERSIDADE"

DESAFIO 6

NÃO PRATICAR

o Profissionalismo

OPORTUNIDADE 6

CULTIVE INTENCIONALMENTE

Sua REPUTAÇÃO

PALAVRAS DE SABEDORIA: OPORTUNIDADE

A INDÚSTRIA DE SAÚDE E FITNESS É jovem, E COM O TEMPO VAI acumular a sabedoria DE QUE PRECISA;

ESTAMOS TESTEMUNHANDO um novo MOVIMENTO E UMA NOVA profissão que ESTÁ MUDANDO RAPIDAMENTE; nosso TRABALHO vai MOLDAR O FUTURO;

Diminuir A DISTÂNCIA ENTRE AQUELES QUE PODEM ajudar e AQUELES QUE mais PRECISAM DE ajuda; ESSA É sua OPORTUNIDADE DO OCEANO AZUL;

Assumir MENOS E NÃO ACREDITAR EM clichês, APRENDER AO CERTO o que SEUS clientes SÃO E, DEPOIS, ENTREGAR OS RESULTADOS;

PARA UMA CARREIRA GRATIFICANTE,
DEFINA explicitamente SEU propósito e
use SUAS HABILIDADES ÚNICAS PARA servir A ELE;

O futuro PERTENCE AO GENERALISTA.
AGACHAMENTOS E MACROS SÃO secundários;
o que os clientes mais buscam É A MUDANÇA;

Construa UM CURRÍCULO COM BASE FORTE;
O CURSO DE EXTENSÃO SÓ FUNCIONA
QUANDO você JÁ É FORMADO;

CORTESIA, INTEGRIDADE
E Comunicação IMPORTAM.
Para sermos VISTOS COMO PROFISSIONAIS,
NÓS PRECISAMOS nos tornar PROFISSIONAIS.

CAPÍTULO 2

CARR

COMO

Usar Seu **PROPÓSITO,** *Suas* **HABILIDADES ÚNICAS** **E SEUS** **VALORES** **PARA TRILHAR O** *Caminho de* **Sua Carreira** →

Muitos profissionais de saúde e fitness, alguns dias, sentem-se como testemunhas experientes em um daqueles julgamentos dramáticos. A enxurrada de perguntas parece nunca ter fim: "Quanto de proteína devo comer?"; "Por que sinto dor quando faço *isto*?"; "Posso dormir apenas cinco horas por noite?"; "Por que tantas repetições desses malditos *burpees*!?!"

No entanto, por mais que consigamos responder às perguntas de nossos clientes, geralmente ficamos confusos ao tentar responder o seguinte:

Qual é meu propósito?

Por que faço o que faço?

Quais são minhas habilidades (e inabilidades) únicas?

Quais são meus valores?

Como eles governam minha vida?

Não conseguir responder a essas perguntas não é somente frustrante ou irritante. Pode atrasar sua carreira, minar seu entusiasmo e fazer com que você considere virar corretor de seguros em vez de continuar ajudando as pessoas a melhorarem sua alimentação, seus exercícios físicos e suas vidas.

Mas não me entenda mal. Um dos pontos fortes do ramo de saúde e fitness é que ele está apinhado de profissionais apaixonados, motivados por uma missão de mexer com a alma das pessoas, ajudando-as a viver de forma mais saudável, duradoura e ativa. Na maioria dos casos, essa paixão deriva de uma *história de origem* entusiasmante, assim como a que compartilhei na Introdução deste livro.

Ao mesmo tempo, meu medo é que você confunda sua história de origem — sem considerar o nível de emoção que ela passa — com seu propósito. Isso porque uma história de origem é somente a faísca inicial para o início de sua carreira. Mas o combustível para impulsionar uma carreira longa, bem-sucedida e recompensadora é outra coisa e inclui uma compreensão muito mais profunda de seu:

PROPÓSITO EXPLÍCITO
(ir além de clichês como "quero ajudar as pessoas");

HABILIDADES ÚNICAS
(colocar suas habilidades únicas a serviço de seu propósito);

VALORES INDIVIDUAIS
(criar garantias profissionais para assegurar uma vida significativa).

Por meio de um processo de seis etapas, ajudo membros de uma equipe (e clientes de coaching) a esclarecer cada um deles. Com ele, você tem *muito* mais chances de encontrar valor, significado, felicidade, satisfação e, eventualmente, sucesso em sua carreira e em sua vida.

Descobrindo Sua História de Origem

Nas HQs norte-americanas, a história de origem descreve as circunstâncias sob as quais os super-heróis ganham seus poderes. Neste livro, emprego esse termo com o mesmo propósito, para descrever as circunstâncias sob as quais os profissionais de saúde e fitness ganham seu "superpoder" — a paixão por seu trabalho. Com base em minha experiência, as cinco histórias de origem mais comuns são estas a seguir.

Circule a que melhor descrevê-lo, ou adicione sua história no espaço subsequente.

Cresci convivendo com atividades físicas e esportes.
Sempre fiz atividades relacionadas à saúde e fitness. Praticava esportes. Minha conexão com meus amigos e familiares se dava por meio de atividades físicas ou de uma alimentação saudável. Como sempre gostei de estar movimento e ter vitalidade, fazia sentido seguir esse caminho para construir uma carreira;

Recebi orientação em um momento crucial de minha vida.
Um dia, de forma inesperada, um mentor de saúde e fitness entrou em minha vida para mudá-la — ou melhor, salvá-la. Foi tão transformador que me dediquei a fazer o mesmo pelos outros, tentando ajudar pessoas com problemas por meio de coaching e orientação;

Superei um propósito específico.
Durante anos, trabalhei duro para alcançar um objetivo específico relacionado a saúde e fitness, como parar de depender de remédios, perder peso ou, até mesmo, participar de uma competição. E consegui! Ao me tornar um exemplo nessa questão, comecei a treinar outras pessoas para ajudá-las a alcançar o mesmo objetivo;

Testemunhei o sofrimento de alguém.
Uma pessoa próxima de mim sofreu com uma doença que poderia ter sido evitada. Eu odiava ver aquilo, então aprendi como o corpo funciona e como os exercícios, a alimentação, o sono e o controle do estresse podem ajudar. Desde então, meu compromisso é ajudar as pessoas a evitarem o mesmo destino de meu ente querido;

Resolvi meus próprios problemas.
Eu me machuquei, fiquei fora de forma, sofri com problemas alimentares e físicos e caí nas armadilhas de doenças, ferimentos e sofrimento. Meu processo de cura me inspirou a ajudar outras pessoas. Agora dedico meu tempo e minha energia para ajudar a curá-las também.

Se nenhuma das histórias de origem acima serviu para descrevê-lo, escreva a sua história a seguir.

> ⬇ Para fazer este exercício e os próximos, faça o download de nossas planilhas, que podem ser impressas e editadas, no site: **www.altabooks.com.br**.

No fim das contas, se pensarmos bem, todos os caminhos em direção à saúde e fitness são bons, porque trouxeram você até aqui! Saber de onde você veio é bom, pois pode ajudá-lo a decidir qual será seu próximo passo.

ETAPAS DA CARREIRA

1. Defina SEU PROPÓSITO DE FORMA EXPLÍCITA;

2. DESCUBRA SUAS Habilidades
   → E Inabilidades ÚNICAS;

3. SINTONIZE Seus VALORES INDIVIDUAIS;

4. USE SEU Propósito, suas HABILIDADES ÚNICAS E seus VALORES INDIVIDUAIS para escolher SEU CAMINHO;

5. USE SEU PROPÓSITO, suas HABILIDADES únicas E seus VALORES INDIVIDUAIS PARA ORIENTAR SUA PRÁTICA DIÁRIA;

6. REAVALIE SEU PROPÓSITO, suas HABILIDADES únicas E seus VALORES individuais com O PASSAR DO TEMPO...

PASSO 1 DA CARREIRA

DEFINA SEU PROPÓSITO
de forma explícita

Embora ter uma história de origem interessante seja incrível, às vezes, os profissionais de saúde e fitness podem criar uma falsa confiança em virtude disso, pensando que entenderam perfeitamente o conceito de propósito.

Sim, sim, sei tudo sobre meu propósito. Estou aqui para ajudar as pessoas. O que poderia ser mais emocionante do que isso?!? Então vamos passar do propósito para as dicas sobre carreira.

Espere aí.

Na Introdução deste livro, compartilhei como um mentor influente mudou, e talvez até tenha salvado, minha vida. Em retribuição, queria passar sua orientação adiante e ajudar outras pessoas.

Mas o que realmente significa "ajudar os outros"? Ajudar os outros pode significar trabalhar como paramédico, professor, barista ou voluntário em um abrigo. Partindo dessa perspectiva, simplesmente dizer que quer ajudar os outros pode soar vago e, particularmente, *sem* propósito.

O propósito real, do tipo que Simon Sinek fala em seu livro *Comece Pelo Porquê*, significa encontrar a causa, a crença ou a missão que o motiva e usá-la como um filtro para escolher carreiras, organizações, comunidades e relacionamentos que provavelmente o inspirarão. Acredito que isso só pode ser alcançado ao se aprofundar e adotar uma abordagem específica e explícita.

Em minha carreira, por exemplo, sempre coloquei "ajudar os outros" como o objetivo principal de meu trabalho. Mas, para descobrir meu verdadeiro propósito, precisei ir além desse clichê e fazer perguntas específicas, como:

QUEM
eu quero ajudar?

POR QUE
quero ajudá-los?

QUE TIPO DE AJUDA
quero prestar?

COMO SABEREI
se realmente os ajudei?

Quando comecei minha vida profissional como treinador particular e coach de estilo de vida, acabei percebendo — por meio de perguntas como essas — que não tinha esse propósito apaixonado de ajudar, dessa forma, as pessoas desse grupo. Eu via outros profissionais motivados, inspirados e animados, mas não sentia o mesmo. Por alguma razão, esse simplesmente não era o *meu* propósito.

Depois de anos de sessões de coaching de manhã cedo e tarde da noite, repetindo mantras e meditando para que me sentisse mais motivado e inspirado e tentando de tudo para me tornar aquele tipo de profissional que ama seu trabalho, eu sabia que precisava mudar alguma coisa.

De forma curiosa, só consegui realizar essa mudança quando finalmente compartilhei meu sentimento com outros coaches e treinadores. Quando expus minha vulnerabilidade — ao confessar que não *estava* vivendo uma vida perfeita e que, apesar de ser um profissional extremamente bem-sucedido, estava realmente insatisfeito —, eles também se abriram para mim. Quando enxerguei os problemas *deles* com coaching, suas carreiras e seus negócios, percebi que queria ajudá-los *nisso. Ajudá-los* se tornou meu propósito.

Percebi, ainda, que meu desejo era o de ajudar o mercado como um todo a crescer e amadurecer. Percebi que as ferramentas disponíveis em outros setores eram o que faltava nesse setor, como insights, clareza, currículo e muitas outras coisas. Eu sabia que poderia transportar algumas dessas coisas para nosso mercado.

Essas percepções se interligaram em minha mente e me ajudaram a afirmar o propósito mais claro que já tive em anos:

Quando eu morrer ou me aposentar, gostaria de saber que meu trabalho realmente ajudou os agentes de mudança de saúde e fitness a:

1 Mudarem a forma como veem seus clientes;

2 Mudarem a forma como veem a si mesmos;

3 Mudarem a forma como veem seu trabalho.

Mas, no fim das contas, não preciso receber crédito nenhum por qualquer uma das funções que desempenho nessa área. Fico satisfeito em simplesmente saber que fiz parte do amadurecimento desse setor.

Com esse propósito em mente — que está pendurado na parede de meu escritório para que eu possa vê-lo todos os dias —, posso continuar focado e inspirado mesmo em meio à rotina diária de reuniões, divergências de opinião com os colegas de equipe, tarefas rotineiras e pequenos aborrecimentos. Ainda posso sentir uma descarga de adrenalina e um desejo latente de fazer algo a mais, que ajudasse a alcançar essa meta.

Mas é claro que esse é meu propósito; e as pessoas são diferentes umas das outras. Vamos pegar como exemplo meu colega Jon. Há algum tempo, ele visitou um estúdio de artes marciais que anunciava que investiria em quem estivesse disposto a se dedicar, participar dos treinamentos e aprender as técnicas. No entanto, rapidamente, ele percebeu que não era bem assim: os membros LGBTQ eram tratados com total hostilidade. Foi aí que surgiu o propósito de Jon. Um incansável defensor da inclusão, Jon construiu um negócio de coaching de fitness, nutrição e estilo de vida com foco em criar um ambiente seguro e acolhedor especialmente para clientes queers e trans. Seu propósito — muito mais específico do que "ajudar as pessoas a adotarem um estilo de vida saudável" — foi claro e lhe deu base não apenas como profissional, mas também como pessoa. (E ainda se tornou um negócio muito bem-sucedido.)

Uma outra colega, A'Tondra, administrava uma empresa de coaching quando o furacão Harvey atingiu sua comunidade em 2017. Ao observar a comunidade devastada, ela comentou: "Nutrição é a última coisa que passa pela sua cabeça quando você está pedindo ajuda do telhado de sua casa." Ao testemunhar a união de sua comunidade, ela identificou uma chance de ajudar as pessoas a criar forças que beneficiariam a elas mesmas e àqueles que as cercam. Foi então que ela mudou sua forma de trabalhar, passando a atuar em grupos muito pequenos e mais íntimos em áreas afetadas por furacões. Aqueles que podiam pagar, participaram. Aqueles que não podiam receberam apoio do mesmo jeito, financiado, em parte, por aqueles que puderam pagar. O propósito de A'Tondra manteve seu foco em ajudar. Mas, à medida que ela se aprofundava em seu trabalho, ficava mais claro a quem ela realmente queria prestar essa ajuda, o motivo de querer ajudar e como ela queria fazer isso. Além disso, em seu primeiro ano praticando esse tipo de coaching, ela triplicou sua renda.

Quem pode explicar por que somos *realmente* atraídos por uma pessoa e não outra, por um hobby e não outro, uma carreira em vez de outra? Se nos aprofundarmos o suficiente, a resposta pode ser "porque sim". E não há nenhum problema nisso. Porque, ao chegarmos a essa resposta, já chegamos suficientemente fundo.

Um ótimo exemplo disso é meu amigo James. Durante o dia, ele atua como pesquisador em uma famosa universidade. À noite e nos fins de semana, troca o jaleco por uma regata de oncinha, cola um daqueles bigodes vintage sobre o lábio superior e sobe no palco para dobrar barras de ferro, rasgar listas telefônicas ao meio e erguer mulheres, uma em cada mão, em campeonatos de fisiculturismo.

Por que ele passa seu tempo livre fazendo *isso*? Ele me deu algumas respostas interessantes. Mas suspeito que a verdadeira resposta seja: "Porque é incrível! Não faço ideia de por que acho isso. Eu simplesmente acho." Outra forma de descobrir seu propósito é descobrindo o que você acha incrível de forma livre de julgamentos e com total aceitação.

Definindo Seu Propósito

Como você pode encontrar seu propósito? Ouvir seu chamado? Concentre-se em ambos os questionamentos e responda-os aqui ou em seu caderno ou diário. Outra opção é fazer o download desse formulário em formato editável no site: www.altabooks.com.br.

PERGUNTA 1
Por que você quer trabalhar na área de saúde e fitness?
Essa é sua paixão? É algo que mudou sua vida? Ajudar os outros é importante para você? Você é a pessoa a quem todos os amigos e familiares recorrem para tirar dúvidas sobre saúde e fitness? Qual é sua história de origem?

PERGUNTA 2
Você quer trabalhar com clientes/pacientes?
Sim e não são respostas aceitáveis. Você pode trabalhar na área de saúde e fitness e nunca sequer ter contato individual com um cliente ou paciente. (Falaremos sobre isso mais tarde.)

Em caso afirmativo, com que tipo de clientes você deseja trabalhar?

Homens? Mulheres? Atletas? Crianças? Idosos? Somente com pessoas motivadas? Ou com aquelas que já fracassaram em algum sentido? Com todos? Com ninguém? (Você sequer gosta de trabalhar com pessoas?)

Se esse não for o caso, o que o atrai?

Talvez prefira trabalhar na organização ou nos bastidores de um negócio relacionado a saúde e fitness? Talvez queira escrever artigos, dar palestras, gravar podcasts ou lecionar? Gerenciar a recepção de um estabelecimento de saúde e fitness? Trabalhar no setor financeiro? Gerenciar projetos nessa área que dependam de uma missão?

PERGUNTA 3
Você realmente quer ajudar outras pessoas?

Sente-se inspirado por servir, ensinar ou cuidar de outras pessoas? Realmente deseja ajudar as pessoas? Ou outra coisa o move? Será a validação das pessoas à sua volta e o status? (Se for isso, tudo bem. Talvez você deva considerar o cenário de *não* trabalhar com coaching.)

PERGUNTA 4
Você deseja ser proprietário ou administrar uma empresa?

Se sua resposta for sim, sua ideia é ter um pequeno estúdio ou consultório? Ou um grande empreendimento? Ou prefere trabalhar para outra pessoa, como em um centro de saúde, fitness e bem-estar bem estruturado, onde você poderia se concentrar melhor em seu trabalho e confiar que sua equipe cuide de todo o resto?

PERGUNTA 5
Qual relação você deseja ter com seus rendimentos?

Você se sente confortável com contratos de curto prazo? Prefere maior risco e uma (potencial) recompensa maior sobre o que empreendeu? Ou um salário consistente e estável parece ser a melhor opção? Seu objetivo é ter um estilo de vida abastado? Ou somente ter "o suficiente para viver bem"? O dinheiro sequer é um fator a ser considerado?

PERGUNTA 6

Que relação que você deseja ter com seu trabalho?

Você busca flexibilidade ou rotina? Trabalho em tempo integral ou meio período? Você tem filhos ou outras responsabilidades que precisa equilibrar com o trabalho? Prefere que outras pessoas organizem sua agenda ou gosta de controlar as próprias tarefas? Quanto de seu trabalho define quem você é como pessoa?

PERGUNTA 7

Quais são suas outras habilidades, aptidões e outros talentos?

Você provavelmente sabe fazer, ou tem interesse em fazer, muitas coisas que não estão relacionadas ao setor de fitness. Talvez você seja bom com números. Ou tenha talento para projetar e criar espaços bonitos e acolhedores. Ou, ainda, goste de trabalhar com animais. Faça uma lista com todas essas informações, mesmo que suas habilidades, aptidões e seus talentos não pareçam necessariamente relevantes nesse momento.

Pode parecer muita coisa para se considerar. A princípio, nem todas as perguntas parecerão relevantes. Entretanto, contemple cada uma delas por algum tempo. Nunca se sabe qual levará a um novo insight.

No fim das contas, ainda que conceitos como "encontrar seu PORQUÊ", "seguir sua paixão" e "descobrir seu propósito" dominem as conversas sobre carreira atualmente, eles não farão qualquer sentido a não ser que você enxergue além dessas palavras da moda e considere questionamentos mais profundos, como os descritos anteriormente, além deste aqui:

Quando você morrer ou se aposentar, como terá certeza de que seguiu seu propósito?

Da minha parte, acredito que você saberá que seguiu seu propósito se seu trabalho for significativo (para você), se tiver feito alguma diferença (medida por suas próprias métricas de significado), se fizer uso de seus pontos fortes e se extrair prazer e satisfação.

PASSO 2 DA CARREIRA

DESCUBRA SUAS HABILIDADES
└→ E INABILIDADES Únicas

Se, para você, o propósito é o PORQUÊ de fazer o que faz, você pode pensar em suas habilidades únicas como a melhor FORMA de cumprir esse propósito, lançando mão de suas habilidades e de seus talentos únicos.

Ainda que meu propósito me mantivesse comprometido e motivado, eu ainda chegava no fim do dia com uma sensação de inquietude e irritação, como se houvesse algo estranho e difícil de alcançar, um sentimento que eu simplesmente não conseguia entender. Isso afetou não apenas a mim, mas também à minha família. Nas noites em que saía do trabalho me sentindo satisfeito, eu era melhor pai e parceiro, cheio de alegria, entusiasmo e diversão. Mas, quando saía com esse sentimento ruim, ficava distraído, irritadiço e preocupado.

Eu me lembro de um dia em que "o copo finalmente transbordou". Foi um dia tomado por videoconferências — uma reunião de gerenciamento atrás de outra até o fim do dia. Apesar de longas horas de trabalho, senti que não havia realizado nada. Foi muito irritante. Quando meu dia finalmente terminou, eu estava circulando pelo escritório como um leão enjaulado. Foram horas até que superasse o fato de que eu *não* estava fazendo o trabalho que importava para mim. Pior ainda, durante aquelas horas após o trabalho, percebi que não estava sendo o tipo de pai ou parceiro que queria.

Isso estava se tornando muito mais frequente do que eu gostaria. Eu não sabia bem o que, mas *alguma coisa* precisava mudar. Por acaso, naquela mesma semana, Phil, o cofundador da PN, estava participando de um curso de liderança em que aprendeu mais sobre o conceito de habilidades únicas; então ele repassou esse aprendizado para mim.

Popularizadas por Dan Sullivan, um dos coaches de empreendedorismo mais influentes do mundo, e descritas no livro *Unique Ability 2.0*, de Catherine Nomura, Julia Waller e Shannon Waller, essas habilidades únicas são compostas por:

HABILIDADE SUPERIOR.
Você produz excelentes resultados com sua habilidade única. É tão natural que você não consegue parar de fazer o que faz extraordinariamente bem. Os outros percebem essa habilidade, confiam nela e a valorizam;

PAIXÃO.
Você gosta de fazer isso e, provavelmente, já fazia de alguma forma muito antes de ser remunerado por isso. (De fato, muitas pessoas consistentemente fornecem suas habilidades únicas de graça, porque não reconhecem o quão especiais elas são.);

ENERGIA.
Ao usar sua habilidade única, você se energiza. As pessoas ao seu redor também recebem essa energia, porque é divertido e emocionante estar perto de alguém que usa suas habilidades com paixão e talento. Da mesma forma, quando você se envolve com outras pessoas que ativam suas habilidades únicas, seus dias se tornam positivos, dinâmicos e criativos;

CONSTANTE MELHORIA.
Você já é excepcional nessa habilidade, mas poderia colocá-la em prática pelo resto da vida e sempre encontrar novas formas de aprimorá-la.[*]

---

[*] Como um de meus colegas respeitados e muito experiente disse ao revisar esta seção: "Levei décadas para descobrir meu superpoder, e era o que todos me diziam que eu fazia bem há 20 anos. Eu finalmente os escutei."

Para mim, habilidades únicas são aquilo:

1 Em que você é ou tem potencial de ser um dos melhores;

2 Que você realmente gosta de fazer;

3 Que pode fazer uma grande diferença se você colocar em prática.

É óbvio que, depois que aprendi sobre habilidades únicas e segui o processo de descoberta das minhas habilidades, entendi por que alguns dias de trabalho eram incríveis e outros me deixavam insatisfeito. A questão é que os dias "incríveis" eram aqueles em que eu usava minhas habilidades singulares, empregando meus superpoderes. E esses poderes estavam ausentes nos "dias de insatisfação", como se tivesse uma kriptonita amarrada em meu peito.

Além disso, quando comecei a analisar meu trabalho para descobrir quanto tempo dediquei a minhas habilidades únicas e quanto tempo dediquei a não empregá-las, percebi um desequilíbrio. Ainda que soubesse que a expectativa de dedicar 100% de meu tempo a minhas habilidades únicas era algo fora da realidade, percebi claramente que dedicava muito mais tempo em não empregá-las do que em empregá-las. Isso causava danos a mim, à minha família e, até mesmo, à nossa organização. Então, comecei a agir para equilibrar isso.

Essa situação avançou tanto que Phil e eu acabamos usando o processo de habilidades únicas para toda a empresa. Quem não gostaria de passar a maior parte do dia fazendo as coisas de que gosta, sendo que é um dos melhores nessa tarefa e pode fazer a diferença com isso? Que empresa não gostaria de fazer o mesmo: ter uma equipe cheia de pessoas satisfeitas desempenhando seu melhor trabalho e fazendo a diferença dentro da organização?

Ao seguirmos o processo descrito na atividade a seguir, conseguimos fazer isso.

Descobrindo Suas Habilidades Únicas

Caso esteja pronto para descobrir *suas* habilidades únicas, veja o que fazer em seguida.

1º PASSO
Entre em contato com um número de 5 a 10 colegas, amigos e outras pessoas de quem você seja próximo.
Escolha pessoas que realmente o conhecem, sabem quais são seus pontos fortes e contem com você. Escolha pessoas de diversos ambientes de sua vida, preferencialmente (não considere todos os amigos, familiares ou colegas de trabalho, por exemplo; o ideal é contar com uma diversidade de opiniões, que realmente o ajudará a reforçar os temas comuns). Pergunte se eles estariam dispostos a dedicar alguns minutos para criar uma lista com algumas coisas que vêm à mente deles quando pensam em você. Se aceitarem, envie-lhes as seguintes perguntas por e-mail:

1 Quais são os talentos, as habilidades ou as características que melhor me descrevem?

2 O que me move?

3 Em que situações você conta comigo?

4 Como você descreveria meu modo de fazer as coisas?

⊙

5 Algum detalhe sobre mim o impressiona?

⊙

Esclareça que tais características não precisam ser reflexo de seus hobbies, interesses ou, até mesmo, de seu histórico profissional. Na verdade, essas são as coisas que eles admiram ou apreciam em você.

2º PASSO
Elabore suas próprias respostas.

Independentemente, faça sua lista própria, de preferência antes mesmo de receber as respostas que solicitou. Responda às mesmas perguntas que você enviou por e-mail à sua lista de pessoas confiáveis e adicione mais algumas.

1 Quais são os talentos, as habilidades ou as características que melhor me descrevem?

⊙

2 O que me move?

⊙

3 Em que situações as pessoas contam comigo?

⊙

4 Qual é "meu jeito" de fazer as coisas?

5 Que característica minha mais impressiona as pessoas?

6 Quais são as coisas pelas quais sou mais apaixonado?

7 O que é importante para mim?

8 Quais foram minhas maiores realizações até agora?

9 Quais são meus objetivos — na área pessoal, familiar, profissional, e na vida como um todo?

10 Por quem sinto admiração? E por quê? O que posso aprender com essas pessoas?

3º PASSO
Identifique os temas recorrentes.

Depois que todos responderem, reúna as respostas. Identifique palavras, frases ou temas recorrentes. Faça uma lista de dez ou mais que foram mencionados com mais frequência. Ao lado de cada item, escreva por que você acha que a pessoa disse isso a seu respeito; escreva especificamente que ação sua os instigou a dizer isso.

4º PASSO
Crie a sua declaração sobre suas habilidades únicas.

Transforme cada um dos dez temas mais comuns do 3º Passo em uma declaração sobre as habilidades únicas que você tem.

Para ter um exemplo de como fazer isso, dê uma olhada na caixa da página seguinte. É uma lista com as declarações feitas sobre minhas habilidades únicas que deixo em meu escritório para me lembrar das coisas as quais eu deveria dedicar meu tempo.

Porém, lembre-se de que isso não deve ser algo feito às pressas! Tenha calma, dedique algumas horas durante alguns dias para acertar o vocabulário, pois isso é importante. Pense nisso como um documento oficial que claramente demonstra seus superpoderes, da mesma forma que você lista suas experiências profissionais em um currículo. Para ter certeza de alcançar seu equilíbrio, é preciso consultar essa lista com frequência.

As Habilidades Únicas de John Berardi

Apresento aqui a declaração sobre minhas habilidades únicas, a qual coloquei em um lugar visível em meu escritório.

FORNECER E COMUNICAR INFORMAÇÕES.
Tanto formalmente (posts em blogs, livros, produtos e palestras) como em conversas individuais.

CONSEGUIR OUTRAS FORMAS DE COMUNICAR IDEIAS PARA CRIAR UMA IDEIA MELHOR, MAIS ELABORADA E RESSONANTE.
Tanto na edição formal quanto na facilitação da comunicação entre as pessoas.

ENCONTRAR SUPOSIÇÕES.
Identificar todas as suposições, clichês e atalhos nos planos e nos pensamentos das pessoas e perguntar: "E se fizéssemos diferente?"

INTENCIONALMENTE, DEIXAR DE LADO PROJETOS CRÍTICOS E NÃO RETORNAR A ELES.
Em um momento de clareza de pensamento, comprometer-se com um prazo ou uma força externa poderosa que obrigue a equipe a cumprir o compromisso ou enfrentar uma grande perda/constrangimento, caso não seja cumprido.

ATUAR COM HONESTIDADE E INTEGRIDADE.
Ser a mesma pessoa em todas as funções. Estar disposto a dizer a verdade, mesmo se esta for difícil, e a se comprometer com todas as conversas resultantes disso.

GANHAR A CONFIANÇA DAS PESSOAS E SALIENTAR A "UNIÃO".
Administrar com cuidado o tom de voz e a linguagem corporal; nunca fingir ou incrementar. Compartilhar apenas uma mensagem autêntica e direcioná-la ao público. Fazer com que as pessoas sintam que "estamos nessa juntos", que não é uma situação de "eu contra todos" e que também estou lidando com isso.

ADOTAR UM PENSAMENTO REFLEXIVO.
Refletir antes de expor algo em voz alta. Permanecer em silêncio até ter conhecimento ou estar preparado para comentar algo. Estar disposto a dizer: "Eu não sei."

AFIRMAR AUTORIDADE.
Expressar-me com confiança nas áreas em que tenho conhecimento. Basear minha autoconfiança e segurança em minha capacidade.

EXPRESSAR ADMIRAÇÃO.
Perceber quando as pessoas fazem coisas boas e mostrar a elas como as admiro.

CRIAR E IMPOR UMA ESTRUTURA NO CAOS.
Elaborar planos, de curto e longo prazo, para extrair do caos as experiências de que necessitamos. Ter o compromisso de resolver uma situação sempre que algo atravessar nosso caminho.

FAZER PERGUNTAS ELABORADAS.
Fazer perguntas sobre o que realmente tenho curiosidade em saber e que considero relevantes/interessantes para mim e para quem estou perguntando.

REFLETIR, IMITAR E COPIAR O SUCESSO.
Antes de iniciar novos projetos, encontrar um exemplo ou modelo que represente um trabalho excelente e de alta qualidade e, então, modificá-lo, modelá-lo e adaptá-lo para atender às nossas necessidades.

Lembre-se de que essas declarações foram dadas por amigos, familiares e colegas. Não é necessariamente o que penso sobre mim. Pelo contrário, é o que *eles* pensam sobre mim. E isso é fundamental, porque a maioria das pessoas (e me incluo nisso) tem dificuldade em identificar suas habilidades únicas.

Recentemente, encontrei minha filha de 8 anos fazendo uma tarefa na cozinha. Perguntei o que ela estava fazendo, e ela descreveu seu projeto. Depois de fazer diversas perguntas básicas, eu a questionei: "Por que você está fazendo assim? Por que não faz desta maneira? Talvez isso possa melhorar seu projeto." Ela olhou para mim e disse: "Pai, você sabe o que é bem legal em você? Eu sempre começo meus projetos e tenho uma ideia de como eles devem ser. Depois, incluo você no projeto, e você sempre me dá sugestões para melhorá-lo. Você é realmente bom nisso."

Eu sei, é fofo. Mas também é revelador. Antes de passar pelo processo de habilidade singular, eu não teria listado esse superpoder.

De muitas formas, historicamente subvalorizei essa minha característica, porque é algo natural e nem todos recebem bem. É por isso que preciso da ajuda de meus amigos, familiares, colegas — e até mesmo da minha filha de 8 anos — para descobrir minhas habilidades únicas. E o mesmo acontece com você.

Mas o processo de habilidades únicas não termina aqui.

Ainda que identificá-las seja um grande primeiro passo, o passo seguinte é encontrar maneiras pelas quais elas podem ser mais bem integradas a seu trabalho. Os membros da equipe da Precision Nutrition registram todos os diferentes tipos de tarefas que realizam em uma semana. Então, eles agrupam as tarefas sob um dos seguintes quadrantes: atividades relacionadas a habilidades únicas, atividades relacionadas à excelência, atividades relacionadas à competência e atividades relacionadas à incompetência. A seguir, vou explicar esse processo.

Dedicando Tempo a Suas Habilidades Únicas

Mantenha um registro ativo de todos os diferentes tipos de tarefas que você realiza em uma semana.

Após identificar suas habilidades singulares, tente este último passo. Descubra quanto da sua semana é dedicado à execução de tarefas com suas habilidades singulares, classificando as tarefas do seu registro sob os seguintes quadrantes.

ATIVIDADES RELACIONADAS ÀS HABILIDADES ÚNICAS:

Habilidade e paixão superiores.
Você é incrível nisso e adora fazê-lo. É o momento em que você perde a noção do tempo.

ATIVIDADES RELACIONADAS À EXCELÊNCIA:

Habilidade superior e zero paixão.
Você é incrível nisso, mas não adora fazê-lo. Você é a pessoa certa para tal, mas não obtém qualquer satisfação fazendo isso.

ATIVIDADES RELACIONADAS À COMPETÊNCIA:

Padrão mínimo e zero paixão.
Você é capaz de fazê-lo, mas fica um pouco ansioso e prefere fazer outras coisas.

ATIVIDADES RELACIONADAS À INCOMPETÊNCIA:

Fracasso e frustração.
Você odeia fazê-lo e lhe causa estresse e muita frustração, tornando seu dia horrível.

Se 80% de seu tempo for gasto no quadrante de habilidades únicas, perfeito. Se muito menos desse tempo for dedicado às suas habilidades únicas, pense em formas de lentamente direcionar a dedicação dos outros quadrantes para seus superpoderes.

Lembre-se: Nem sempre é agradável identificar diferenças entre como você *está* gastando seu tempo e como *deveria* gastar seu tempo para se sentir feliz e realizado. Essas incompatibilidades sugerem, algumas vezes, que você precisa de grandes mudanças em sua vida. Porém, esse investimento vale a pena. Definir explicitamente seu propósito e, então, colocar suas habilidades únicas a serviço dele é o caminho mais confiável para obter satisfação e sucesso em sua carreira.

PASSO 3 DA CARREIRA

SINTONIZE *Seus* VALORES INDIVIDUAIS

Quando se está impulsionado pelo propósito e usando seus superpoderes para o bem, o trabalho pode parecer incrível. (Para sentir gratidão instantânea, compare esse sentimento com o aquele de não ter propósito e fazer um trabalho que o frustra, porque não é particularmente bom nele.)

Ao mesmo tempo, é fácil se deixar levar pela paixão. É fácil começar a trabalhar demais e se desgastar. É fácil se concentrar exclusivamente em sua missão, ignorando a família, os amigos e outras pessoas que o cercam. É fácil aproveitar todas as oportunidades, esquecendo que o crescimento físico e mental não surge de grandes esforços, mas do tempo de recuperação entre eles.

E é aí que entram em cena seus valores, com os limites que o mantém no caminho certo.

Valores são aqueles ideais que você considera essenciais para ter uma vida boa. São os princípios orientadores que você tem orgulho de praticar em sua vida, as crenças pelas quais deseja lutar. É por meio deles (espero) que você decide suas prioridades. Quando usados com esse objetivo, é mais provável que você viva uma vida plena.

Para mostrar como isso funciona, estes são os valores que guiaram minhas decisões por uma década:

FAMÍLIA.

Valorizo dedicar um tempo, concentrado e sem distrações, a minha esposa e nossos quatro filhos. Tenho interesse especial em ter momentos individuais de alta qualidade com cada um, o que inclui faltar ao trabalho (e à aula) em alguns dias, fazer viagens juntos e muito mais;

AUTOCUIDADO.

Valorizo dedicar um tempo todos os dias para cuidar de minha saúde física, mental e emocional. Isso inclui dormir o suficiente, praticar exercícios frequentemente, comer bem, meditar, passar algum tempo ao ar livre, ler, apreciar as artes, fazer terapia e outras atividades;

CRESCIMENTO PROFISSIONAL.

Valorizo a construção e o desenvolvimento contínuo da Precision Nutrition como organização. Valorizo o desenvolvimento de meus colegas de equipe dentro da organização. E valorizo o crescimento que deriva de tentar coisas novas, refletir sobre o resultado, aprender e tentar novamente.

Mais do que apenas um conjunto de ideias conceituais, tornei esses valores concretos ao transformá-los em prioridades e colocá-los em um local visível em meu escritório.

PRIORIDADE 1

Ser um parceiro ativo e presente para minha esposa, assim como um bom pai para nossos quatro filhos;

PRIORIDADE 2

Dedicar um tempo diário para o autocuidado (exercícios, nutrição, sono, controle do estresse);

PRIORIDADE 3

Dentro de meu horário de trabalho, fazer todo o possível para atender e criar a marca e a comunidade da Precision Nutrition.

Tendo valores claramente articulados e prioridades bem definidas, minha vida, ainda que bastante movimentada, torna-se direta. Todas as oportunidades e decisões passam pelo crivo das seguintes perguntas:

> "Isso me ajudará a me tornar um pai ou um parceiro mais presente?"

> "Isso ajudará a melhorar minha saúde, meu condicionamento físico, meu sono e a controlar meu estresse?"

> "Isso causará um grande impacto no crescimento da Precision Nutrition?"

Qualquer resposta que não seja "sim" para uma das perguntas acima deve ser um "não". Mesmo que traga algum alívio para aquela sensação de que preciso "fazer uma viagem legal", "conectar-me com alguém que realmente respeito" ou "tentar algo novo".

Vejamos um exemplo: Recentemente, um amigo e colega me convidou para participar de um renomado simpósio em Olímpia, na Grécia. Não, não a competição de fisiculturismo Mr. Olympia. Essa é a *verdadeira* Olímpia, local dos primeiros jogos olímpicos, cujas ruínas antigas foram preservadas e que abriga uma academia internacional de ensino.

Eu quase disse sim sem nem pensar. Mas, quando fiz as perguntas a mim mesmo, a resposta foi muito diferente. Isso não me ajudaria a ser um pai ou um parceiro melhor, não me ajudaria com relação a meu autocuidado e também não ajudaria a Precision Nutrition a crescer. Eu não deveria aceitar esse convite.

Porém, naquele momento, eu realmente queria fazê-lo! Então procurei brechas. E se eu levasse toda minha família comigo e alugássemos uma vila nos arredores? Infelizmente, a resposta ainda era não. (Nosso filho mais novo tinha um ano e percebi que levar toda a família para o outro lado do mundo não era a melhor ideia.) Claro que fiquei triste por recusar essa oportunidade. Mas essa era *única escolha sensata* depois de passar pelo "filtro de valores e prioridades". Seus valores e prioridades provavelmente são diferentes dos meus. Talvez você ache que sou louco por recusar uma viagem à Olímpia. Talvez "viajar" ou "viver novas experiências" seja um de seus principais valores. Se é esse seu caso, ótimo —, mas elabore esse conceito. Capture-o. Seja claro sobre ele. A atividade nas páginas 51–53 mostra como.

Sintonizando Seus Valores Individuais

USANDO EXEMPLOS DE SUA VIDA PROFISSIONAL E PESSOAL, PENSE NOS MOMENTOS EM QUE SE SENTIU MAIS FELIZ.

O que você estava fazendo?

Com quem você estava?

O que mais contribuiu para esse sentimento de felicidade?

AGORA, PENSE NAS VEZES QUE SENTIU MAIS ORGULHO, NOVAMENTE TENDO COMO EXEMPLO SUA VIDA PROFISSIONAL E PESSOAL.

Por que você estava orgulhoso?

Quem compartilhou esse orgulho com você?

O que mais contribuiu para esse sentimento de orgulho?

AGORA, PENSE NAS VEZES EM QUE VOCÊ SE SENTIU MAIS REALIZADO.

Que necessidade ou desejo foi atendido?

Como e por que a experiência deu sentido à sua vida?

⬇

Quais foram os outros fatores que contribuíram para esse sentimento de satisfação?

⬇

POR FIM, PENSE NAS VEZES EM QUE VOCÊ SE SENTIU MAIS FISICAMENTE ENERGIZADO, EM PAZ OU CHEIO DE VITALIDADE E "RECARREGADO".

O que você estava fazendo?

⬇

Com quem você estava?

⬇

O que mais contribuiu para esse sentimento de energia, paz e de se sentir recarregado?

⬇

Com base em suas experiências de felicidade, orgulho, realização e cognição incorporada, considere quais tipos de valores conduzem esses sentimentos. Por exemplo, se você se sente mais energizado enquanto escreve, pinta ou cria uma música, a criatividade pode ser um de seus valores centrais. Ou, talvez, caso você se sinta mais orgulhoso, realizado e em paz quando está trabalhando como voluntário em um asilo, um de seus principais valores seja servir às pessoas.

Eis uma lista de valores aos quais as pessoas normalmente se associam:

ABERTURA	CRESCIMENTO
ABNEGAÇÃO	CRIATIVIDADE
ADEQUAÇÃO	CRITÉRIO
AGRADECIMENTO	CUIDADO
AJUDAR A SOCIEDADE	CURIOSIDADE
ALEGRIA	DECÊNCIA
ALTRUÍSMO	DEMOCRACIA
AMBIÇÃO	DESAFIO
AMOR	DESENVOLTURA
APRECIAÇÃO	DETERMINAÇÃO
ASSERTIVIDADE	DEVOÇÃO
ASTÚCIA	DILIGÊNCIA
AUTOCONFIANÇA	DINAMISMO
AUTOCONTROLE	DISCIPLINA
BONDADE	DIVERSÃO
BUSCA DA VERDADE	DIVERSIDADE
CALMA	DOMÍNIO
CATEGÓRICO	ECONOMIA
CLAREZA DE PENSAMENTO	EFICÁCIA
COMPAIXÃO	EFICIÊNCIA
COMPETITIVIDADE	ELEGÂNCIA
COMPREENSÃO	EMPATIA
COMPROMETIMENTO	ENTUSIASMO
COMUNIDADE	EQUILÍBRIO
CONFIABILIDADE	ESPECIALIZAÇÃO
CONFIANÇA NA UNIDADE	ESPONTANEIDADE
CONSIDERAÇÃO	ESTABILIDADE
CONSISTÊNCIA	ESTRATÉGIA
CONTENTAMENTO	ESTRUTURA
CONTROLE	EXCELÊNCIA
COOPERAÇÃO	EXCITAÇÃO
CORAGEM	EXPLORAÇÃO
CORTESIA	EXPRESSIVIDADE

FAMÍLIA	PIEDADE
FAZER A DIFERENÇA	PONTUALIDADE
FÉ	POSITIVIDADE
FELICIDADE	PRATICIDADE
FIDELIDADE	PRECISÃO
FIRMEZA	PREPARAÇÃO
FLEXIBILIDADE NA VIDA	PROFISSIONALISMO
FLUÊNCIA	PRUDÊNCIA
FOCO	QUALIDADE
FORÇA	RAPIDEZ
GENEROSIDADE	REALIZAÇÃO
GRAÇA	REALIZAÇÃO PRÓPRIA
HARMONIA INTERNA	RESPONSABILIDADE
HONESTIDADE	RESULTADOS
HONRA	RIGOR
HUMILDADE	SANTIDADE
IGUALDADE	SAÚDE
INCLUSÃO/INCLUSIVIDADE	SEGURANÇA
INDEPENDÊNCIA	SENSIBILIDADE
INGENUIDADE	SENSO DE AVENTURA
INOVAÇÃO	SERENIDADE
INQUISITIVIDADE	SER O MELHOR
INTELIGÊNCIA	SERVIÇO
INTUIÇÃO	SIMPLICIDADE
JUSTIÇA	SINGULARIDADE
LEGADO	SOLIDEZ
LIBERDADE	STATUS INTELECTUAL
LIDERANÇA	SUCESSO
MELHORIA CONTÍNUA	SUPORTE
MÉRITO	TEMPERANÇA
OBEDIÊNCIA	TOLERÂNCIA
ORDEM	TRABALHO DURO
ORIGINALIDADE	TRABALHO EM EQUIPE
OUSADIA	TRADICIONALISMO
PATRIOTISMO	UTILIZAÇÃO
PERCEPÇÃO	VISÃO
PERFEIÇÃO	VITALIDADE
PERTENCIMENTO	

Ao considerar como suas experiências se encaixam nos valores listados, circule ou escreva os que melhor o descrevem. Caso sua lista fique longa, reduza para três ou quatro valores que forem mais significativos.

EM SEGUIDA, TESTE-OS NA VIDA REAL, FAZENDO-SE AS SEGUINTES PERGUNTAS:

Meus amigos mais íntimos, sem pensar muito, diriam que esses são os ideais que mais têm significado para mim?

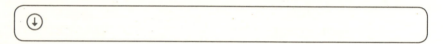

Será que eu apoiaria esses ideais mesmo que minha escolha não fosse aprovada por todos?

Hoje, priorizo minha vida e meu trabalho de acordo com esses valores?

Outra forma de descobrir se está no caminho certo é confrontar seus valores. Por exemplo, caso seu principal valor seja "aventureiro", imagine se você gostaria de fazer uma viagem extraordinária de três meses, mesmo que significasse perder uma fantástica oportunidade profissional. Caso contrário, será que a aventura é realmente seu principal valor?

Listar seus valores (e as prioridades que naturalmente derivam deles) é um trabalho complexo. Porém, a recompensa é enorme. Seus valores e suas prioridades se tornarão os limites necessários para conduzir sua vida profissional e pessoal.

Veja bem, caso a flexibilidade seja um de seus valores, trabalhar em uma clínica de segunda a sábado provavelmente não é o ideal para você. Se seu valor for a família, atender a clientes entre 16h e 21h não é uma boa ideia. Se você valoriza estar ao ar livre, talvez não queira ficar preso em uma sala de massagem sem janelas dez horas por dia.

Mais do que ajudar a definir quais opções de carreira não seguir, seus valores — junto a seu propósito e suas habilidades únicas — podem ajudá-lo a escolher qual carreira você pode seguir.

PASSO 4 DA CARREIRA

USE SEU PROPÓSITO, SUAS HABILIDADES ÚNICAS E SEUS VALORES INDIVIDUAIS *para escolher* → SEU CAMINHO

Vamos falar de Sara. No auge de sua carreira, ela gerenciava projetos de software complexos na Microsoft. Seu cargo tinha prestígio, era bem remunerado e ela trabalhava diretamente com Bill Gates com certa frequência. No entanto, também era um trabalho difícil, estressante e exigia longas horas de trabalho, além de foco exclusivo.

Após anos *sem* prestar atenção à sua saúde e *sem* investir tempo em seu autocuidado, Sara encontrou a Precision Nutrition e se inscreveu em nosso programa de coaching online. Ao longo do ano seguinte, ela perdeu 15kg, melhorou drasticamente sua saúde e encontrou o equilíbrio necessário em sua vida.

Apaixonada por saúde e fitness, ela fez a difícil escolha de sair da Microsoft e começar uma carreira como coach. Dedicada, passou pelos programas de certificação Nível 1 e Nível 2 da Precision Nutrition, foi uma de nossas primeiras estagiárias, participou de vários outros programas de educação e certificação e se dedicou para se tornar uma coach da Precision Nutrition.

Talentosa e motivada, ela se candidatou três vezes para ingressar na equipe de coaching da Precision Nutrition, mas nunca foi contratada. (Temos um número limitado de vagas de coaching em período integral, mais de 1 mil candidatos surgem a cada vez que abrimos vaga e usamos critérios rigorosos para garantir que contratemos pessoas cujas habilidades únicas reais estejam alinhadas com o que é preciso para praticar coaching do modo que fazemos.)

Essa experiência deixou Sara desolada. Anos depois, ela ainda chora ao contar essa história. Mas ela está muito bem atualmente. Em vez de trabalhar como coach, Sara trabalha em uma fantástica empresa de saúde e fitness feminina como gerente de projetos especiais junto de seu fundador, trabalhando nas maiores e mais significativas iniciativas da empresa, de seu conceito à sua conclusão.

A história de Sara ilustra dois erros fundamentais que *muitos* cometem no ramo de saúde e fitness.

ERRO 1:
Pensar que os caminhos mais visivelmente definidos são os únicos possíveis;

ERRO 2:
Não considerar seu propósito, seus valores e suas habilidades únicas ao escolher um caminho profissional.[*]

No caso de Sara, depois da transformação de sua vida, seu propósito evoluiu. Ajudar os outros a viver de forma mais saudável e com mais propósito tornou-se vital, e ela não podia realizar isso na Microsoft. Depois de dar à luz seu primeiro filho, Sara percebeu que seus valores também estavam mudando e a família se tornou seu principal valor. Ela sabia que, se continuasse com as longas e estressantes jornadas de trabalho na Microsoft, isso seria comprometido. Portanto, Sara tomou a melhor decisão para si mesma. Seu único vacilo foi se esquecer de considerar suas habilidades únicas ao pensar em seu próximo passo. Trabalhar com coaching requer um conjunto de habilidades e talentos completamente diferente do que exige o trabalho de gerenciamento de projetos. Por isso, por mais frustrante que tenha sido não conseguir o trabalho como coach, provavelmente foi a melhor coisa que já lhe aconteceu.

---

[*] Esses erros também são cometidos por muitos clientes de saúde e fitness. Para eles, os caminhos mais visivelmente definidos (como perder 5kg ou fazer abdominais) são os únicos possíveis. E eles não consideram seu propósito, seus valores e suas habilidades únicas quando escolhem um plano de ação (ou seja, um professor de meia-idade que passa o tempo livre atuando em musicais, buscando uma solução para dores nos joelhos e diabetes tipo 2 realmente precisa participar da competição Tough Mudder?).

Na época, ela não sabia que essa negativa a havia salvado de ficar presa a um trabalho que não a satisfaria. Além disso, abriu caminho para a possibilidade de realizar o trabalho para o qual ela é perfeita, desta vez em um ambiente mais alinhado com seus valores e propósitos.

Quando observo o setor de saúde e fitness, vejo pessoas simplificando (demais) suas opções dessa forma. Na opinião deles, se você trabalhar nessa área, suas únicas opções são:

Personal trainer;

Coach de treinamento de força;

Coach nutricional;

Naturopata;

Médico funcional;

Instrutor de Ioga ou de Pilates;

Especialista em reabilitação;

Instrutor de exercícios em grupo.

E obviamente são todas opções maravilhosas, mas apenas se corresponderem ao *seu* propósito e às *suas* habilidades únicas e se os requisitos de trabalho corresponderem aos seus valores.

A má notícia? Muitos profissionais acabam em um dos empregos citados e, no caso deles, é um beco sem saída. Ainda que provavelmente esteja relacionado a seus propósitos, a maioria não é excepcionalmente boa nessas funções e o trabalho não corresponde a seus valores.

A boa notícia? Para os recém-chegados nesse setor, há muitas opções de carreira além das supracitadas. E, para os profissionais já ambientados, sempre há tempo para mudar.

Por exemplo, digamos que você tenha verdadeira paixão por exercícios e fitness. Em vez de tentar se tornar um personal trainer ou um treinador de força, você também pode:

ESCREVER
sobre exercícios e fitness em livros, revistas ou publicações online;

FALAR
sobre exercícios e fitness em feiras ou conferências;

LECIONAR
sobre exercícios e fitness em escolas, faculdades ou universidades;

GRAVAR PODCASTS
sobre exercícios e fitness;

APRESENTAR
programas de TV ou rádio sobre exercícios e fitness.[*]

Outra opção aceitável é manter seu hobby como o que ele é: um hobby. Nem todos que se interessam por saúde e fitness precisam seguir uma carreira na área. Ou ainda, com o treinamento correto e as habilidades únicas, há a opção de trabalhar em **recursos humanos, finanças, desenvolvimento de negócios, marketing, tecnologia, design** ou **liderança** dentro de uma empresa de saúde e fitness que compartilhe de seus propósitos e valores.

Você também pode seguir pelo caminho do **empreendedorismo** e abrir seu próprio negócio, seja uma academia, uma empresa de coaching online ou uma de tecnologia para roupas. Com certeza, o coaching de pessoas de forma direta é apenas uma das muitas opções potencialmente satisfatórias.

---

[*] Porém, como apontado por um de meus colegas: "Quando as pessoas escrevem, falam ou publicam algo a respeito de saúde e fitness sem muita experiência ou conhecimento, isso prejudica a área como um todo. Portanto, antes de se estabelecer como uma autoridade, tenha certeza de que desenvolveu conhecimentos reais sobre o tema. Sem isso, seus serviços não ajudarão a ninguém, nem a você mesmo."

Vejamos o exemplo de meu colega Pat. Ele é um pensador sistemático com uma mente analítica que começou a carreira como personal trainer e treinador de força. Percebendo que tinha mais gosto por planilhas do que por agachamentos, mas ainda com vontade de atuar nessa área, ele começou a estudar métodos quantitativos em ciência do esporte. Atualmente, ele trabalha para um time da NFL, avaliando as exigências de treinamentos e como elas se relacionam à saúde, às lesões e ao desempenho dos atletas.

É aqui que as coisas começam a ficar divertidas.

Digamos que você seja um contador de histórias nato, divertido e tenha mais facilidade para agir quando está cercado por diversas pessoas do que em uma situação individual. Nesse caso, seria mais lógico que sua carreira envolvesse palestras e conexão com pessoas, multidões, em vez de interações baseadas apenas em um cliente.

Entretanto, digamos que todas as viagens necessárias não combinem com seus valores (passar fins de semana longe da família não é uma opção, e tantas viagens de avião comprometem seu autocuidado). Nesse caso, você poderia buscar outros modos de empregar suas habilidades únicas.

E se você se limitasse a dar palestras locais?

Que tal trabalhar em um ambiente corporativo, levando conceitos de saúde e fitness a centenas de funcionários de uma vez só?

Ou talvez você possa encontrar uma forma de levar sua família com você e praticar o autocuidado?

Temos outro exemplo ainda. Digamos que você seja incrível em organização e excepcionalmente bom em manter tudo funcionando. Nunca se esquece de uma tarefa e tem talento para direcionar e liderar pessoas. Além disso, um de seus valores é contar com consistência e previsibilidade em sua vida (o que pode significar manter uma jornada de trabalho previsível e tradicional para conseguir planejar o próprio tempo de lazer, como caminhadas nos fins de semana com os amigos ou jantar em casa todas as noites).

Colocando tudo em perspectiva, talvez suas habilidades e seus valores individuais apontem para trabalhos em administração, como supervisionar uma equipe de profissionais de saúde, coaches e nutricionistas.

Escolhendo Sua Carreira

Para ajudá-lo a alinhar da melhor forma a escolha de sua carreira com seus propósitos, valores e suas habilidades únicas, vamos listá-los novamente a seguir.

Seu propósito:

Suas habilidades únicas:

Seus valores:

Tendo isso em mente, pense em algumas opções de carreira que melhor se encaixam nesses três itens:

Caso seu emprego atual esteja entre as opções de carreira listadas acima, ótimo! Você está no caminho certo. Se você acha que é hora de uma mudança, os capítulos a seguir sugerem formas de seguir um novo caminho partindo do zero.

No começo, esse jogo pode parecer complicado. Não é somente difícil descobrir seu propósito, suas habilidades e seus valores individuais; encontrar opções criativas de carreira que satisfaçam a todos os três também exige muita reflexão. Entretanto, esse é o segredo da maioria das pessoas de sucesso que conheço.

Ninguém disse que seria fácil. E você não está lendo este livro porque quer algo fácil. Você está pronto para fazer o que for preciso para construir uma carreira de sucesso e viver uma vida consciente. Descubra seu objetivo, suas habilidades e seus valores individuais — e use-os para decidir seu caminho — e suas chances aumentarão.

---

* Lembre-se, entretanto, de que nada substitui o trabalho duro, milhares de horas de prática e uma verdadeira dedicação ao seu ofício. Não importa quanto sua carreira agregue seu propósito, suas habilidades e seus valores individuais; você ainda precisa trabalhar nisso, muitas vezes quando sequer sente vontade de se esforçar. A boa notícia é que será mais significativo se estiver alinhado com seu propósito, suas habilidades e seus valores individuais.

PASSO 5 DA CARREIRA

USE SEU PROPÓSITO, SUAS HABILIDADES Únicas E SEUS VALORES INDIVIDUAIS PARA ORIENTAR SUA PRÁTICA DIÁRIA

Recentemente, recebi um convite para participar de um evento para cem pessoas em Sydney, na Austrália. Também recebi um convite para escrever um artigo para o *New York Times* falando sobre nutrição. Ambos foram durante uma semana em que eu já havia me comprometido em gravar um novo curso em vídeo para a Precision Nutrition.

Conhecendo minhas prioridades, habilidades únicas e meus valores, se você tivesse que escolher, o que faria? Compraria a passagem para Sydney, escreveria o artigo para o jornal mais famoso do mundo ou gravaria o curso?

Minha tomada de decisão foi assim:

Ainda que sempre tenha ouvido o quanto Sydney é incrível, recuso a viagem porque me afastaria de minha família, significaria menos tempo para cuidar de mim mesmo, além de ser um público muito pequeno comparado às 750 mil pessoas que posso alcançar nos inscritos no *mailing* da Precision Nutrition.

Recuso o *New York Times* porque já fui citado no jornal antes e, a menos que seja uma matéria sobre mim ou a Precision Nutrition, menções adicionais agregam muito pouco valor marginal.

Aceito o projeto em vídeo porque nele farei o que faço melhor (usar minhas habilidades únicas) de maneira a influenciar o trabalho e a vida dos responsáveis pela mudança relacionada à saúde e fitness (usando meu propósito) e a ajudar a desenvolver os negócios direto do conforto de meu home office (novamente, lembrando-se de meus valores).

Deixe-me esclarecer: Sou extremamente feliz e grato por essas oportunidades. No início de minha carreira, eu jamais acreditaria se me dissessem que um dia eu recusaria viagens com tudo pago ao redor do mundo e entrevistas para o *New York Times*. Porém, a verdadeira lição aqui não é sobre recusar viagens ou entrevistas. É sobre descobrir o que *você* precisa para encontrar propósito, significado e prazer em seu trabalho. E também para se manter fiel a essas coisas em vez de ser atraído por todos os convites legais que não são compatíveis com o que você se propõe a realizar.

Esse é um dos benefícios mais negligenciados da articulação de seu propósito, suas habilidades e seus valores individuais. Conhecê-los torna quase *tudo mais fácil.* Tudo fica mais claro: o que você deve aceitar e o que rejeitar. Seu trabalho se torna mais divertido. Sua carreira ganha mais significado. Você ganha liberdade para desenvolver ainda mais suas habilidades únicas. É um conceito em constante mudança — exatamente como você.[*]

---

[*] Uma única ressalva: Muitas vezes, é fácil nos convencermos de que determinada oportunidade não se alinha a nossos valores quando, na verdade, é simplesmente medo ou desconforto diante da oportunidade de tentar algo novo. Portanto, tenha certeza de que você sabe a diferença entre dizer não porque algo entra em conflito com seus valores e dizer não porque se sente intimidado pelo trabalho que envolve algo cujo valor você reconhece.

Tomando Decisões Inteligentes Todos os Dias

Ao mesmo tempo em que você precisa considerar seu propósito, suas habilidades únicas e seus valores para "dar dois passos para trás" e tomar decisões sábias e que considerem sua carreira como um todo, o mesmo pensamento vale para *dar dois passos para a frente* e tomar decisões cotidianas e corriqueiras em seu trabalho.

Para fazer isso, anote algumas das diferentes oportunidades que lhe foram oferecidas ultimamente.

Agora, avalie se essas oportunidades estão alinhadas com seu propósito, suas habilidades e seus valores individuais. Se estão, vá com tudo! Caso contrário, como criar oportunidades que estejam mais bem alinhadas?

PASSO 6 DA CARREIRA

REAVALIE SEU PROPÓSITO, SUAS HABILIDADES únicas E SEUS VALORES individuais AO LONGO DO TEMPO...

Na Precision Nutrition, usamos com frequência o ditado: "Que seja eterno enquanto dure." Isso quer dizer que, sim, estamos confiantes de nossas decisões mais recentes. E elas são definitivas por enquanto. Entretanto, também podem ser reavaliadas com base em novas ideias, experiências, aprendizados e feedbacks.

Ser eterno enquanto durar é uma maneira muito boa de encarar esse processo de seis etapas da carreira. Em nosso primeiro contato com o processo, parecerá algo linear, com começo, meio e fim. Mas não pode parar por aí. Circunstâncias, tempo, experiências e insights o levarão a repensar seu propósito, suas habilidades únicas e seus valores. E isso é normal. Diria, até mesmo, que é ideal.

Então, encare esse processo como um ciclo, não como uma tarefa única. O minuto em que você parar de agir dessa forma (e refinar sua ideia de carreira), será o momento em que parará de crescer.

Da mesma forma, não se sinta pressionado a fazer com que cada etapa seja "perfeita" ou a acertá-la de primeira. (A ideia de fazer correções rápidas em sua carreira é tão ilusória quanto definir soluções rápidas sobre nutrição e exercícios.) Portanto, não se apresse. Faça o melhor que puder com o que você tem em cada etapa e continue aprimorando ao longo do tempo.

No início de sua carreira, isso provavelmente significa refletir *muito* sobre seu propósito, suas habilidades e seus valores individuais. Significa, também, revisar o que você tiver realizado de vez em quando. Isso porque você ainda tem certeza de seus pontos fortes, de seus objetivos fundamentais e de como articular essa intuição que o leva a agir. Isso é normal e esperado. De verdade. Em um setor que valoriza, erroneamente, a juventude e o sucesso da noite para o dia, é fácil esquecer que se tornar um especialista (em qualquer assunto) sem tentativa, erro, aprendizado e experiência é impossível.

Reavaliando Seu Propósito, Suas Habilidades Únicas e Seus Valores ao Longo do Tempo

Para garantir uma reavaliação regular, recomendo abrir sua agenda, escolher uma data daqui a três meses e agendar uma ou duas horas para a próxima revisão. Anote a seguir.

Dia e hora da revisão de três meses:

Posteriormente, em sua carreira, após anos de tentativas e erros, e de uma série de experiências formativas, sua autoconsciência estará mais bem formada, você terá mais conhecimento sobre o setor e saberá melhor o que é importante para você, quais são seus superpoderes e o que deveria fazer de sua vida.

Esse processo não é exclusivo dos novatos. Eles precisarão dedicar mais tempo a ele e revisá-lo com mais frequência, fazendo perguntas importantes a cada poucos meses. Porém, mesmo as pessoas com algum tempo de estrada ou no fim de suas carreiras, precisam refinar a compreensão de seu trabalho. Ao reavaliar o processo a cada ano, ou a cada dois anos, descobrimos um novo entusiasmo por nossos propósitos, superpoderes e valores, ou percebemos que mudamos e precisamos ajustar nossas estratégias de carreira de acordo com isso. Um ótimo exemplo disso é uma de minhas colegas. Depois que seus filhos adultos saíram de casa, ela começou a ter aquela sensação de "ninho vazio", o que a levou a reconsiderar seu propósito e seus valores, bem como a que ela dedicaria sua energia no futuro.

Você provavelmente já faz esse processo de reavaliar outras áreas de sua vida. Caso seja um ávido praticante dele, provavelmente sua maneira de se exercitar ou sua filosofia sobre como se exercitar ao longo do tempo foram ajustadas à medida que acumulava mais experiência, vivia com um corpo em mutação ou uma rotina diária e aprendia com novos professores. Seu conceito sobre nutrição provavelmente também mudou pelas mesmas razões.

Se dedicar o mesmo senso de aventura, abertura e espírito de crescimento à sua carreira, mesmo que não acerte o propósito, as habilidades únicas e os valores ideais de primeira, você estará cada vez mais perto disso.

JB Responde: Carreira

Para dar suporte ao que você está aprendendo, compilei questionários ao final dos capítulos, repletos de perguntas reais e ponderadas que ouvi ao longo dos anos. Em cada pergunta, compartilho minha opinião sem filtros sobre os desafios que, sem dúvida, você enfrentará à medida que progredir em sua carreira.

⊕ Você pode conferir todas as perguntas e respostas do *Agente de Mudança* no site: **www.altabooks.com.br**.

As perguntas deste capítulo incluem:

P: Estou animado para entrar no ramo de saúde e fitness. Sinto que é onde mora meu propósito e poderei fazer a diferença com as habilidades únicas que possuo. Mas parece ser uma área realmente saturada, com muitas pessoas querendo participar. Será que devo me preocupar com a concorrência? (Resposta: ~ 350 palavras)

P: Você falou anteriormente sobre usar seu propósito, suas habilidades únicas e seus valores para ajudar a determinar o que deve ser aceito e o que deve ser rejeitado. Isso vale para todas as etapas de sua carreira? (Resposta: ~ 700 palavras)

P: Compreendo o valor de recusar certas oportunidades em determinados estágios de minha carreira. Mas como posso fazer isso sem parecer ingrato, desapontar as pessoas que talvez contem com meu sim, e não arruinar oportunidades futuras? (Resposta: ~ 650 palavras)

P: Pelo que entendi, você está dizendo que a paixão deve ser o fio condutor de uma carreira. Soube que isso não é uma boa ideia, e você precisa ser mais prático. O que você acha disso? (Resposta: ~ 150 palavras)

PALAVRAS DE SABEDORIA: CARREIRA

(POR MAIS interessante QUE SEJA)
NÃO CONFUNDA sua história de ORIGEM COM
seu PROPÓSITO;

Pergunte A SI MESMO:
QUANDO EU MORRER OU me aposentar,
COMO VOU SABER se SEGUI MEU propósito?

Propósito = POR QUE
HABILIDADES ÚNICAS = COMO;

Habilidades ÚNICAS SÃO
AQUILO EM QUE você é BOM,
O QUE você GOSTA DE FAZER;

A MAIORIA DAS PESSOAS tem dificuldade EM
IDENTIFICAR SUAS HABILIDADES únicas.
Peça ajuda para DESCOBRIR AS SUAS;

É fácil SE DEIXAR LEVAR PELA PAIXÃO.
SEUS VALORES fornecem os LIMITES
para MANTÊ-LO NA LINHA.

Anote SEUS VALORES, COM certeza, MAS É MAIS IMPORTANTE TESTÁ-LOS NA VIDA REAL, para que VOCÊ SAIBA que eles são VERDADEIROS;

NÃO SIMPLIFIQUE DEMAIS suas opções. HÁ TANTOS caminhos PARA ESCOLHER NO RAMO DE SAÚDE E FITNESS;

Aventura, TRANSPARÊNCIA E CRESCIMENTO EM MENTE O AJUDARÃO A SE APROXIMAR de seu PROPÓSITO + HABILIDADES + VALORES individuais;

O minuto em que VOCÊ PARAR DE AGIR (E refinar SUA IDEIA DE CARREIRA) SERÁ O momento em que VOCÊ PARARÁ DE CRESCER;

FORTE MISSÃO PESSOAL (E VALORES) + ALTA competência (habilidades ÚNICAS) + Sistema PARA REALIZAÇÃO (SEU SISTEMA operacional) = satisfação PESSOAL E PROFISSIONAL.

CAPÍTULO 3

CLIE

DESCUBRA

O QUE SEUS CLIENTES

REALMENTE *QUEREM*

E *FAÇA COM QUE*

O RECEBAM *Sempre*

Em algum momento do passado, o McDonald's — buscando aumentar a receita de um modelo de negócios emblemático — decidiu melhorar suas vendas de milkshake.

Como a maioria das empresas, o McDonald's segmentou seu mercado por produto (por exemplo, milkshakes x hambúrgueres) e dados demográficos (por exemplo, pessoas que compram milkshakes x pessoas que compram hambúrgueres). Com base nisso, os pesquisadores reuniram grandes grupos de pessoas que compram milkshakes e lhes fizeram muitas perguntas a respeito de bebidas mais espessas. Por fim, reuniram pequenos grupos de pessoas que compram seus milkshakes e lhes solicitaram que provassem e classificassem seus diferentes tipos.

Com base nesse feedback, a empresa alterou a receita de seus milkshakes. No entanto, isso não melhorou suas vendas.

Mesmo desapontada, a empresa não se deixou abalar e elaborou uma abordagem completamente diferente. Contratou uma equipe inovadora — e, na época, controversa — de pesquisadores de Harvard para ajudá-los a descobrir qual era o "trabalho" por que as pessoas "contratavam" os milkshakes. Eu sei que o conceito é estranho. Mas preste atenção e tudo fará sentido.

Para descobrir o "trabalho a ser feito", os pesquisadores passaram dias nas lojas do McDonald's, registrando *quem* comprava milkshakes, *quando* os compravam e *onde* os bebiam. Não fizeram quaisquer perguntas. Simplesmente observaram, documentaram um comportamento e, assim, descobriram que mais de 40% dos milkshakes eram vendidos "para viagem", pela manhã, para pessoas que estavam indo para o trabalho.

Mais tarde, os pesquisadores retornaram ao McDonald's e entrevistaram esse grande grupo de trabalhadores que compravam milkshakes para descobrir para qual "trabalho", ou seja, para desempenhar que função, eles "contratavam" o milkshake. E este é o resumo das respostas que obtiveram:

> As pessoas que compravam os milkshakes enfrentavam um longo e maçante trajeto até o trabalho, portanto, precisavam de algo para ocupar a mão que não estivesse no volante, de uma atividade que tornasse seu deslocamento mais interessante.

Eles ainda não estavam com fome, mas sabiam que sentiriam fome às 10h da manhã. Então, buscavam algo para comer ou beber que os mantivesse saciados até meio-dia.

 Eles estavam com pressa, estavam vestindo roupas sociais e tinham (no máximo) uma mão livre.

Então, em vez de comer um muffin ou um sanduíche, eles escolhiam um milkshake porque faz menos sujeira, alimenta mais e porque (esta informação é fascinante) tentar sugar um líquido espesso por meio de um canudo os entretinha durante o maçante deslocamento até o trabalho. Ao entender que esse era o "trabalho" que sua bebida exerce, o McDonald's criou um milkshake mais espesso (mais duração significa mais satisfação) e adicionou pedaços de frutas a ele — tornando-o "mais interessante" e, sem dúvida, criando uma imagem relacionada à saúde: "Olhem só, tem fruta. É saudável!"

A marca Snickers adotou uma abordagem semelhante na busca por um "trabalho a ser feito".

Mesmo que você nunca tenha comido um chocolate Snickers, conhece o slogan clássico: "Ele satisfaz." Por mais de 30 anos, a Mars investiu sua energia em convencer o público de que o Snickers não é uma "barra de chocolate", mas — muito parecido com a ideia do milkshake do McDonald's — uma refeição alternativa que é fácil de carregar e não faz sujeira. Na década de 1980, os anúncios nos EUA eram certeiros: "Tenho prazos a cumprir. Não posso deixar que algo como a fome me atrapalhe. O Snickers me alimenta até que eu consiga comer de verdade. Ele acaba com a fome. Assim posso cuidar dos negócios." A campanha mais recente da marca segue essa mesma linha: "Você não é você quando está com fome."

A empresa Mars chegou a determinados insights da mesma forma que o McDonald's. Contratou os mesmos pesquisadores de Harvard, que visitaram as lojas de conveniência e os terminais em aeroportos para observar as pessoas que compravam Snickers. Então, quando alguém comprava uma barra de Snickers e saía da loja, a equipe entrevistava essa pessoa por meio de um questionário bem estruturado (que compartilharei neste capítulo).

Dessa forma, eles descobriram que os clientes do Snickers eram, em sua maioria, homens jovens, famintos (do tipo "se eu não comer algo logo, ficarei irritado") e apressados.

Além disso — e isso é crucial —, a maioria das pessoas que compraram Snickers *não* pensaram em comprar qualquer outra barra de chocolate. Elas não faziam uma escolha entre Snickers e Milky Way; escolhiam entre o Snickers e outros lanches baratos, que acabam com a fome e são fáceis de carregar, como sanduíches, burritos ou *beef jerky* (aquela carne seca em tirinhas). Ao usar determinado insight como base e convencer as pessoas de que o Snickers não é uma barra de chocolate, mas uma refeição substituta satisfatória, a Mars o transformou na barra de chocolate nº 1 em vendas no mundo.

Os milkshakes do McDonald's e as barras de chocolate Snickers se tornaram produtos icônicos e reconhecidos mundialmente, não porque são, necessariamente, mais saborosos ou mais baratos do que os produtos concorrentes, mas por seu desenvolvimento e sua comercialização, que têm como base insights mais profundos, por vezes sem lógica, sobre o "trabalho" para o qual foram "contratados" por seus consumidores.

Então, milkshakes e barras de chocolate... qual é a relação deles com saúde e fitness? Bom, nenhuma. E, sim, tomar um milkshake de café da manhã não parece ser *nada* saudável. No entanto, o princípio de procurar um "trabalho a ser feito" tem relação com saúde e fitness. O motivo é que o setor de saúde e fitness tem um histórico problemático quanto a identificar o "trabalho" para o qual as pessoas estão "contratando" nossos produtos e serviços. O resultado? Acabamos criando (e comercializando) produtos por meio de uma visão simplória e inocente dos clientes e, depois, reclamamos que eles parecem não entender o que oferecemos, ou mesmo a importância disso.

Chegou o momento de subirmos de nível.

Devemos refletir mais profundamente a respeito das pessoas que escolhemos servir, nossos clientes e compradores, e do que eles buscam quando vêm até nós. O tempo investido rende dividendos enormes e o ajuda a produzir e a comercializar coisas que as pessoas consumirão, indicarão aos amigos e voltarão a comprar.

O Trabalho A SER FEITO: COMO A INDÚSTRIA ENTENDE Errado

Conforme já dito no Capítulo 1, uma vez li uma resenha de uma antiga cliente de coaching de nossa empresa. Perguntaram se recomendaria nosso programa e ela deu uma resposta mais ou menos assim:

Não recomendo. Perdi alguns quilos, mas nunca me senti conectada à minha coach. Realmente não precisava muito da ajuda dela. Se precisasse, não sei bem quanta ajuda receberia.

Talvez você se lembre da natureza um tanto quanto irônica dessa resenha: ela perdeu mais de 15kg durante seu programa conosco, teve alteração em quase todas suas medidas coletadas, porém estava infeliz, e eu queria saber o motivo. Então lhe ofereci um pagamento para me conceder uma entrevista de uma hora.[*]

Até então, eu acreditava que os clientes ficariam felizes em perder peso e se manterem assim, melhorar os indicadores de saúde e/ou sua qualidade de vida, principalmente após tentar em outros programas e fracassar. E essa cliente passou por tudo isso.

No entanto, ela tinha um motivo completamente diferente (e legítimo) para não recomendar nossa empresa: ela sentiu como se ninguém se importasse com ela. Não se sentiu ouvida nem compreendida. Perder peso, apesar de agradável, *não foi suficiente.*[**] Ela queria que sua coach a tivesse acompanhado a cada passo desse caminho, e não foi isso que aconteceu.

---

[*] Geralmente, você aprende muito mais com essas "falhas" do que com seus sucessos reconhecidos. Seu ego ficará ferido e, talvez, sua carteira também, mas aprender como e por que você falhou de forma honesta é um dos melhores investimentos que pode fazer. Considere isso como um "imposto de prevenção para erros futuros".

[**] Algumas pesquisas recentes sugerem que, quando as mulheres buscam informações sobre saúde, buscam apoio emocional e social (ou seja, você ficará bem e podemos ajudar), enquanto os homens tendem a procurar mais um suporte informativo (ou seja, essas são algumas das informações que você precisa saber).

Sim, nossa equipe venceu a batalha contra o sobrepeso e as doenças evitáveis. Mas perdemos a maior de todas — forjar um relacionamento significativo e duradouro com nossa cliente, por meio do qual ela pudesse sentir que valeu o investimento e ficasse entusiasmada com a forma como mudamos sua vida. E por que perdemos? Porque fizemos suposições demais. Em vez de ter certeza, apenas supomos. Em vez de fazer perguntas, compramos ideias clichês.

Atualmente, felizmente, a Precision Nutrition se sai muito melhor nessa questão. No entanto, *todo* o setor de saúde e fitness passa por esse mesmo problema. É por isso que as capas de revista são iguais há 30 anos; as revistas masculinas continuam falando sobre "queimar gordura" e "barriga tanquinho", enquanto as revistas femininas falam sobre ter "músculos alongados e tonificados" e "coxas bem torneadas".

Essas ideias derivam de uma compreensão superficial dos clientes e consumidores, como a abordagem inicial do McDonald's. Essa abordagem raramente funciona porque as verdadeiras motivações das pessoas costumam ser tão profundas que *elas* nem imaginam quais são até que sejam estrategicamente descobertas.

Um de meus exemplos favoritos a respeito disso é uma discussão com uma cliente do programa de coaching para mulheres da Precision Nutrition. Poucas semanas depois de se juntar a nosso grupo de treinamento, ela foi selecionada aleatoriamente para uma conversa. (Como fazemos em todas as conversas mais aprofundadas como essa, ela foi remunerada pelo tempo dedicado.)

Durante a conversa, ela falou muito sobre como "precisava perder peso" e que "percebeu que esse era o momento". Quando questionamos "Por que agora?", ela não conseguiu mais explicar. Porém, quando perguntamos sobre sua vida na época em que ela nos contratou, foi como se uma lâmpada se acendesse. Ela mencionou, de maneira superficial, que levou seu filho adolescente para fazer o exame de direção. Ainda que ela considerasse esse detalhe irrelevante, sabíamos que poderia significar algo.

Descobrimos que seu filho participava de competições de natação e que ela, durante os últimos dez anos praticamente, foi sua motorista, levando-o para todos os lugares durante a semana e, até mesmo, nos fins de semana. Ela dedicou muitas horas a serviço dos objetivos dele: levá-lo e trazê-lo dos lugares, assistir às competições, aos treinamentos e ir a reuniões, ficar lendo livros e mexendo no telefone enquanto esperava.

Uma semana depois de levá-lo para fazer o exame de direção, um anúncio da Precision Nutrition apareceu em seu feed de notícias do Facebook e ela se inscreveu. Não foi coincidência esse anúncio ter aparecido nesse momento. Há anos ela pensava em contratar um coach. Mas somente depois desse "gatilho" — de seu filho tirar a carteira de motorista e não precisar mais de seus cuidados — é que ela considerou seriamente a opção de cuidar de si.*

O interessante é que ela não percebeu essa conexão. Ou seja, pesquisas, grupos focais e perguntas diretas não teriam feito essa descoberta. Somente sem fazer deduções, fazendo perguntas estratégicas e escutando a cliente com atenção, conseguimos descobrir o verdadeiro motivo que a levou a se inscrever no programa. Isso nos abriu os olhos para alguns questionamentos que redirecionaram a estratégia de nossa equipe de marketing e publicidade:

Qual é a porcentagem de nossos clientes que contratam o programa de coaching depois de ter um gatilho significativo?
(Resposta: Uma grande porcentagem.)

---

* Um colega me disse que precisa desses momentos em seu trabalho: "Aprendo mais quando presto atenção aos detalhes. Eles são os mais honestos e dão as maiores pistas de por que as pessoas se comportam de tal forma."

Que tipos de eventos relacionados a esses gatilhos poderiam fazer com que uma pessoa contratasse um programa de coaching?
(Resposta: Receber um diagnóstico médico assustador; ter um filho mais novo começando a ir à escola; um filho ter tirado a carteira de motorista ou ter saído de casa para morar sozinho; um término de casamento; a perda de um emprego ou uma aposentadoria; a perda de uma pessoa de quem cuidava, entre outros.)

E se começássemos a abordar, de forma proativa, as pessoas com maior probabilidade de ter um evento relacionado a um gatilho?
(Resposta: Os custos com publicidade diminuem e as conquistas aumentam.)

É claro que as pessoas podem desejar perder peso ou ficar com a barriga chapada, mas essas não são as respostas reais para as perguntas: "Por que você se matriculou *neste* programa?"; "Por que *agora*?". As respostas a essas perguntas têm raízes em um lugar mais profundo na mente das pessoas, que deriva de uma imagem holística de suas vidas. E, como discutiremos a seguir, saber essas respostas o ajudará a moldar suas ofertas de produtos e suas opções de propaganda.

Obviamente, é preciso lançar mão do conceito de manter "a mente aberta", a atenção plena e, até mesmo, determinada, para descartar os clichês industriais e buscar o motivo mais profundo de por que as pessoas fazem o que fazem. Mas vale a pena.

Aprender mais sobre as funções pelas quais as pessoas estão contratando quer dizer ir além das manchetes gritantes, não precisar mais de táticas de pressão ou de vendas abundantes e atrair clientes que tenham calma e confiança quanto à sua capacidade de atender a suas necessidades.

O Trabalho A SER FEITO:
COMO VOCÊ PODE ACERTAR

Ainda que tenhamos muitas formas de aprender sobre nossos clientes e consumidores em potencial — e de usarmos diversas delas, incluindo pesquisas informais no Facebook, pesquisas mais abrangentes por meio do SurveyMonkey, grupos focais presenciais, sessões em que empregamos o protocolo verbal Think Aloud (pensar em voz alta) e muito mais — nossa ferramenta favorita, e a mais perspicaz, é a estrutura TASF (Trabalhos A Serem Feitos).

A TASF é uma técnica de entrevista e análise que busca descobrir os "trabalhos" para os quais as pessoas "contratam" produtos e serviços. Embora pareça estranho pensar que algo como uma broca pode ser "contratado" para fazer um trabalho e "demitido" se não o fizer, essa é uma representação precisa da razão pela qual as pessoas compram coisas. Afinal, ninguém realmente quer uma broca de 1/4. As pessoas querem um buraco de 1/4. Assim, "contratam" a broca para fazer o "trabalho" de perfurar esse buraco.

Um "trabalho a ser realizado" não é um produto, um serviço ou uma solução especificamente. É o "objetivo maior" pelo qual um cliente compra produtos, serviços e soluções.

Vamos considerar o motivo de alguém contratar um treinador. Essa pessoa está louca para apoiar uma barra nas costas e realizar uma repetição de agachamentos? Provavelmente não. Então, por que a maioria dos treinadores cria um fetiche em torno do projeto do programa e da seleção de exercícios? Por que outra parte de seu treinamento não cuida das necessidades mais profundas dos clientes, geralmente relacionadas a melhorar como se sentem com relação a seus corpos, reduzir as dores física e psíquica? Porque eles não entendem exatamente o trabalho a ser feito.*

---

* Treinadores, não fiquem na defensiva! É claro que elaborar o programa e selecionar os exercícios é importante. Não estou dizendo que devemos escolher um em detrimento do outro, mas ambos. Aprenda a elaborar um ótimo programa e a se conectar com as necessidades mais profundas de seus clientes.

Da mesma forma, podemos pensar no motivo pelo qual as pessoas procuram médicos. É porque querem tomar remédios ou "ir para a faca"? Provavelmente não. Então, por que a maioria dos médicos faz consultas apressadas, dá um monte de receitas e forma fila de pacientes no pré-operatório? Por que parte de seu trabalho como médicos não trata das necessidades mais profundas dos pacientes, geralmente relacionadas a diminuir a sensação de fragilidade, aceitar mais graciosamente sua mortalidade? Eles também não entendem exatamente o trabalho a ser feito. *

A estrutura TASF tem tamanho valor porque ajuda a lembrar que as pessoas não compram serviços ou produtos, mas contratam soluções relevantes em diferentes momentos de suas vidas para realizarem uma enorme variedade de trabalhos. **

A estrutura TASF foi criada pelo professor Clay Christensen, da Escola de Negócios de Harvard. Bob Moesta, que trabalhou com Christensen em Harvard, compartilhou-a conosco e ela mudou nossos negócios. Em um ano, após realizar dezenas de conversas profundas com consumidores e clientes em potencial e, em decorrência destas, adaptar nossas ofertas de produtos e nossa estrutura de marketing e publicidade, a receita da empresa aumentou 50%.

Parece bom, não é? E, melhor ainda, você pode fazer isso sozinho.

Veja como aplicá-la em seu negócio.

---

* Médicos, não fiquem na defensiva! Claramente, há a influência das limitações sistêmicas, da adesão do paciente e de outros fatores. Ao mesmo tempo, é possível encontrar pequenas oportunidades a considerar e responder às necessidades mais profundas de seus pacientes. Nesse caso, foquem isso.

** "Sou um solucionador de problemas". É assim que um colega descreve seu trabalho quando conversa com um cliente ou paciente em potencial.

Estrutura dos Trabalhos A Serem Feitos

1º PASSO

Comece pelas perguntas claras que precisam de respostas, como:

Por que as pessoas *contratam* meu produto ou serviço?

Por que as pessoas *demitem* meu produto ou serviço?

Quais são os *problemas* das pessoas com meu produto ou serviço?

Onde estão minhas *oportunidades* de melhoria de meu produto ou serviço?

2º PASSO

Identifique pessoas em cada uma das etapas relevantes da compra, como:

Aquelas que manifestaram interesse, *mas não compraram* seu produto/serviço;

Aquelas que *compraram* seu produto/serviço;

Aquelas que *compraram e estão ativamente utilizando* seu produto/serviço;

Aquelas que *compraram, mas não estão ativamente utilizando* seu produto/serviço;

Aquelas que *compraram, mas depois devolveram* seu produto/serviço.

Você também pode procurar pessoas em diversos estágios, como:

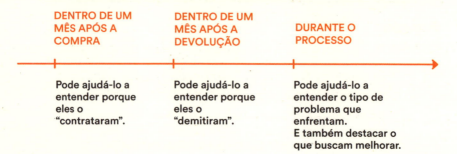

Outra coisa que ajuda muito é conversar com clientes em potencial que manifestaram interesse em seu produto ou serviço, mas que não o compraram ou que compraram outro item.

3º PASSO

Depois de identificar seus grupos de pessoas, tenha conversas com questionários estruturados.

Para entender o ponto de venda, pergunte:

Quando você comprou o produto?

Onde você estava?

Qual era a hora do dia (ou da noite)?

Havia mais alguém com você naquele momento?

Como você comprou o produto?

Para descobrir o primeiro pensamento delas sobre a compra, pergunte:

Quando você começou a buscar uma solução para seu problema?

Onde você estava?

Você estava acompanhado? O que essa(s) pessoa(s) disse(eram)?

O que instigou esse pensamento?

Para descobrir o que mais foi considerado na avaliação de suas opções, pergunte:

Fale sobre sua busca por um produto que pudesse solucionar seu problema;

Que tipos de soluções você tentou? Ou não tentou nenhuma? Por quê?

Para revelar as emoções associadas à compra, pergunte:

Como foi a conversa quando você falou sobre a compra do produto com seu(s) cônjuge/amigo(s)/familiar(es)?

Antes de comprar, você imaginou como seria sua vida se tivesse o produto? Onde você estava enquanto pensava nisso?

Sentiu ansiedade sobre a compra? Soube de alguma coisa sobre o produto que lhe causou nervosismo? O que foi que soube? Por que você ficou nervoso?

Essas perguntas não são fixas, são exemplos que devem ser modificados, com base no fato de você estar tendo uma conversa profunda com alguém que pode ter contratado, demitido ou esteja passando por seu programa. No caso de uma contratação ou demissão, o mais importante, inicialmente, é que essa conversa consiga acessar a memória dos clientes sobre os eventos relacionados a determinada ação. É por isso que a pergunta inicial é sobre "quando", mesmo já sabendo exatamente o momento em que eles compraram ou desistiram.

Em seguida, você pode perguntar: "Onde você estava quando fez isso? Estava acompanhado? Você se lembra de como estava o clima?". Novamente, você não está necessariamente interessado nos detalhes específicos, mas na ativação da memória e em explorar os eventos que estão relacionados a essa ação. Isso o ajuda a descobrir as forças emocionais na tomada de decisões do cliente. São essas as forças que as pessoas geralmente sequer mencionam, pois não lhes parecem ter relação com nada ou ter qualquer interesse. No entanto, são elas que fornecem as melhores informações para o refinamento de produtos e/ou para o aprimoramento do marketing e da publicidade de um produto ou serviço.

Após concluir as conversas — as quais você gravou para poder consultar mais tarde —, é o momento de organizar as respostas em duas estruturas conhecidas de Trabalhos A Serem Feitos (TASF): **a linha do tempo** e **as forças**. Essas duas estruturas o ajudam a contextualizar as respostas que você ouviu. Depois, é possível transformar determinadas respostas em histórias úteis que podem ajudá-lo a compreender o que seus clientes atuais e em potencial pensam e sentem ao interagir com você e com seus produtos e serviços.

4º PASSO

A LINHA DO TEMPO ajuda a entender a tomada de decisões dos clientes, esclarecendo seus pensamentos e os eventos que os levaram a contratar, usar ou demitir o que você criou.

OBSERVAÇÃO PASSIVA	OBSERVAÇÃO ATIVA	DECISAO	CONSUMO (SIM OU NÃO)
Sem esboçar qualquer ação, estou percebendo as minhas opções.	Investindo tempo e energia em busca de uma solução.	Diminuí minhas opções para duas ou três principais. Decidi meu critério.	Após algum tempo de uso, compreendo se funciona ou não.

PRIMEIRA IDEIA	EVENTO UM	EVENTO DOIS	COMPRE AGORA
Talvez o que eu faço agora não esteja funcionando.	Já chega. Preciso resolver isso.	Se não resolver isso até certa data, não vai ser nada bom.	Já está pago. Não tem volta. Estou comprometido com isso.

Organize as respostas às perguntas em linhas do tempo individuais, como mostrado a seguir.

> Para fazer este exercício e os próximos, faça o download de nossas planilhas, que podem ser impressas e editadas, no site: **www.altabooks.com.br**.

5º PASSO
AS FORÇAS facilitam o mapeamento dos sentimentos que levaram os clientes a contratar ou a demitir algo em contraste com as forças que os afastam da contratação ou demissão.

Mapeie as forças individuais que levaram seus clientes à tomada de decisão.

6º PASSO
Busque temas comuns em seus diagramas de linha do tempo e das forças.

O que levou as pessoas a essa tomada de decisão?
___

Quem era visto como "o competidor" por elas?
___

Contra quais receios elas precisaram lutar para realizar a compra?
___

Como o que elas *pensavam* que estavam comprando correspondeu ao que elas *realmente compraram*?

7º PASSO

Faça novas perguntas a si mesmo.

De que forma posso falar sobre meus negócios a meus clientes que seja mais adequada a como *eles* falam sobre suas necessidades, seus desafios e suas preocupações?

Como posso atingir mais pessoas em locais que jamais havia considerado?

Como posso analisar a trajetória de meus clientes e antecipar seus próximos passos?

Na Precision Nutrition, geralmente realizamos essa conversa com cerca de dez clientes em cada etapa de sua jornada. Por exemplo, para entender melhor o serviço de coaching para homens da Precision Nutrition, falamos com:

HOMENS QUE NÃO COMPRARAM

Em até um mês após a inscrição, conversamos com **dez homens que manifestaram interesse, mas que não compraram** o programa de coaching;

HOMENS QUE COMPRARAM

Em até um mês após a inscrição, conversamos com **dez homens que compraram** o programa de coaching;

HOMENS USANDO ATIVAMENTE O COACHING

Durante o serviço contratado, conversamos com **dez homens que estavam usando ativamente** o programa de coaching;

HOMENS NÃO USANDO ATIVAMENTE O COACHING

Durante o serviço contratado, conversamos com **dez homens que não estavam usando ativamente** o programa de coaching;

HOMENS QUE DESISTIRAM

Em até um mês após a desistência, conversamos com dez homens que desistiram do programa de coaching.

Atentos a suas histórias, traçamos uma linha do tempo para cada indivíduo (os eventos e os pensamentos que os levaram da primeira ideia até a compra ou o consumo) e examinamos as forças que influenciaram todo o processo (o que os levou a comprar ou a se afastar da compra). Então, analisamos todas as linhas do tempo e as forças individuais, comparando-as a fim de encontrar temas comuns. Procuramos entender o que os levou à tomada de decisão, quem foi considerado um "competidor" e quais receios foram superados para realizar a compra. Além disso, consideramos quando a compra foi feita e procuramos entender o que eles *pensaram* comprar e comparamos com o que eles consideram que *realmente* compraram durante o uso do produto ou serviço.

Quando você finalmente conseguir se enxergar através dos olhos de seus clientes, poderá fazer perguntas melhores, como:

De que forma posso falar sobre meus negócios a meus clientes que seja mais adequada a como eles falam sobre suas necessidades, seus desafios e suas preocupações?
(Isso pode tornar seus produtos e serviços mais atraentes ou fazer com que eles pareçam estar mais alinhados com as necessidades do cliente. Se acertar isso, eles pensarão: *Nossa, essa empresa entende exatamente o que estou procurando!*)

Como posso atingir mais pessoas em locais que jamais havia considerado?
(Isso poderia ajudá-lo a se inserir em novos mercados. Por exemplo, se seus clientes em potencial adquirem serviços como o seu após um evento relacionado a um gatilho significativo — como dar à luz, receber um diagnóstico médico assustador, terminar um relacionamento ou se mudar para uma nova região —, por que não comercializá-lo a pessoas que já viveram um evento similar?)

Como posso analisar a trajetória de meus clientes e antecipar seus próximos passos?
(Isso pode ajudá-lo a desenvolver novos produtos e serviços. Por exemplo, se você observar que mais pessoas sofrem para acompanhar um programa de perda de peso de 12 semanas, talvez valha a pena criar um programa de manutenção que ajude aqueles que completaram o programa anterior a preservar a maior parte de sua perda de peso e a aceitar qualquer ganho de peso posterior.)

No fim das contas, saber o que os clientes *realmente* querem significa não supor que você já sabe. Significa que você não está copiando os outros porque supõe que *eles* saibam o que os clientes querem. Significa que você sequer pergunta a seus clientes o que eles querem. Em vez disso, significa usar a curiosidade de um detetive e a compaixão de um terapeuta para fazer as perguntas certas, ouvir atentamente as respostas e refletir de forma profunda. Se você fizer tudo isso, a probabilidade de descobrir as raízes emocionais mais profundas de suas ações é muito maior. Então, você será capaz de identificar suas maiores oportunidades em coaching, desenvolvimento de produtos, vendas ou marketing. E se destacará facilmente dentre todos os competidores nesse setor.

O Trabalho A SER FEITO: INSIGHTS DA Pesquisa da PRECISION NUTRITION

Por meio da estrutura de Trabalhos A Serem Feitos (TASF), a equipe da Precision Nutrition se beneficiou imensamente de insights profundos a respeito das pessoas que utilizam nossos produtos e serviços, assim como daquelas que não os utilizam. Compartilho alguns desses insights.

Lembre-se de que essas "histórias de usuários" podem não descrever os *seus* clientes ou as pessoas com quem você deseja trabalhar. Isso quer dizer que muitas das histórias deste livro são apenas ilustrações e exemplos, não prescrições. Também significa que você deve coletar os mesmos tipos de insights com sua equipe, em sua empresa. Para isso, recomendo a abordagem descrita anteriormente. Além disso, se quiser mais informações (e instruções específicas) sobre o uso da estrutura TASF, pesquise sobre o trabalho de Chris Spiek e Bob Moesta no site: jobstobedone.org [conteúdo em inglês].

História do usuário nº 1: "Não é minha primeira vez."

PRODUTO: TREINAMENTO DE COACHING DA PRECISION NUTRITION

Um dos insights mais importantes que obtivemos por meio do processo de TASF foi que quase nenhuma das pessoas que manifestam interesse e, eventualmente, inscrevem-se no programa de coaching Precision Nutrition está buscando "entrar em forma" ou "ficar saudável" pela primeira vez.

Com base em entrevistas extensas — e pesquisas de acompanhamento —, descobrimos que o cliente em potencial médio tentou realizar mudanças em sua forma física e em sua saúde por *cinco* vezes, com graus variados de sucesso, antes de considerar nosso programa de coaching com base prática e duração de um ano.

Geralmente, antes de descobrirem nossa empresa, nossos clientes do sexo masculino experimentaram uma ampla variedade de opções, como DVDs de exercícios (P90X, Insanity etc.), livros (*A Dieta do Abdômen*, *Body for Life* etc.), academias (CrossFit, Orangetheory Fitness, entre outras) e personal training. As mulheres testaram opções como gerenciamento de calorias e alimentos industrializados (Vigilantes do Peso, Jenny Craig etc.), livros de dieta (*The China Study*, *Magra e Poderosa* etc.), academias em estilo "treinamento de campo de batalha" e detox. Ainda que esse conhecimento possa parecer óbvio, ajudou-nos de diversas maneiras.

Para começar, ajudou a formular nossa publicidade paga. Por exemplo, publicamos imediatamente uma série de anúncios que se comunicavam de forma direta com esses clientes. Os anúncios eram mais ou menos assim:

> {Body for Life/Vigilantes do Peso/P90X/entre outros} deu errado?
> Tente algo diferente.
> [Conheça mais sobre a Precision Nutrition]

> Recuperou o peso perdido? Outra vez?
> Veja como manter o peso para sempre.
> [Descubra a Precision Nutrition]

(Em determinados casos, os anúncios tinham animações sobre as diversas abordagens comuns relacionadas à dieta e fitness aparecendo sucessivamente, seguidas de alguns dos textos citados.)

Além da publicidade paga, começamos a publicar artigos e vídeos gratuitos relacionados a essa experiência. Compartilhamos as histórias de nossos clientes. Mostramos como nosso programa cientificamente comprovado e baseado em práticas é diferente de tudo o que eles já tentaram antes. E demonstramos como nosso programa conseguiu ajudar aqueles que não obtiveram sucesso anteriormente, até mesmo quem perdeu a esperança de que qualquer intervenção pudesse funcionar.

Por fim, revisamos nosso currículo de coaching para respeitar o fato de que cada experiência sucessiva relacionada à dieta e fitness minou a autoconfiança e a força de vontade de nossos clientes. Ou seja, precisávamos de mais conteúdo:

Destacar a resiliência (*se você já tentou entrar em forma umas cinco vezes, você não é um fracassado, é uma pessoa obstinada*);

Comparar e diferenciar o que eles fizeram antes com o que estão fazendo agora (*sim, esse programa pode parecer mais lento, mas as coisas mais rápidas e frenéticas do que isso funcionaram para você?*);

Lembrá-los continuamente que o sucesso é possível (*sei que agora você se sente frustrado, mas olha só fulano, ele(a) estava no mesmo barco que você e atingiu esses resultados incríveis*).

Agora pense em seus clientes e pacientes. Eles estão na mesma situação, tentaram diversas intervenções sem sucesso duradouro? Em caso afirmativo, como você pode fazer esse insight trabalhar a seu favor?

História do usuário nº 2: "Ajude-me a me tornar 'aquele cara'."

PRODUTO: COACHING PARA HOMENS DA PRECISION NUTRITION

À medida que nos aprofundamos em nossas conversas com clientes de coaching, observando homens e mulheres separadamente, descobrimos novos insights específicos de cada grupo. Um dos maiores insights de coaching para homens pode ser resumido na história de "Steve". (Steve não é alguém especificamente, mas um compilado de entrevistas com dezenas de homens.)

Steve está acima do peso (ou com peso normal, porém com excesso de gordura corporal). Ele realmente não está concentrado em fazer algo sobre isso no momento. Talvez nem tenha noção de como está fora de forma, ou simplesmente não se importa. Ele é o que chamamos de *aceitavelmente acima do peso/fora de forma*. Ele aceita essa realidade. Ou seja, ele não quer mudar seu corpo. Ainda.

Um dia, um acontecimento coloca sua saúde e imagem corporal em foco. Esse *gatilho* geralmente se dá por uma lesão, um diagnóstico médico, risco de morte, uma mudança de emprego ou um status de relacionamento. Em outras palavras, Steve tomou um pé na bunda, mudou de emprego, sofreu uma lesão na perna ou recebeu uma notícia ruim e um pouco assustadora de seu médico.

Então, ele decide que precisa mudar sua imagem. Porque, na mente dele, *saúde = imagem*. Steve vê um cara em forma e pensa: "Esse cara não tem problemas de relacionamento", ou "Ele não tem risco de ter diabetes", ou "Esse cara está no comando de sua vida".

De forma curiosa, caso Steve tenha recebido recentemente um diagnóstico de pré-diabético, ele não vai pensar: "Preciso encontrar um treino que cure o diabetes." Curar o diabetes não faz nada por sua imagem. Em vez disso, Steve quer parecer um cara saudável e em forma. Ele espera que, assim que tiver a imagem parecida com a "daquele cara", o diabetes (e o ego ferido associado à doença) desapareça.

Quando Steve passou pelo *evento focado na saúde para obter uma imagem*, ele tomou uma atitude para melhorar a imagem de seu corpo. De acordo com a nossa pesquisa, Steve provavelmente experimentará o P90X, começará a praticar CrossFit ou contratará um personal trainer, tudo na tentativa de ficar mais parecido com "aquele cara" que obviamente tem uma vida melhor do que a sua. Steve pode tentar uma coisa, ou diversas coisas, para melhorar sua imagem.

Então, em algum momento, Steve vive um *fracasso fitness*. E isso pode acontecer de duas maneiras:

FALHA TIPO 1:

Steve não teve bons resultados em suas experiências fitness e não conseguiu alterar sua imagem (ou saúde) de forma visível.

FALHA TIPO 2:

Steve conseguiu alguns resultados com suas experiências fitness, mas que não estão de acordo com sua expectativa. A intenção era de ser 100% incrível. Porém ele conquistou apenas 70% e empacou.

Nesse momento, Steve pensa: *Por que isso não está funcionando para mim? O que estou fazendo de errado?* A resposta, ele descobre depois de uma extensa pesquisa em artigos, fóruns, podcasts e livros, é por causa da *nutrição*. Em seguida, Steve começa a pesquisar sobre nutrição na internet... Então ele encontra a Precision Nutrition.

Essa é a história de como Steve encontrou o treinamento de coaching para homens da Precision Nutrition.

Um detalhe adicional sobre Steve, com base em nossa pesquisa: Se ele for casado, pedirá a permissão de seu cônjuge para participar do programa. De fato, os homens casados que entrevistamos tiveram dificuldade com o conceito de "vender" o programa para seus parceiros por três razões: compromisso de tempo, comprometimento e/ou por sentir que precisam que seus parceiros também participem das mudanças na dieta.

Um exemplo disso é o que Steve ouve em sua mente antes de abordar o cônjuge para falar sobre a Precision Nutrition:

COMPROMISSO COM HORÁRIO:

"Mas você já está tão ocupado; quanto tempo esse programa vai, de fato, levar?"

DINHEIRO:
"Podemos mesmo pagar por isso, Steve?"

COMPROMETIMENTO:
"Precisamos mudar tudo na forma como fazemos as compras e como comemos? Não sei se acho uma boa ideia."

No final, resumimos esse trabalho — surpreendentemente típico — a ser feito como:

"Ajude-me a me tornar 'aquele cara'. O homem com quem quero me parecer e como quero me sentir."

Criamos uma fórmula que descreve essa experiência:

Indivíduo com excesso de peso/fora de forma + Evento focado na saúde para obter uma imagem + Experiências fracassadas em fitness + Pesquisa = Entrar no treinamento de coaching da PN.

Além de ser uma história interessante, usamos esse conhecimento para melhorar diretamente nossa experiência em publicidade, marketing, criação de produtos e coaching para homens. Por exemplo:

PUBLICIDADE:
Criamos anúncios direcionados para pessoas como Steve, que percebem que "exercitar-se sozinho não é suficiente" e que passaram por alguma experiência de gatilho para um desejo mais profundo por mudança;

MARKETING:
Já escrevemos dezenas de artigos sobre "caras como o Steve", que passaram pelas mesmas experiências que ele, mas que, com a nossa ajuda, alcançaram resultados incríveis;

CRIAÇÃO DE PRODUTOS E CURRÍCULOS:

O programa de coaching da Precision Nutrition costumava ser comercializado como um programa de treinamento único para homens e mulheres. Com base em alguns insights do Trabalho A Ser Feito, começamos a promover dois programas separadamente, com dois conjuntos diferentes de aulas e práticas, mais alinhados às respostas de nossas entrevistas com homens e mulheres.

Caso você trabalhe com homens, essa história lhe soa familiar? Você lida com um grupo de "Steves" em seu trabalho? Em caso afirmativo, como você pode fazer esse insight trabalhar a seu favor?

História do usuário nº 3: "Ajude-me a separar alimentação de sentimento."

PRODUTO: COACHING PARA MULHERES DA PRECISION NUTRITION

Um dos maiores insights de coaching para mulheres pode ser resumido na história de Julie. (Novamente, Julie não é alguém especificamente, mas um compilado de entrevistas com dezenas de mulheres.)

Julie está presa em um ciclo, ou em um *loop*. Dois *loops*, na verdade. Mas o primeiro é complicado. No primeiro, Julie sente uma forte emoção negativa, como solidão, ansiedade, depressão ou estresse. Para lidar com isso, ela foca a comida, algo que a ajuda (temporariamente) a se sentir melhor. Porém, aliada a pouquíssima atividade física e a outros fatores relacionados ao estilo de vida, essa alimentação com motivação emocional leva ao ganho de peso.

Após ganhar peso, Julie busca uma alternativa para tentar perdê-lo (Vigilantes do Peso, controle de calorias com o MyFitnessPal, jejum, dieta detox e outras dietas).

Infelizmente, depois de 1) não alcançar resultados ou 2) alcançar algum resultado, mas recuperar o peso perdido, tomada por outra forte emoção negativa, como frustração ou desilusão, ela volta a comer com foco nas emoções. O ciclo se repete e ela começa a pensar: "Sei o que fazer, então por que não está funcionando? Por que não consigo?"

Para resumir esse primeiro *loop*:

Quando se sente solitária, ansiosa, deprimida ou estressada → Julie come → Julie ganha peso → Julie tenta uma dieta para perder peso → Julie fracassa em perder peso ou em mantê-lo → Julie repete o ciclo.

É interessante notar que, enquanto Julie está passando por esse primeiro ciclo (sentir, comer, sentir, comer), ela também está envolvida em outro *loop*. Nesse segundo *loop*, ela está "aprendendo" o que funciona para ela e o que não funciona. Toda vez que fracassa em uma experiência de perda de peso (ou recupera o peso eliminado), ela cria um conjunto de ideias sobre o que "dá certo para ela" e o que não dá.

Tudo o que Julie "aprende" pode ou não ter qualquer relação com seu sucesso. Em outras palavras, nesse segundo *loop*, ela está aprendendo coisas e fazendo suposições com base nelas. Essas coisas podem ser úteis ou podem desenvolver algumas superstições; mas ela não está em um momento em que consegue diferenciar uma coisa da outra.

Com base nisso, Julie cria um roteiro:

Já tentei o Vigilantes do Peso e descobri que contar calorias não funciona para mim. Em vez disso, preciso de _____. Portanto, se eu ouvir falar em "contar calorias" outra vez, não quero nem saber do programa.

Ou:

Já tentei o método Jenny Craig e descobri que essas pequenas refeições industrializadas não funcionam para mim. Preciso comer minha comida. Então, se eu ouvir falar em "refeições industrializadas", não vou nem continuar. Se ouvir "comer comida de verdade", continuo.

Enquanto Julie passa por seus dois ciclos de forma simultânea, ela busca *passivamente* por mais informações e por possíveis soluções para seu problema com o peso. Em algum momento, ela descobre a Precision Nutrition ao:

Ver uma publicação nas redes sociais;

Ouvir a indicação de alguém em sua academia;

Pesquisar sobre um tópico importante, como o jejum intermitente;

Ler uma postagem que escrevemos em outro site.

Assim que passa a conhecer nossos conceitos, Julie altera da pesquisa passiva para a *pesquisa ativa*. No cenário mais comum, enquanto Julie busca mais informações sobre a Precision Nutrition, uma mulher com quem ela se identifica — uma amiga, parente, colega ou alguém com quem conversa por uma rede social — indica nosso trabalho, mostra resultados bem-sucedidos (por meio de um relato ou de fotos), ou fala sobre como é trabalhar conosco. Essa *prova social* faz com que Julie acredite que nosso programa poderia funcionar para ela.

Ao se aprofundar nos detalhes sobre a Precision Nutrition, ela passa por um *momento simplificador*, em que descobre a resposta para a pergunta que ela subconscientemente não para de se fazer: "Eu sei o que fazer... então por que não está funcionando/por que não consigo?"

Isso pode acontecer quando ela lê um artigo sobre a Precision Nutrition, participa de um curso gratuito, assiste a um de nossos vídeos nas redes sociais etc. Geralmente, acontece quando ela aprende conceitos como:

Menos, não mais;

Mais lento, não mais rápido;

Não precisa fazer isso sozinha;

Primeiro a nutrição, depois o exercício;

Foco holístico x foco no peso;

Primeiro a mente, depois a dieta;

A conexão com os outros é vital.

Assim, ela entende que a Precision Nutrition é diferente. E não só isso, é algo em que ela vê sentido! Então ela pensa: "Mas é claro! Por isso tenho sofrido para perder peso." Após seu momento simplificador, Julie começa a *analisar os critérios* que aprendeu anteriormente.

"A PN fala sobre…"

Sustentabilidade, e não rapidez;

Ser responsabilizada x receber soluções baratas;

Incentivar o consumo de alimentos integrais em vez de suplementos ou alimentos industrializados;

Priorizar primeiramente a nutrição, depois focar o exercício;

Abrir mão do controle ou entregá-lo, em vez de manter-se na direção.

Com base nisso, Julie se torna a principal candidata a ingressar no coaching. Por fim, resumimos esse Trabalho A Ser Feito como:

Ajude-me a separar alimentação de sentimento. De forma sustentável.

E criamos uma fórmula que descreve essa experiência:

Loop 1 (sentimento, alimentação, sentimento, alimentação) + *Loop* 2 (aprendizados e superstições) + Pesquisa + Prova social + Momento simplificador + Análise de critérios = Entrar no treinamento de coaching da PN.

Novamente, usamos esse conhecimento para construir nossa experiência em publicidade, marketing, criação de produtos e coaching de mulheres. Você também pode fazer isso. Pense nas clientes do sexo feminino, caso trabalhe com mulheres. Você pode usar esses insights em seu trabalho?

Lembre-se de que essas são apenas algumas histórias de usuários com base em nossa pesquisa com clientes que participaram de nossos programas. Isso significa que podem não ser necessariamente úteis no contexto de sua empresa. Para realmente colocar o processo de TASF em ação, você precisará fazer a própria pesquisa, como descrito nas páginas 82–89.

Lembre-se, também, de que esse tipo de pesquisa não representa todos os tipos de clientes que utilizam nossos produtos e programas, ainda que represente a maioria deles.

Por fim, lembre-se de que esse tipo de pesquisa foi conduzido em cada um de nossos seis programas e com cada segmento (pessoas que não compraram, pessoas que compraram, pessoas que estão utilizando ativamente o programa, pessoas que não estão utilizando ativamente o programa, pessoas que desistiram do programa).

Sim, o processo demanda tempo (6 produtos × 5 segmentos por produto × 10 pessoas por segmento × 2 horas de conversa = 600 horas de conversa). No entanto, antes de pensar "não tenho tempo para isso!", lembre-se de que nós levamos anos para fazer isso, e você também conseguirá.

Basta se comprometer a fazer alguma coisa toda semana, mesmo que seja apenas uma conversa por semana. Ao final de três meses, você coletaria informações suficientes para ter uma compreensão mais profunda sobre um cliente, ou um segmento de clientes. Qual é o retorno desse investimento? Em alguns anos você terá uma verdadeira mina de ouro de informações que *quase ninguém mais, em lugar algum*, terá.

Isso o ajudará a descobrir o que seus clientes realmente querem, junto aos benefícios óbvios de marketing e publicidade. Enquanto todos os outros apenas prometem soluções superficiais (*Incinere sua gordura corporal agora!*), você poderá oferecer algo que esteja mais alinhado com as necessidades reais das pessoas e com quem elas são em um nível profundo (*Adquira força, confiança e capacidade para conseguir o que deseja para sua vida*).

Além disso, o ajudará a *entregar* o que seus clientes realmente desejam, adaptando seus produtos e serviços ou criando novos, com base em como você aprendeu a se comunicar com seu público-alvo. Deixe de lado as adivinhações, as suposições ou o exemplo de outras pessoas. Talvez, em vez de apenas oferecer planos nutricionais, você aprenda que os planos nutricionais, aliados ao coaching nutricional, são o caminho certo. Ou ainda, descobrirá que, em vez de oferecer somente serviços de diagnóstico e prescrição de medicamentos, também é necessário prestar o serviço de coaching de saúde.

Dedicar algum tempo para fazer esse tipo de descoberta — e estar aberto para insights que nos fazem repensar sem perder a força — mudou nossa empresa. Ao fazer novas perguntas, aprendemos *com certeza* o que nossos clientes buscam. Atualmente, eles se sentem mais bem servidos e mais conectados, permanecem por mais tempo conosco; e nós estamos mais felizes e satisfeitos com nosso trabalho. Tenho certeza de que essa abordagem pode fazer o mesmo por você!

Perguntas e Respostas com JB: Clientes

Para dar suporte ao que você está aprendendo, compilei questionários ao final de cada capítulo, repletos de perguntas reais e ponderadas que ouvi ao longo dos anos. Em cada uma, compartilho minha opinião sem filtros sobre os desafios que, sem dúvida, você enfrentará à medida que progredir em sua carreira.

⊕ Você pode conferir todas as perguntas e respostas do *Agente de Mudança* no site: **www.altabooks.com.br**.

As perguntas deste capítulo incluem:

P: As ideias deste capítulo são, principalmente, qualitativas e me considero uma pessoa mais quantitativa. Você não coleta dados mensuráveis ao planejar seu marketing, sua publicidade e seus produtos? (Resposta: ~ 275 palavras)

P: Você falou sobre uma técnica chamada "protocolo verbal Think Aloud". O que é isso e como funciona? (Resposta: ~ 425 palavras)

P: Meu negócio é relativamente novo, ainda não tenho muitos clientes e ofereço apenas um serviço. Eu adoraria ter insights mais profundos, porém realmente não sinto que tenha tempo disponível para isso; não tenho certeza se posso pagar para conversar com as pessoas e me pergunto se o que eu aprender será útil. O que devo fazer? (Resposta: ~ 350 palavras)

PALAVRAS DE SABEDORIA: CLIENTES

AS VERDADEIRAS motivações das PESSOAS ESTÃO, MUITAS VEZES, ESCONDIDAS, ATÉ MESMO ELAS NÃO SABEM sempre O QUE QUEREM;

Aprender O QUE AS PESSOAS realmente QUEREM PODE AJUDAR SUA PUBLICIDADE, seu MARKETING, SUA EXPERIÊNCIA E OS PRODUTOS QUE VOCÊ OFERECE;

Fazer as perguntas CERTAS DESBLOQUEIA FORÇAS EMOCIONAIS DAS PESSOAS E traz OS MELHORES insights;

AS PESSOAS NÃO compram PRODUTOS NEM SERVIÇOS. ELAS CONTRATAM SOLUÇÕES PARA RECEBER SERVIÇOS VARIADOS;

As pessoas o CONTRATARÃO PORQUE ACHAM QUE você PODE AJUDÁ-LAS A FAZER o trabalho DE QUE PRECISAM;

o TRABALHO GERALMENTE NÃO É O QUE você PENSA QUE É;

PARA DESCOBRIR o trabalho, faça AS PERGUNTAS CERTAS, Ouça ATENTAMENTE, Pense PROFUNDAMENTE;

ESTEJA PREPARADO PARA SER humilde, ESTAR ABERTO A novos insights;

ESTEJA disposto A MUDAR QUALQUER COISA PARA MELHOR servir A SEUS CLIENTES.

CAPÍTULO 4

COAC

HING

COMO

Dominar a **MOTIVAÇÃO,** Construir **RELACIONAMENTOS,** e Permanecer **FOCADO** em Seus Clientes

Pergunte às pessoas como elas imaginam que seja um coach de saúde e fitness. Aposto que algum tipo caricato extremista lhes vem à mente.

Um sargento gritando, com a cara vermelha, que as obriga a "pagar mais flexões" ou as reprime por não gostarem de comer beterrabas. Ou uma líder de torcida superanimada que as convence a dar saltos e as persegue com um suco verde na mão. (Outros exemplos: um médico completamente focado em evidências que não entende como é ter medo da balança; um nutricionista que só enxerga alimentos "verdes folhosos"; ou um instrutor de ioga que se contorce como um pretzel, porém jamais comeria um.)

E quer saber? Talvez esses personagens não estejam *tão* distantes da realidade.

Por diversas razões, muitos treinadores encarnam, de forma inconsciente, essas caricaturas (talvez influenciados pelas figuras populares de treinadores em programas como *O Grande Perdedor*). Eu, pessoalmente, não tenho nada contra sargentos ou líderes de torcida *se realmente forem sargentos e líderes de torcida*. No entanto, as coisas ficam complicadas quando coaches de saúde e fitness agem como sargentos e líderes de torcida.

Os melhores agentes de mudança da área de saúde e fitness do mundo enxergam seu relacionamento com os clientes de forma distinta.

Tradicionalmente, nas relações entre coach e cliente — e o mesmo vale para médicos —, os profissionais agem como se fossem predestinados a deter todo conhecimento e poder. Os clientes devem agir como receptores passivos e flexíveis: *Eu lhe digo o que fazer, e você obedece.*[*]

Atualmente, essa é a receita para o fracasso.

---

[*] Isso é uma manutenção lógica do paternalismo médico, um conjunto de atitudes e práticas comuns até o fim do século XX. No paternalismo, os médicos acreditavam que as doenças nada mais eram do que um conjunto de sintomas e que o histórico (e as preferências) do paciente não importava para o tratamento. Como o paciente era irrelevante na consulta médica, eles frequentemente comprometiam sua autonomia ao tomar decisões por eles, muitas vezes contra sua vontade.

Outra abordagem menos comum, mas ainda um pouco perigosa, no mercado de coaching de saúde e fitness é: tratar o cliente como melhor amigo. Ainda que possa parecer uma situação agradável, ela não é. Nessa situação, o coach tenta "motivar" o cliente sendo "legal", passa muito tempo conversando sobre os problemas pessoais e sem relação com a saúde do cliente e, até mesmo, compartilha com ele seus problemas pessoais um pouco mais do que deveria. O resultado disso? Os coaches podem desenvolver algo como uma amizade (ou, mais errado ainda, um relacionamento amoroso) com o cliente. Assim, fica difícil definir uma direção clara, focar a tarefa em questão, oferecer um feedback mais complicado ou "decepcionar" o cliente (por exemplo, tirar férias ou não estar disponível todos os dias a qualquer horário).

Felizmente, existe uma abordagem melhor do que essa. Em vez de encarar a relação como "professor-aluno", "chefe-empregado" ou "sargento-soldado" — ou mesmo como "amigo-amigo" —, os coaches mais eficientes se veem mais como guias profissionais.

Seu trabalho não é palestrar sobre seus conhecimentos, julgar o desempenho, dar diretrizes ou se tornar melhor amigo do cliente. É colaborar com os clientes na criação de seu programa e, então, caminhar lado a lado com eles, incentivando-os a enxergar determinados caminhos, apontando as armadilhas e os erros que eles devem evitar e lhes perguntando que próximo passo querem dar.

Muitas vezes, os clientes já sabem bastante sobre a área que estão explorando. Nesse caso, o trabalho do coach é abrir seus olhos para coisas novas. Em outros casos, quando eles não têm experiência nesse ambiente, o trabalho do coach exige um pouco mais de envolvimento. Às vezes, eles podem precisar dar um feedback desconfortável para estimular o cliente a reconhecer as verdades inconvenientes ou para destacar a dissonância cognitiva (por exemplo, a diferença entre o que uma pessoa diz querer e o que ela está fazendo).

É claro que, de tempos em tempos, é preciso que os coaches deem um passo à frente para tomar a liderança ou que deem um passo para trás, para impulsionar os clientes. Mas, na maioria das vezes, os melhores coaches estão bem ali, lado a lado com seus clientes.

Uma forma simples de se lembrar disso? **Desça do *palco* e sente-se *ao lado da plateia*.** Pense menos em quem *você* é e sobre o *que* sabe. Concentre-se mais em quem são seus clientes e de que eles precisam, incluindo:

Como eles veem o mundo;

O que eles esperam do treinamento de coaching;

Em que estágio de mudança eles estão;

Por que eles reagem à mudança dessa forma; e

Como você pode ajudar a facilitar essa mudança.

Você já deve ter ouvido este ditado: "Um homem pode muito bem levar um cavalo para beber água, mas não pode obrigá-lo a bebê-la." Isso descreve até que ponto a maioria dos coaches está disposta a ajudar os clientes a mudar. *Eu já disse a Drew o que fazer um milhão de vezes, passei exercícios para ele fazer em casa, disse que devia reduzir o álcool, e ele simplesmente não faz nada.* Isso é muito frustrante para os coaches. E faz sentido culpar os clientes por não seguir as instruções. Mas imagine como os clientes se sentem. Eles realmente querem um visual mais atraente, sentir-se bem ou ter um desempenho melhor, mas não conseguem entender como alcançar isso na vida real. Além disso, o coach só sabe dar instruções e não tem muita sensibilidade quanto aos obstáculos.

Os agentes de mudança enxergam o processo de maneira diferente.

Eles pensam: "Não, você não pode obrigar o cavalo a beber água. Mas você pode deixá-lo com bastante sede."

Sete princípios de coach inovadores

A maioria dos profissionais dedica os primeiros anos de sua carreira ao estudo da ciência da saúde e fitness, desde a fisiologia muscular até a bioquímica de nutrientes. Eles aprendem sobre sistemas de energia, sistemas orgânicos, macro e micronutrientes. Com sorte, também aprenderão a transformar isso em recomendações úteis.

Seria um bom começo, se fosse apenas um *começo*. Infelizmente, é o *fim* da maior parte dos estudos. Muitos profissionais recém-formados jamais aprendem a lidar com problemas de saúde, barreiras psicológicas e frustrações ao trabalhar com pessoas na vida real.

Caso você tenha a intenção de atuar como professor ou pesquisador, a ciência sempre pode ser seu ponto final. No entanto, se a intenção for atuar como um agente de mudança de elite, será preciso dar um passo mais largo, estudar e desenvolver o domínio das melhores práticas de coaching e de psicologia da mudança. Com os princípios a seguir, é possível criar o plano para isso.

Muitos desses princípios, a propósito, também o ajudarão a desenvolver seus negócios. Por exemplo, enquanto você deseja fazer seus negócios crescerem, um cliente deseja perder peso; o objetivo é diferente, mas o caminho para a conquista é o mesmo.

OS SETE SUPERPRINCÍPIOS DE COACHING

① Focar **MAIS** O CLIENTE **E MENOS** O TREINAMENTO DE COACH;

② Fazer **BOAS** PERGUNTAS **PARA** Praticar UMA **ESCUTA** ATIVA E EMPÁTICA;

③ **FOCAR O** que é INCRÍVEL, **E NÃO** o que é TERRÍVEL;

④ Definir OS **TIPOS CERTOS** DE Objetivos;

⑤ Estabelecer AS PRÁTICAS **CERTAS** PARA **ALCANÇAR** ESSES Objetivos;

⑥ **SEMPRE** realizar o Teste de CONFIANÇA;

⑦ Falar DE UMA FORMA QUE **DEIXE AS** Pessoas **MAIS** propensas A MUDAR.

PRINCÍPIO DE COACHING 1

Focar MAIS O CLIENTE
E MENOS O TREINAMENTO DE COACH

Relembre um momento de sua vida em que enfrentou um problema ou desafio, algo que queria consertar ou mudar, mas não sabia como. Como você se sentiu? Motivado e confiante? Ou sentiu algo mais?

Agora pense em como se você sentiria se pedisse um conselho a alguém e, em vez de considerar sua situação em particular, essa pessoa o diagnosticasse de forma incorreta e lhe passasse diversas recomendações aleatórias. Como seria *essa* sensação?

Suponha que você esteja com dores de estômago. Você vai ao médico e, nos primeiros 30 segundos, sem um "olá" nem nada, o médico lhe diz: "Ah, está com dor aí? É câncer de estômago. Vamos tratar com radioterapia. Marque uma consulta na recepção."

Após o surto inicial, você provavelmente pensaria que o médico é um babaca e que seu diagnóstico não passa credibilidade, porque ele sequer fez uma pergunta, ou exames, ou registrou seu histórico familiar, ou qualquer coisa desse tipo.

O mesmo vale para a maioria das outras coisas, certo? Quando lidamos com problemas no carro, ninguém quer ouvir do mecânico, sem mais nem menos: "Deve ser a transmissão." Quando temos algum problema no computador, não esperamos que o suporte técnico atenda ao telefone e diga imediatamente: "Deve ser a memória RAM." Seu desejo é ser *ouvido* para, então, receber *ajuda*. E não é só o fato de querer ser ouvido, mas porque você detém algumas informações essenciais de que a pessoa *precisa* para chegar a uma conclusão mais concreta.

De acordo com minha experiência, quando uma pessoa responde antes mesmo de ouvir com atenção e entender bem o problema, provavelmente não vai dar a resposta certa. (E, mesmo que, com sorte, a resposta esteja tecnicamente correta, geralmente não será útil.)

Vamos aplicar o mesmo princípio a *você* — e à forma como trabalha com seus clientes.

Você comete o mesmo erro que o médico, o mecânico e o especialista em informática? Suas respostas são dadas, às vezes, sem a devida atenção? Você foca muito *seu* conhecimento, *sua* experiência e autoridade (o que eu chamo de "foco no coach"), em vez de focar a vida e as experiências dos clientes ("foco no cliente")?

Isso é normal, principalmente no início de carreira. Como dedicamos tanto tempo a estudar anatomia, fisiologia, bioquímica e biomecânica, é fácil dar poder a nosso conhecimento, acidentalmente priorizando-o em interações com seres humanos, com a vida real. Isso faz com que as conversas sejam sobre nós — nossas informações, nossa autoridade, nossa reputação. E todo o processo parece acontecer de "cima para baixo", como nas relações entre sargento e soldado, chefe e empregado ou discípulo e guru.

Pense nisso: se estivermos excessivamente preocupados em "saber a resposta certa", "parecer inteligentes" ou "manter nossa autoridade", não pensaremos suficientemente no que o cliente precisa, o que ele já sabe sobre seu corpo, quais são seus verdadeiros desafios e quais sonhos o inspiram.[*] Quando focamos demais em nossa reputação, não temos tanta disposição de fazer, de forma humilde, as perguntas necessárias aos clientes, as quais nos ajudariam a entender sua vida.

Podemos pensar nisso desta forma: Claro, você é um especialista em fisiologia. Mas, no mundo inteiro, seu cliente é o especialista número 1 na própria vida. Portanto, para obter um ótimo resultado no treinamento de coaching, o profissional deve integrar o próprio conhecimento ao conhecimento fundamental do cliente.

Essa é a essência do foco no cliente. Isso é parte do que o tornará um coach de sucesso.[**]

---

[*] Os coaches jovens geralmente fazem isso, talvez porque estejam tentando mascarar um pouco a insegurança pela falta de experiência. No entanto, despejar informações, demonstrar confiança em excesso e arrogância não é a solução. O caminho é ser aberto, curioso, ter um diálogo verdadeiro e colocar o cliente em primeiro lugar.

[**] A outra parte, que será discutida mais adiante neste livro, baseia-se em ajudar os clientes a se tornarem mais conscientes e a tomarem decisões melhores. Se você oferecer valor, automaticamente terá um papel mais importante no relacionamento e será visto como um consultor valioso, não um ditador barato.

Décadas de pesquisa e ensino, aconselhamento e coaching confirmaram o que percebemos em mais de 150 mil clientes do treinamento em coaching da Precision Nutrition. A abordagem com foco no cliente reduz alguns de seus maiores obstáculos: a ambivalência e a resistência do cliente. Além disso, trabalha a confiança dele, e não a *sua*. Com o aumento de sua dignidade, autodeterminação, autoeficácia e autoconhecimento, os resultados serão melhores e mais sustentáveis.

(Só não cometa o erro de fingir que tem menos instrução ou conhecimento do que tem na realidade. Mesmo querendo se sentir como colaboradores no processo, os clientes ainda desejam um coach com conhecimento e experiência. Sem dúvida, é como andar em uma corda bamba. Mas é importante. Se você avalia cada cliente constantemente, verificando se o momento pede um direcionamento um pouco mais especializado ou um pouco mais de colaboração, e faz esses ajustes, está o caminho certo.)

Vejamos um exemplo dessa diferença.

Abordagem com foco no coach

Se um cliente perguntar algo que você acha que pode responder perfeitamente, é fácil se sentir como uma criança na sala de aula: "Eu sei a resposta! Eu sei a resposta!" Por exemplo, uma pessoa não está perdendo peso, você dá uma olhada em seu diário alimentar e bingo! "Substitua a batata por legumes e pronto!"

O problema é que, sem uma conversa, não há como entender bem o motivo pelo qual o cliente come batata, para começo de conversa. Além disso, sem sua contribuição, como saber se retirá-la do cardápio é uma opção (ou se ele quer retirar outro alimento de uma refeição diferente).

Abordagem com foco no cliente

Em vez de deixar escapar sua solução automática, é o momento perfeito para fazer perguntas sobre a série de exercícios de seu cliente, os padrões de sua alimentação, os alimentos que podem (e não podem) eliminar, o que é conveniente e fácil de comer etc.

Depois de conhecê-lo um pouco mais, você pode discutir como, dentro de seus objetivos, ele pode estar ingerindo mais carboidratos ou calorias do que o ideal. Em seguida, pode perguntar como *ele* pode ajustar sua dieta para realizar as melhorias necessárias. Uma de minhas formas preferidas de iniciar essa conversa é: "Tenho algumas ideias sobre o que fazer em seguida, mas adoraria ouvir as suas primeiro."

FOCO NO COACH x FOCO NO CLIENTE

Os indivíduos com foco no coach se concentram em si mesmos, em sua autoridade e no próprio conhecimento.	Os indivíduos que focam o cliente integram seus conhecimentos com objetivos, necessidades e preferências dos clientes.

PRINCÍPIO DE COACHING 2

Fazer BOAS PERGUNTAS PARA Praticar uma ESCUTA ATIVA E EMPÁTICA

Há alguns anos, minha esposa, Amanda, e eu morávamos com os pais dela enquanto reformávamos nossa casa, que ficava há cerca de duas horas de distância. Durante a semana, depois de um dia de trabalho, dirigíamos durante duas horas até a casa nova, trabalhávamos nela por algumas horas e voltávamos. Nos fins de semana, íamos até lá de manhã, passávamos o dia inteiro e voltávamos à noite. Era exaustivo. Nas primeiras semanas, não pratiquei nenhum exercício físico. E não gostei da sensação.

Quando digo que tinha quase zero tempo para malhar, é verdade. Mas, como não era exatamente zero, estava determinado a resolver isso. Entrei em contato com um amigo que é um excelente coach.

Ele ouviu atentamente minha história, fez diversas perguntas e, então, falou: "Pelo que entendi, corrija-me se eu estiver errado, você quase não tem tempo para se exercitar, mas quer fazer algo, mesmo que não seja 'perfeito'. Prefere que seja pela manhã, antes de o dia começar. E deve ser rápido. E você não liga de fazer isso em seu quarto, apenas com o peso de seu corpo".

Ele acertou em cheio e criou um treino de circuito de quatro dias por semana que: a) durava apenas dez minutos; b) podia ser feito pela manhã, assim que eu acordasse; c) não precisava de equipamentos; e d) podia ser feito ao lado da cama.

Observem o que ele fez.

Primeiramente, ele ouviu a minha história. Em seguida, fez perguntas até considerar que tinha entendido tudo. Em vez de *supor* que entendeu, ele resumiu o que ouviu em voz alta, para que eu pudesse corrigi-lo, se necessário. Somente após isso, fez suas recomendações (que se mostraram realmente criativas e alinhadas exatamente com o que eu queria). *Isso é* focar o cliente.

Imagine se ele não praticasse uma escuta empática, não fizesse muitas perguntas nem buscasse esclarecimento? E, em vez de se concentrar em minhas necessidades, analisasse tudo de seu modo, de acordo com suas expectativas e seus conhecimentos? Ele poderia tentar me convencer a frequentar uma academia ou a "apenas tentar" fazer 4 treinos de 45 minutos. Ou, ainda, dizer que as exigências de meu programa eram irracionais, tentar me convencer a arrumar mais tempo para malhar, apelando para a culpa, e me repreender por arrumar desculpas.

Qual seria o resultado disso? Na época, eu não conseguiria seguir um programa mais intenso. Se essa tivesse sido a indicação, teria sido frustrante. Eu teria me ressentido por ele ter me forçado a seguir um programa de treinamento sem respeitar minhas limitações. E ele teria se ressentido por eu não me esforçar o suficiente.

Felizmente, ele não seguiu nessa direção. Em vez disso, durante os meses da reforma, mantive minha boa forma com um treino em circuito de dez minutos, um plano de alimentação saudável e todo o exercício extra da reforma. Em torno de seis meses depois, quando concluímos a obra e finalmente nos mudamos, montamos uma bela academia em casa.

E adivinha quem contratei para elaborar meu primeiro treino?

O que quero mostrar é que os melhores profissionais do mundo fazem o que for preciso para compreender seus clientes, começando por ótimas perguntas e, então, escutar com atenção as respostas sem outras intenções em mente.

Isso nos leva a falar da *escuta de alta qualidade,* um elemento vital para o coach com foco no cliente.

É claro que todos ouvimos falar nisso. Talvez você já tenha ouvido alguém dizer que temos dois ouvidos e uma boca, para ouvirmos duas vezes mais do que falamos.

No entanto, muitos de nós têm problemas para ouvir, por temos essa crença de que precisamos ser "especialistas" e, como tal, ensinar, conversar e indicar o que fazer. É justamente por isso que abrir mão da ideia de ser "especialista" nos ajuda a melhorar como ouvintes.

Ajuda, também, em outra área: aprender com nossos clientes. Sem nosso ego no caminho, podemos aprender melhor (e entender) suas ideias, apreciar seus hábitos atuais, descobrir o que os bloqueia e como inspirar escolhas melhores e mais saudáveis.

Claro, não quero dizer que ensinar, falar e instruir são coisas ruins. O que estou dizendo é: **Essas coisas só têm valor — na área de coaching — depois de investirmos tempo para realmente escutar e entender nossos clientes.**

No entanto, fico aborrecido quando ouço alguém dizer que aos coaches basta "ouvir melhor". Acho impossível ser um ouvinte mais ativo e empático sem aprender a elaborar perguntas melhores. Boas perguntas revelam insights que valem a pena ser ouvidos. E há, em praticamente todas as áreas, diversas formas de usá-las para capacitar seus clientes a:

Compartilhar informações pessoais;

Esclarecer os próprios pensamentos;

Dizer coisas em voz alta pela primeira vez;

Participar ativamente de discussões sobre mudanças; e

Começar a resolver os próprios problemas.

Além disso, ajudam a ampliar o conceito do ditado citado anteriormente. Porque, em vez de ouvir duas vezes mais do que você fala, que tal pelo menos quatro vezes mais? Na verdade, você pode melhorar seu coaching imediatamente se usar cerca de 80% de seu tempo para fazer perguntas e escutar, e 20% para dar direcionamentos e instruções.

Seguem alguns exemplos dos tipos de perguntas que fazemos todos os dias na Precision Nutrition, projetadas para melhorar nossas habilidades de escuta, aprimorar as necessidades do cliente e preparar o caminho para um aconselhamento sem gatilhos de resistência.

PERGUNTAS PARA UMA ESCUTA EMPÁTICA

TIPOS DE PERGUNTA	EXEMPLOS DE PERGUNTAS
Perguntas exploratórias	O que você considera importante e como o exercício físico e uma alimentação saudável se encaixam nisso?
	O que você gostaria de realizar em sua vida?
	Se sua relação com a alimentação e os exercícios fosse melhor, o que especificamente seria diferente?
	O que você tentou?
	O que funcionou e o que não funcionou?
Perguntas de visualização	Imagine que você pode X (seu objetivo). Descreva sua experiência.
	Imagine que você já está fazendo mais X. Como você se sentiria?
	Imagine que você tem o corpo e a saúde que deseja. O que exatamente foi necessário para alcançar isso?
	Sem se limitar pela realidade — imagine por um minuto que absolutamente tudo é possível. O que você poderia...?
Perguntas focadas em soluções	No passado, quando isso resultou em um sucesso, ainda que pouco?
	Como poderíamos ampliar isso?
	Em que área de sua vida você teve sucesso com algo parecido?
	Alguma das lições que você aprendeu podem ser aplicadas a isso?
	Onde esse problema não o afeta? Quando as coisas ficam um pouco melhores?

TIPOS DE PERGUNTA	EXEMPLOS DE PERGUNTAS
Perguntas que evocam mudanças	Como isso o preocupa?
	Se decidir por uma mudança, o que faz você pensar que a realizaria?
	Como você gostaria que as coisas fossem?
	Como as coisas ficariam melhores se você mudasse?
	O que o preocupa a respeito de seu padrão atual de atividade física e alimentação?
Declarações que servem como perguntas para validar sentimentos	Sinto que você pode estar com problemas para...
	Parece-me que você está sentindo...
Perguntas para a avaliação de prontidão	Caso decida mudar, em uma escala de 1 a 10, qual é seu nível de confiança na mudança, em que 1 representa "nada confiante" e 10, "extremamente confiante"?
	Se você quisesse mudar, qual seria o menor passo possível para alcançar isso? E a menor e mais fácil das coisas que poderia tentar?
	Conte mais sobre sua vida. O que mais está acontecendo com você? Quero entender com o que você está lidando.
Perguntas de planejamento	Então, sabendo disso tudo, o que você acha que poderia fazer em seguida?
	E agora?
	Se nada mudar, o que acha que acontecerá em cinco anos?

TIPOS DE PERGUNTA	EXEMPLOS DE PERGUNTAS
	Se você decidir mudar, como será?
	Como você gostaria que as coisas fossem?
Perguntas de aconselhamento	Posso compartilhar algumas de minhas experiências com você?
	Ao trabalhar com meus clientes/ pacientes, percebi que...
Declarações que geram reflexão	E se você...
	Que tal tentarmos...
	Estou curioso para saber se...

PRINCÍPIO DE COACHING 3

FOCAR O *Que é* INCRÍVEL, E NÃO O *Que é* TERRÍVEL

Observe os treinadores e coaches de fitness populares da TV. Talvez pareça que ofender as pessoas é motivador.

O que é isso em sua mão? Um donut? Óbvio. Levante essa bunda e faça algumas flexões, sua bola de gosma desmotivada e patética!

Esses coaches sempre confundem o horror, a perseguição, o ataque com o bom e velho "amor exigente".

Na vida real, muitos de nós jamais falaria com clientes dessa forma caricatural e absurda. Porém, ainda que possa ser imperceptível e ter uma "cobertura" mais delicada, a maioria de nós pratica o "coaching baseado em maldade". E isso faz sentido. Quando falamos em ajudar as pessoas, a lógica nos diz: Essa pessoa tem um problema. Você tem uma solução. Junte as duas coisas e os resultados aparecerão.

Acho que é por isso que todo o ramo da saúde e fitness é tomado por avaliações e por uma subsequente obsessão pela "fraqueza". Os glúteos não estão enrijecidos? Conserte isso com esse exercício. A dieta é ruim? Conserte isso com esse menu. Altas taxas de colesterol no sangue? Conserte isso com esse suplemento. Mais uma vez, não importa como nossa linguagem é delicada, os coaches dedicam muito tempo a buscar falhas e têm pressa em consertá-las.

Isso demonstra três problemas.

Em primeiro lugar, a maioria dos clientes que pode pagar por um treinamento em saúde e fitness, com certeza, *não* está com a vida ferrada na maior parte das áreas. Se eles podem te pagar, é provável que, pelos menos em uma área de sua vida, eles sejam melhores do que você: profissionalmente. Em outras palavras, há uma boa chance de que a pessoa com quem você está falando de forma arrogante sobre sua ingestão inadequada de proteínas passe o resto do dia em uma sala de cirurgia, ou administrando um negócio bem-sucedido, ou lecionando em uma universidade. É bom saber disso, porque as habilidades que lhes rendem sucesso no trabalho também podem ser usadas para atingir seus objetivos na área de saúde e fitness. (É um ótimo solucionador de problemas no trabalho? Perfeito, vamos aplicar isso a seu problema com o café da manhã!)

Em segundo lugar, ninguém — especialmente quem é bem-sucedido em outras áreas de suas vidas — gosta de que o *façam sentir* como um fracassado. É desmoralizante e desmotivador. Isso mina relacionamentos e resultados.

E, em terceiro lugar, o coaching que usa um modo deficit — ou seja, que faz aquela suposição básica de que seus clientes são, basicamente, fracassados, problemáticos, defeituosos e ausentes — acha que seus clientes nunca serão, sentirão ou farão o *suficiente*. Claro, eles "realizarão melhorias", talvez. Mas a *crença fundamental* (que muitos dos clientes compartilharão) é de que eles são, em geral, defeituosos. Imagine como isso pode ser desmotivante e desencorajador. Se eles estão tão ferrados, por que se preocupar? É melhor deitar (com uma postura ruim) e tomar sorvete de canudinho enquanto aguardam a morte.

É por isso que a mudança do foco no coach para o foco no cliente significa pensar menos em maldade (focar o que o cliente faz mal) e mais em bondade (focar o que o cliente faz bem). Com um coach baseado em bondade, você especificamente se questiona: "Em que área, fora saúde e fitness, esse cliente é um vencedor?"; "Quais habilidades ele usou para obter esse sucesso?" (Não sabe as respostas? Pergunte a ele.) Depois é o momento de buscar o seguinte:

ESTÍMULOS DE COACHING BASEADOS EM BONDADE

HABILIDADES:
O que eles já sabem fazer?

CONHECIMENTO:
Que informações eles já têm?

ESPECIALIDADE/EXPERIÊNCIA:
O que eles já fizeram? (Em especial, o que já fizeram bem?)

INTERESSES:
O que eles gostam de fazer? Do que eles gostam?

TALENTOS:
Quais são suas aptidões naturais?

MOMENTOS LIVRES DE PROBLEMAS:
Quando o problema que eles frequentemente enfrentam *não* os acomete?[*]

Quando você entender em que áreas seus clientes são incríveis, ofereça-lhes os tipos de tarefas que lhes interessam ou que explorem seus talentos. Ou, ainda, ajude-os a avançar em direção a um objetivo que os inspire ou empolgue. Use esses pontos fortes deles para moldar seus objetivos, resolver os problemas relacionados à saúde e fitness que enfrentam ou para propor as próximas ações.

---

[*] Por exemplo, se um cliente tiver episódios ocasionais de compulsão alimentar, talvez você possa procurar pistas sobre como não comer compulsivamente, examinando os horários sem compulsão em contraste com os compulsivos, e observar as diferenças.

PRINCÍPIO DE COACHING 4

Definir OS TIPOS CERTOS DE Objetivos

"Quais são seus objetivos relacionados à saúde e fitness?" É uma pergunta que profissionais do mundo todo fazem. Parece fácil de responder. Basta calcular quantos quilos se quer perder, que tamanho de manequim deseja vestir, o nível de açúcar no sangue ou o peso que almeja levantar no levantamento terra, e terá meio caminho andado.

Infelizmente, "objetivos resultantes" como esses podem realmente sabotar o progresso. Isso acontece porque eles focam coisas fora de nosso controle e, simultaneamente, distraem-nos daquilo que devemos focar: nossos comportamentos (sobre os quais temos controle).

Na Precision Nutrition, dedicamos décadas para analisar o estabelecimento de objetivos e como os coaches da área de saúde e fitness os estabelecem com seus clientes. Nossa conclusão foi que ambos, repetidamente, cometem os mesmos três erros ao estabelecer esses objetivos. A parte boa? É relativamente fácil transformar "maus" objetivos em "bons". Você pode fazê-lo por meio deste processo de três passos:

DEFINIR OS TIPOS CERTOS DE OBJETIVOS

1º PASSO

Transformar "objetivos resultantes" em "objetivos comportamentais"

O que são "objetivos resultantes" e "objetivos comportamentais"?	"Objetivo resultante" é algo que você deseja que aconteça, como perder determinada quantidade de peso ou correr determinado tempo em uma maratona. "Objetivo comportamental" é uma ação que você *faria* ou *praticaria* para alcançar esse resultado, como abaixar o garfo entre as bocadas ou praticar sua técnica de corrida três a quatro vezes por semana.
Por que não os objetivos resultantes?	Ainda que não haja qualquer problema em querer um resultado como um peso corporal mais baixo, geralmente não podemos controlar os resultados, porque eles são influenciados por diversos fatores externos.
E por que os objetivos comportamentais?	Objetivos comportamentais, por outro lado, permitem que foquemos (e pratiquemos) tudo o que podemos controlar — ações, não resultados finais.
Como acontece na prática	Um cliente quer o resultado de "perder 10kg". Porém, para perder 10kg, será preciso adotar certos comportamentos, como se exercitar regularmente, controlar melhor as calorias, gerenciar o estresse e dormir bem. Então eles se tornam objetivos.

Por exemplo, você pode passar duas semanas com o objetivo comportamental de se exercitar quatro vezes por semana nas duas semanas seguintes.

Depois, mais duas semanas com o objetivo de comer devagar e até ficar satisfeito, não empanturrado.

Então, outras duas semanas com o objetivo comportamental de fazer uma pausa de cinco minutos duas vezes por dia para avaliar mente e corpo como um todo.

E outras duas semanas com o objetivo de praticar uma rotina calma que promova o sono, começando 30 minutos antes de dormir.

Veja como o objetivo se tornou uma ação, não um resultado.

Lembre-se

Não há nada de errado em obter o resultado desejado. Mas o resultado é para você, o coach, pensar (e acompanhar). Seus clientes, por outro lado, devem pensar (e acompanhar) os comportamentos ou as práticas que levarão a esse resultado.

2º PASSO

Transformar "objetivos a evitar" em "objetivos a alcançar"

O que são "objetivos a evitar" e "objetivos a alcançar"?	"Objetivos a evitar" são coisas que você não deseja — que o afastam de sua dor atual, como "Não quero ficar fora de forma" ou "Não quero tomar remédios para diabetes". "Objetivos a alcançar" são algo que você deseja — que o impulsiona para um futuro melhor e mais inspirador, como "Quero me sentir confiante e forte" ou "Quero viver sem dor".
Por que não "objetivos a evitar"?	"Objetivos a evitar" — não fume, pare de comer besteira — são psicologicamente contraproducentes, porque dizer que alguém deve parar algo praticamente garante sua continuidade. Além disso, um simples "não" reforça a sensação de fracasso quando uma pessoa erra.
E por que "objetivos a alcançar"?	"Objetivos a alcançar", por outro lado, oferecem aos clientes outra coisa para fazer quando velhos hábitos surgirem. E os ajudam a se sentir bem, bem-sucedidos e inspirados para seguir sua jornada.
Como acontece na prática	Em vez de "nada de besteiras", tente focar em comer mais frutas e legumes em pedaços. Tentar trocar "parar com o refrigerante" por voltar sua atenção para tomar um copo de água com, pelo menos, três refeições por dia. No lugar de "não comer por estresse", que tal se concentrar em atividades que aliviem esse estresse em vez de comer?

Lembre-se

Não basta anotar o hábito que você deseja parar. O ponto fundamental é encontrar um substituto em que seu cliente possa se apoiar quando o velho hábito ameaçar aparecer. Atividade extra: escrever por que a nova ação é boa para você. Por exemplo, "nada de refrigerante" pode virar "pausa para o chá", com o seguinte: "O chá é calmante, tem antioxidantes e posso provar muitos sabores. Posso tomar na caneca que minha filha fez na aula de cerâmica."

3º PASSO

Transformar "objetivos de desempenho" em "objetivos de domínio"

O que são "objetivos de desempenho" e "objetivos de domínio"?	"Objetivos de desempenho" são muito parecidos com os resultantes, mas geralmente estão associados à validação externa — querer vencer uma competição pelo prêmio em dinheiro, ou bater um recorde. A meta é um desempenho específico, que particularmente renderá elogios, aplausos e/ou algo de bom para postar nas redes sociais. "Objetivos de domínio" contemplam o aprendizado, o desenvolvimento de habilidades e o valor intrínseco de atingir a excelência em alguma coisa, ou entender algo profundamente.
Por que não "objetivos de desempenho"?	"Objetivos de desempenho" têm limitações, porque o desempenho pode ser afetado por muitas coisas, como condições adversas ou se sentir mal no dia da corrida. É claro que eles podem impulsioná-lo a atingir o seu melhor. Mas, se você falhar em alcançá-los, ficará desmotivado.
E por que "objetivos de domínio"?	"Objetivos de domínio" consistem no processo de desenvolvimento contínuo de habilidades, quase sempre levando a um melhor desempenho a longo prazo. Com o domínio, também é possível se concentrar na alegria do aprendizado, o que é gratificante, independentemente do que os outros pensem ou do horário no relógio.

Como acontece na prática	Imagine que seu cliente queira estabelecer um recorde pessoal de meia maratona. Bem, isso é tanto um resultado quanto um objetivo de desempenho. Para ajudá-lo a tornar isso um objetivo de domínio, que tal treinar uma corrida suave e eficiente e melhorar o controle da respiração? Isso pode envolver assistir a vídeos do cliente correndo, identificar os elementos técnicos a serem aprimorados e a conversão em objetivos comportamentais.
Lembre-se	Mais uma vez, você pode começar pela anotação do objetivo de desempenho. Mas não pare por aí. Em seguida, liste as habilidades necessárias para ajudar a alcançá-lo. Depois, transforme essas habilidades em uma série de comportamentos. Assim, o objetivo é sobre progressão, e não desempenho.

Trabalhei por uma década com o campeão do UFC em duas divisões, Georges St-Pierre. Ele é um estudo de caso sobre domínio. Por exemplo, no UFC 111, em Nova Jersey, a multidão viu Georges dominar completamente seu oponente, Dan Hardy, por 5 cansativos rounds e 25 minutos de luta.

O que a multidão não conseguia ver é que Georges estava insatisfeito. Quando teve a oportunidade, não conseguiu finalizar o golpe no oponente, e a luta foi para decisão dos juízes. Imediatamente após esse episódio, à meia-noite, depois de um longo dia e uma longa luta, enquanto 20 pessoas esperavam em uma sala privada para acompanhá-lo a uma grande festa em sua homenagem, Georges passou uma hora trabalhando em finalizações com seu treinador, para acertar da próxima vez.

Outro exemplo é meu ex-cliente, Jahvid Best, atleta de elite da NFL que se aposentou do futebol e passou a competir como velocista. Quando questionado sobre seus objetivos no atletismo, ele respondeu: "Dominar a técnica de sprinting." Ele não falou sobre ganhar uma competição ou ir às Olimpíadas. Muito menos sobre seus tempos nos 100 metros. Ele falou sobre *dominar seu ofício*. E, sim, ele competiu nas Olimpíadas de 2016.

Se os melhores atletas do mundo são impulsionados por objetivos de comportamento, de abordagem e de domínio, por que não usá-los também com seus clientes?[*]

---

[*] A propósito, "dominar o ofício" também pode se aplicar a você. Ou seja, você pode se preparar para o sucesso, descrevendo os comportamentos que precisam ser melhorados para desenvolver suas habilidades e práticas de treinamento e de negócios.

PRINCÍPIO DE COACHING 5

Estabelecer AS PRÁTICAS CERTAS PARA ALCANÇAR ESSES OBJETIVOS

Quando nossa filha começou a praticar ginástica — aos 18 meses de idade —, tive a chance de encarar o coaching de uma maneira totalmente nova. De um lado da academia estavam as crianças da turma de minha filha, com pequenos corpos e grandes cabeças, cambaleantes, mal conseguindo correr em linha reta. De outro, estavam as "meninas mais velhas", crianças de 6 e 7 anos, fazendo piruetas incompreensíveis, girando sobre barras altas e fazendo loucas acrobacias na trave.

Esse processo me fascinou. Como um bom treinador pode pegar aquela criança desajeitada e transformar em uma ginasta graciosa? Decidi descobrir por mim mesmo. Eu me inscrevi em aulas particulares com o treinador da academia e estabelecemos alguns objetivos para mim: andar plantando bananeira e conseguir fazer um backflip.

No entanto, como já disse, os objetivos resultantes são insuficientes por si só. Isso porque "fazer um backflip" não é uma instrução razoável. Como coach ou treinador, você não pode simplesmente demonstrar um backflip e, depois, pedir que o atleta o repita igualzinho. Eles certamente não conseguirão, talvez até se machuquem. Por isso, ensinar um backflip significa dividir o movimento complexo em movimentos menores e mais simples, ensinando-os ao atleta em uma progressão lógica e, então, juntar esses ensinamentos ao longo do tempo.

Foi nisso que eu e meu treinador trabalhamos. Dividimos a bananeira e o backflip em unidades de movimento menores (habilidades). Então, criamos coisas específicas que eu poderia praticar para desenvolver tais habilidades, o que me levaria a tentar minhas primeiras bananeiras e backflips.

Enquanto eu desenvolvia minhas habilidades, vi nossa filha trabalhar nas suas. Eles a ensinaram a dar estrelinha, começando com 1) fazer a ponte do chão, depois 2) cair nas pontes, então, 3) pular com uma perna de uma ponte e, depois, 4) pular com as duas pernas na ponte, 5) fazer isso com um tubo octogonal que a guiava suavemente, e assim em diante, até que, meses depois, ela fez a estrelinha. Depois disso, uma estrelinha na trave.

Essa ideia de progressão não é exclusiva do esporte. Os melhores professores de piano a aplicam para ajudar as pessoas a, eventualmente, tocar Rachmaninoff. Os melhores instrutores de ioga a usam para ajudar as pessoas a conseguir fazer inversões. E os melhores professores de idiomas a usam para ajudar as pessoas a se tornarem fluentes em um idioma. Em algum nível, esses professores percebem que a conquista de objetivos resultantes avançados nunca vem com esforços heroicos. **Na verdade, eles são alcançados pelo domínio de uma série de habilidades básicas. E estas são cultivadas pela prática regular.**

É dessa forma que ensino coaches e clientes a visualizarem o processo.

Dos Objetivos à Planilha de Ação

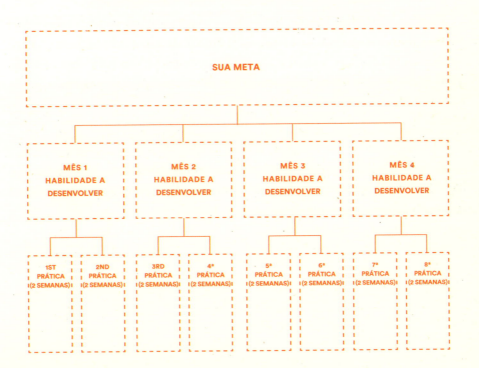

Vamos traduzir isso em um exemplo comum da área de saúde e fitness: perda de peso.

Digamos que um cliente tenha como objetivo resultante a perda de peso. Escreva isso em um pedaço de papel como "resultado desejado". Mas não pare por aí. Em seguida, você deve ajudá-lo a elaborar metas de comportamento para alcançar esse resultado, por exemplo: *Comer melhor no dia a dia*.

É um ótimo começo, mas ainda é mais um objetivo do que uma habilidade. É mais ou menos como a estrelinha, pois é preciso dividir em unidades menores. Então, você precisa se perguntar: Quais são as habilidades necessárias para comer melhor no dia a dia? Na Precision Nutrition, identificamos que uma *melhor conscientização sobre fome e apetite* é a principal habilidade para progredir nessa área. (É claro que há outras maneiras. Mas sempre começamos por ela, pois é fundamental.)

Porém, isso ainda não é totalmente acionável, portanto, a dividimos em práticas como *comer mais devagar em cada refeição* (durante as primeiras duas semanas) e *comer até ficar satisfeito em vez de empanturrado* (nas duas primeiras semanas). Ambas as práticas naturalmente conferem uma melhor percepção de fome e apetite.

Existem, também, habilidades secundárias, como aprender a voltar para o caminho certo quando se esquecer de comer devagar, ou se apressar. Uma habilidade relacionada envolve recuperar a consciência, manter a calma e voltar a dar garfadas mais lentas, sem entrar em pânico ou ceder à autocrítica.

Como é possível observar, o objetivo é que as práticas diárias (comer devagar a cada refeição, comer até ficar satisfeito e não empanturrado) levem a novas habilidades (melhor percepção de fome e apetite). Somente por meio de novas habilidades podemos alcançar objetivos comportamentais (comer melhor no dia a dia). E atingir objetivos comportamentais é o caminho para produzir os resultados desejados (perda de peso).

Nossa planilha fica assim:

TRANSFORMAR METAS EM HABILIDADES E PRÁTICAS

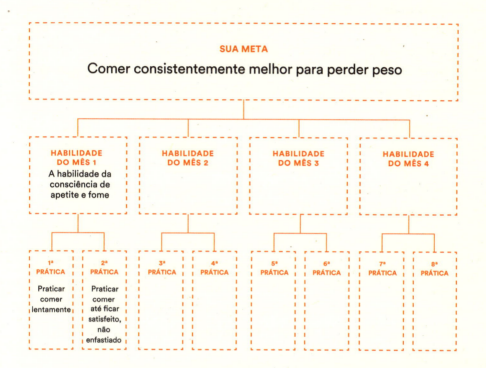

Isso é só um exemplo. A melhor parte? O modelo de práticas, habilidades e objetivos pode ser aplicado a todas as áreas de coaching. E sua compreensão é bastante simples. Dividir os objetivos em habilidades necessárias para alcançá-los. E dividir as habilidades em práticas diárias que ajudam a desenvolvê-las.

Para criar as melhores práticas diárias, você pode usar a **Fórmula 5S** da Precision Nutrition:

FÓRMULA 5S DA PRECISION NUTRITION PARA OBJETIVOS

SIMPLES:

As melhores práticas são pequenas ações diárias que podem ser conduzidas no contexto da vida real. Se você perguntar a seu cliente: "Em uma escala de 0 a 10, qual é seu nível de confiança em conseguir praticar todos os dias pelas próximas duas semanas?", a resposta deve ser 9 ou 10. Qualquer número abaixo disso representa práticas muito desafiadoras ou intimidadoras;

SEGMENTADO:

A maior parte dos objetivos é muito grande, ou complexa, para tentar de uma só vez. Isso também acontece com a maior parte das habilidades. Portanto, divida-as em segmentos definidos e organizados;

SEQUENCIAL:

Segmentar as coisas é ótimo. Mas também é preciso praticar esses segmentos na ordem certa. Se você fizer a "parte 4" antes da "parte 1", sua chance de sucesso é muito menor. Portanto, os clientes devem começar pela primeira parte, passando para a segunda, a terceira, e assim em diante. Faça as coisas certas na ordem certa e o sucesso será um resultado confiável;

ESTRATÉGICO:

Esse processo parece lento? A questão é que todo processo é mais rápido se suas práticas forem estratégicas. O motivo disso é que a prática estratégica trata do que está em seu caminho *nesse momento*. Concentre-se em uma coisa — e somente nela —, e um processo difícil se tornará mais fácil e rápido;

SUPORTADO:

As práticas funcionam melhor quando têm o suporte de alguma forma de ensino, treinamento, orientação e responsabilidade.

Aquele momento em que vi nossa filha na ginástica desencadeou uma nova área de exploração — aprender sobre o modo como as pessoas aprendem. O que descobri transformou completamente meu pensamento sobre coaching (e sobre aprender novas habilidades).

Até mesmo abriu um novo mundo para meu físico. Foi quando comecei a competir no atletismo em nível Masters, depois de 25 anos de folga. Com quase 50 anos de idade, se buscasse esse objetivo ao acaso, o risco de me machucar, não apresentar um bom desempenho e não me divertir era grande. Então preferi seguir o modelo de práticas, habilidades e objetivos. Dessa forma, estou livre de lesões há cinco anos, meus tempos diminuem a cada ano e eu até ganhei medalhas em campeonatos nacionais no Canadá.

Ah, e o backflip? Acertei em cheio.

PRINCÍPIO DE COACHING 6
SEMPRE Realizar o Teste de CONFIANÇA

Se você tivesse uma receita de estilo de vida que desse 100% de certeza que transformaria a vida inteira de alguém se essa pessoa a seguisse por 90 dias… mas se também soubesse — mesmo com a melhor das intenções — que ela só poderia segui-la por apenas 10 dias… ainda assim a oferecia?

Reflita sobre isso. Aposto que, assim como eu, você já fez isso em algum momento de sua carreira. Prescrevemos planos de dieta, treinos ou estilos de vida "perfeitos" mesmo sabendo que os clientes nunca seriam capazes de segui-los.

É o dilema diário com que lidam os profissionais de saúde e fitness. No entanto, não são apenas nossos clientes que enfrentam dificuldades. É de conhecimento geral na medicina que, em média, os pacientes apenas seguirão receitas de medicamentos que salvam vidas em menos de 40% das vezes. É por isso que, quando as pessoas contam de clientes que querem "uma pílula mágica", eu geralmente brinco: "Tudo bem, metade deles sequer a tomaria."

Porém, há uma maneira infalível de aumentar essa porcentagem: o teste de confiança.

Antes de decidir sobre um curso de ação ou uma recomendação, basta perguntar ao cliente: Em uma escala de 0 a 10 — em que 0 representa "sem chance alguma" e 10 representa "é claro, até um macaco treinado consegue fazer isso" — qual é seu grau de confiança de que pode praticar X todos os dias pelas próximas duas semanas? Se um cliente disser 9 ou 10, continue com a prática. Se eles disserem 8 ou menos, trabalhe com eles na "diminuição da mudança". Significa criar práticas diferentes até que estejam confiantes o suficiente para dizerem, honestamente, 9 ou 10.

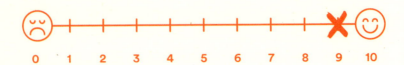

Relacionamentos com foco no coach se concentram em instruções. *Faça esses exercícios. Coma essa comida. Tome esse medicamento.* O resultado desse tipo de coaching é previsível: baixa conformidade. É claro que algumas pessoas farão o que você diz porque você age como o chefe. Mas a maioria não fará. E não é apenas porque não gostam de receber ordens, mas porque você nunca pensou em perguntar, em primeiro lugar, se eles pensavam que poderiam fazer tal coisa.

Um instrutor com foco no coach pensa: "Seguir essa prática é fácil. Não será um problema para meu cliente." Outro que tem o foco no cliente pensa: "Quando meu cliente e eu criarmos a próxima prática adequada para ele, devemos ter certeza de que seja algo que ele tenha confiança em fazer por algumas semanas."

Mesmo se uma prática lhe parecer fácil (*Comer apenas um legume extra por dia? Que piada!),* lembre-se de que o *coaching não é sobre você.* Se o cliente somente consegue mostrar confiança suficiente para comer um legume extra por dia, mesmo que seja apenas a salsinha de decoração, que assim seja.

Para o cliente, ter experiências positivas na área de saúde e fitness — de modo que não se sinta como um fracasso total — o ajudará a conquistar mais confiança e maiores desafios no futuro. Além disso, qual é a opção? Pedir que coma mais cinco legumes, sabendo que ele não o faria? Fazer o que em seguida? Condená-lo por sua fraqueza, ainda que você já soubesse que ele não o faria?

A sobrecarga é sempre um problema — para todos nós. Quando decidi aprender a tocar violão, determinei horários de treino ambiciosos (uma hora por dia!) que jamais conseguiria seguir. Isso me estagnou. Esperei meses até que "as coisas ficassem mais tranquilas" para começar. E é claro que elas nunca ficavam.

Foi quando, frustrado, mudei as expectativas. Disse a mim mesmo que precisava tocar apenas cinco minutos por dia e o faria quando colocasse minha filha para dormir à noite, porque ela adora música. É óbvio que cinco minutos por dia não desenvolveriam minhas habilidades na mesma proporção do que uma hora por dia. Mas antes eu estava dedicando zero minutos a isso! Certamente, cinco era melhor do que nada. O curioso é que, muitas noites, quando eu pegava o violão, acabava tocando por uma hora ou mais.

E não é isso que todos nós, de alguma maneira, fazemos em nossas vidas? Começamos com muita ambição. Depois, quando ficamos aquém dessas ambições, recorremos ao pensamento de "tudo ou nada". Pensamos: "Bem, não posso ir à academia, então é melhor nem fazer nada"; porém fazer 50 agachamentos e alguns alongamentos é melhor que nada. Pensamos: "Bem, fiz besteira nessa refeição, então vou comer tudo o que quiser e recomeçar na próxima segunda-feira"; mas retomar o caminho na próxima refeição é uma opção melhor.

A ironia é que "tudo ou nada" geralmente não resulta no "tudo", mas, sim, no "nada". É por isso que gosto de recorrer à filosofia de "sempre um pouco". Ou seja, comprometo-me com menos do que sou capaz em meu melhor dia, mas algo que tenho certeza de que posso cumprir no pior deles.

Quando decidi aprender violão, se tivesse testado minha confiança em meu objetivo de uma hora por dia, logo teria percebido que era demais. E não teria perdido meses "não começando". Simplesmente ajustaria a expectativa até chegar a um 9 ou 10 na escala de confiança e diminuiria o tempo de treino no dia seguinte.

PRINCÍPIO DE COACHING 7

Falar DE UMA FORMA QUE DEIXE AS Pessoas MAIS Propensas A MUDAR

Às vezes, acho que o aprendizado mais profundo que tive em saúde e fitness é que os coaches com mais paixão, coração de ouro e belas intenções geralmente são os mais culpados de arruinar o processo de mudança e tornar seus clientes *menos* propensos a ela.

Isso mudou tudo. Quer dizer, eu sabia que determinadas abordagens eram menos eficazes. Mas supunha que os esforços de um coach bem-intencionado, na pior das hipóteses, seriam ineficazes.

Nunca imaginei que a paixão *em si* poderia afastar as pessoas de seus objetivos. Atualmente, vejo isso todos os dias: coaches atenciosos, dedicados e comprometidos, conversando de forma equivocada com os clientes e os convencendo a fazer mudanças.

No início de minha carreira, fui consultor de nutrição de uma atleta famosa. Começamos por uma revisão de seus últimos três dias de alimentação, que ela registrou com antecedência.[*] Enquanto ela discorria sobre essa questão, não pude esconder minha careta de preocupação. Você também faz essas caretas? É aquela expressão que diz: *Nossa, isso é muito terrível. Com algumas melhores opções, não apenas podemos mudar seu desempenho, como também consertar sua saúde,* sem que você realmente o diga.

Imediatamente, ela entrou na defensiva; era palpável — e compreensível. Lá estava eu, um jovem iniciante, cheio de paixão, julgando mentalmente uma mulher que tinha ganhado três medalhas de ouro olímpicas por ela ter comido fast-food em algumas refeições e ingerir pouca proteína.

---

[*] Naquela época, usávamos um registro de dieta de três dias padronizado, no qual o cliente se pesava, media e registrava tudo o que ingeria durante três dias representativos da semana. Atualmente, para facilitar, peço às pessoas que tirem fotos dos alimentos que ingeriram.

Se você pensar bem, é até cômico. Quero dizer, ela precisava mesmo melhorar?!? Ela venceu a maior e pior competição do planeta *três vezes*! Mas minha paixão por viver e comer de forma "correta" me fez julgá-la por ela "estar aquém" de minhas expectativas.

Ainda que minhas palavras fossem agradáveis o suficiente, minha energia mostrava algo diferente. Envergonhada, ela começou a listar todos motivos razoáveis pelos quais não estava ingerindo proteína suficiente e por que comeu fast-food algumas vezes naquela semana.

Eu tinha perdido sua confiança. E quanto mais eu tentava oferecer sugestões de melhorias, mais ela defendia McDonald's, Subway e cafés da manhã pobres em proteínas. *Eu estava cego?!? Não havia outras opções. Ela fez o melhor que pôde com as circunstâncias que tinha.* Se era verdade ou não, era irrelevante. Eu a encurralei, transformando um momento de mudança em um de resistência.

Quando queremos *muito* ajudar nossos clientes, geralmente acabamos pregando, palestrando, pressionando, persuadindo e cutucando. Ao receberem toda essa *pressão*, eles fazem o que é mais natural para os seres humanos: resistem. É por isso que quanto mais defendemos a mudança, mais os clientes argumentam contra. Paradoxalmente, somente quando relaxamos e permitimos a resistência é que eles ficam mais abertos, dispostos e capazes de fazê-la.

Mas como você relaxa e permite a resistência? Vejamos os seguintes cenários de coaching. Eles mostrarão como usar questionamento e curiosidade como facilitador do processo de mudança, e não sabotador.

QUATRO CENÁRIOS DE COACHING

CENÁRIO 1
O Truque da Conversa da Mudança

Quando alguém está expressando ambivalência com relação à mudança, você começa a pensar por que ela *pode não* escolher mudar. Parece estranho, mas geralmente leva a propor as próprias soluções.

[Seu cliente é ambivalente ou resistente a mudanças. Não seja condescendente ou paternalista. Seja sincero e empático.]

VOCÊ: "Nossa, parece que você está bastante ocupado. Imagino como deve ser difícil arrumar um tempo para se exercitar."

OU

"Sei que pode ser difícil resistir àqueles brownies caseiros. Eles são tão gostosos."

[Exponha a própria vida atarefada ou seu amor por brownies para demonstrar empatia genuína. Depois espere. Mantenha-se calado e paciente. Deixe o cliente falar primeiro. Quando ele começar a falar, provavelmente dirá por que deve mudar. **Essa é uma "conversa sobre mudança" e é um ótimo passo. Significa que ele não é contra a mudança, mas a favor dela.**]

CLIENTE: "Sim, ando muito ocupado. Mas realmente deveria ir à academia. Sei que vou me sentir melhor."

OU

"Honestamente, acho que não preciso comer três brownies. Provavelmente me sentiria feliz comendo apenas um."

[Quando ouvir as próprias sugestões de mudanças, o caminho estará se formando. Usando o que ele disse, basta refletir e, de forma suave, sugerir uma próxima ação, como uma pergunta. Demonstre curiosidade.]

VOCÊ: "Você acha que se sentiria melhor se fosse à academia, é isso?"

OU

"Você está dizendo que talvez um brownie seja suficiente para você?"

[Espere novamente. O cliente pode ficar em silêncio por alguns minutos. Eventualmente, ele continua a falar sobre o que quer e como pode alcançar isso. Deixe que ele comande a conversa. Quando sentir que ele está pronto para uma próxima ação, concentre-se nisso.]

[Seu cliente compartilha algumas ideias sobre o que deseja.]

VOCÊ: "Considerando tudo isso, o que você acha que fará a seguir?"

[Perceba que você não está agindo como um especialista ou guru. Simplesmente está, por meio de perguntas, conduzindo-o a articular o desafio, defender a mudança e, então, criar as próprias soluções.]

CENÁRIO 2
O *Continuum*

Isso pode ser usado depois de escutar a conversa sobre mudanças. Pode ajudar o cliente a mudar o *continuum* de comportamentos de pior para melhor sem recorrer à abordagem de "tudo ou nada".

[O cliente decidiu, por meio do Cenário 1, que deseja comer menos fast-food. Mas não está confiante de que pode abandonar totalmente o fast-food.]

VOCÊ: "Tudo bem, parece que você quer comer menos fast-food, mas eliminá-lo parece exagero, o que faz sentido. O que você poderia fazer para avançar um pouco em direção a seu objetivo, em vez de ir até o fim? Como seria isso?"

[Perceba que você está sugerindo a possibilidade de uma terceira opção entre "tudo" e "nada", ao capacitar seu cliente a criar a opção por si só.

Nesse ponto, o cliente costuma propor algo menor do que "nunca mais comer fast-food", mas ainda muito difícil de ser aplicado.]

CLIENTE: "E se eu começasse agora e não comesse fast-food pelas próximas duas semanas?"

[Ainda que você não tenha testado a confiança, a mudança lhe parece muito grande. Então você pode diminuir o objetivo e ver como ele se sente sobre isso.]

VOCÊ: "Certo, sem fast-food pelas próximas duas semanas. Olha, acho isso incrível. Mas me parece um grande desafio. E se você não comer fast-food por apenas alguns dias nesta semana? Digamos, por três dias? Ou talvez, em alguns dias, você possa escolher algo um pouco mais saudável no menu? Que tal?"

CLIENTE: "Com certeza consigo fazer isso, Coach — 9 entre 10 na escala de confiança! Meus dias 'zero fast-food' serão de segunda a quinta-feira. Ou, se eu for ao [inserir um restaurante de fast-food], pedirei o wrap de frango e uma salada."

[(Parece promissor!)

Agora adicione uma camada de responsabilidade. Crie um divertido jogo de "o que você comeu no lugar".]

VOCÊ: "Que ótima ideia. Como posso ajudar?
E se você me mandasse uma mensagem de texto ao final de cada dia para me informar se foi bem-sucedido? Melhor ainda, mande uma foto da refeição que você escolheu no lugar!"

CENÁRIO 3
As Perguntas Malucas

Se alguém estiver sofrendo com a ambivalência, resistência e mudança, pode ser realmente eficaz fazer algumas perguntas não convencionais que essa pessoa talvez não esteja esperando.

VOCÊ: "Para começar, parece que [reiterar o que eles acabaram de dizer sobre sua compreensão do problema com o qual estão lidando]. Então, vou fazer duas perguntas um pouco malucas. Eu sei que soarão muito estranhas, mas coopere comigo."

CLIENTE: [Levanta as sobrancelhas]

VOCÊ: "Primeira pergunta: O que há de *bom* naquele pote de sorvete que você come à noite? Em outras palavras, como isso ajuda ou faz você se sentir melhor de alguma forma?"

"E segunda pergunta: O que há de *ruim* em abrir mão daquele pote de sorvete que você come à noite? Quero dizer, qual será o maior problema nisso? O que você tem a perder?"

[Perceba que você está tentando extrair mais informações sobre qual é o propósito do "mau hábito" na vida dessa pessoa. E por que ela pode ter tanto apego a isso. Nesse momento, você precisa escutar com atenção. Pode ser que ela mencione as tensões da vida, as pressões e as razões pelas quais encontra conforto nas coisas que, no fim das contas, não são saudáveis para si. Deixe que o cliente desabafe, sem fazer julgamentos.

É o momento de agir com normalidade e empatia, primeiro argumentando levemente a favor de *não* mudar. Isso ajuda a impedir o julgamento sobre seu comportamento, o que pode causar o afastamento dele, mesmo que a intenção seja mesmo mudar.]

VOCÊ: "Nossa, sim, parece que você está muito ocupado mesmo. Eu também ia querer tomar um sorvete nessa situação!"

CLIENTE: "Obrigado por dizer isso. Mas eu realmente preciso descobrir uma forma melhor de lidar com isso."

[(Foi ele que propôs as mudanças, e não você!)

Nesse momento, você pode negociar a ação seguinte, testar a confiança e solicitar ao cliente uma foto que o mostre caminhando em vez de tomando o sorvete, para acompanhar o processo.]

VOCÊ: "Bem, preste atenção. Não tenha pressa. Quando estiver pronto e sentir-se confiante, pode tentar dar uma caminhada em vez de tomar sorvete — pelo menos algumas noites pelas próximas duas semanas? Ou talvez tomar o sorvete —, mas depois da caminhada?"

CENÁRIO 4
A Solução Própria

Como discutimos anteriormente, quando ajudamos os clientes a desenvolver as próprias soluções, é muito mais provável que eles se sintam confiantes e sigam em frente. Essa opção ajuda nisso.

[Após explorar as mudanças e entender as dificuldades de um cliente, é hora de afirmar, validar, ouvir e normalizar.]

VOCÊ: "Entendo perfeitamente e compreendo o que você está passando. É muito normal. Muitas pessoas sentem o mesmo".

[Dê uma pausa para que o cliente responda. Mesmo que ele não o faça, tudo bem. Esse é o momento de ver como ele pode resolver o próprio problema.]

VOCÊ: "Parece que você já tem uma boa noção dos principais problemas. Sabendo disso, se você fosse o coach, o que recomendaria?"

[Se achar que ele resistiu ao autocoaching, pode adicionar:]

VOCÊ: "Claro que tenho algumas ideias para você. Mas queria ouvi-lo primeiro."

[Deixe que ele elabore alguns conceitos. Não tenha medo de fazer perguntas de acompanhamento ou ajudar a moldar as recomendações.]

VOCÊ: "Ótimas ideias! Em uma escala de 0 a 10, qual é seu nível de confiança de que pode cumprir cada uma delas pelas próximas duas semanas?"

[Ele classificará as ideias. Considere aquelas que ficarem em um grau de 9 ou 10. Se não houver nenhuma, ajude-o a criar soluções que ele realmente tenha confiança em realizar.]

VOCÊ: "Incrível, parece que temos a escolhida. Agora, você se importa de me contar como está indo, em alguns dias? Que dia e hora são melhores para você?"

[Defina um horário para o acompanhamento e deixe a responsabilidade de procurá-lo com ele.]

Observe como cada cenário demonstra o poder das boas perguntas, da escuta empática e do diálogo com foco em mudanças. Lembre-se sempre disso: Quando um coach defende mudanças, os clientes argumentam contra. Portanto, não discuta *a favor* das mudanças! Em vez disso, faça com que os clientes discutam por *si mesmos*. Você ganha pontos extras se ajudá-los a propor as próprias soluções.

SUA MISSÃO

NENHUM CLIENTE DEIXADO *para trás*

Mary Kate é uma famosa treinadora de força que trabalhou com alguns dos maiores atletas, coaches e programas de elite do mundo. A maioria dos coaches com quem ela colaborou eram disciplinadores. *Faça isso. Não faça isso. Mais um. Não me importa se você está cansado.*

Depois que ela aprendeu e começou a praticar as técnicas de coaching que descrevi anteriormente, seu sucesso foi às alturas. Ela me disse que, se pudesse ter uma máquina do tempo, voltaria e trabalharia com todas as pessoas que não ajudou ao longo dos anos.

Muitos profissionais que aprendem e usam esses princípios de coaching se sentem assim. Eles passam noites em claro pensando nas pessoas que deixaram para trás — aquelas que queriam desesperadamente ajudar, mas não conseguiram. Eles pensam em clientes "difíceis" e percebem que eles não eram nada difíceis — apenas eram pessoas com problemas, barreiras e frustrações reais. Os "problemas" eram do próprio coach, que simplesmente (ainda) não tinha as habilidades de coaching necessárias para ajudar essas pessoas. E, principalmente, começam a perceber que, em alguns casos, o coaching que praticavam tornava seus clientes *menos* propensos à mudança.

Se essa situação parece familiar para você, tente não insistir muito. Ou ao menos descubra uma forma de ter compaixão por si mesmo. Agora que você aprendeu, tudo será melhor.

O coaching é um relacionamento de mão dupla. Se os clientes resistem a algo, provavelmente é a *você*. No entanto, com um novo tipo de compromisso, sua vida como coach vai mudar. Este compromisso: Assumir 100% de responsabilidade por seus conselhos e pela capacidade do cliente de conseguir segui-los. Leve o cavalo até a água. E deixe-o com muita sede.

Perguntas e Respostas com JB: Coaching

Para dar suporte ao que você está aprendendo, compilei questionários ao final de cada capítulo, repletos de perguntas reais e ponderadas que ouvi ao longo dos anos. Pergunta a pergunta, compartilho minha opinião, sem filtros, sobre os desafios que, sem dúvida, você enfrentará à medida que progredir em sua carreira.

Você pode conferir todas as perguntas e respostas do *Agente de Mudança* no site: **www.altabooks.com.br**.

As perguntas deste capítulo incluem:

P: Você descreveu sete princípios de coaching e todos parecem importantes. Estou um pouco perdido sobre o que fazer em seguida. O que você recomenda? (Resposta: ~ 200 palavras)

P: Acho que a responsabilidade é grande parte do motivo pelo qual as pessoas contratam coaches, mas acho que elas também ficam frustradas quando as coisas não acontecem do jeito que querem. Como equilibrar o fato de responsabilizar os clientes sem parecer que estou os incomodando ou chateando? (Resposta: ~ 200 palavras)

P: Os clientes sempre me apresentam o objetivo vago de perder peso, o que é ótimo. Mas agora que sei que devo fazer mais perguntas, qual é o próximo passo? (Resposta: ~ 300 palavras)

P: O que fazer quando os clientes resistem a quase todas as suas sugestões? (Resposta: ~ 200 palavras)

P: Certo, vamos falar de resultados. Como você os controla? (Resposta: ~ 225 palavras)

P: Alguma dica para clientes que parecem impacientes ou frustrados com o efeito platô? (Resposta: ~ 175 palavras)

P: Tenho muitos clientes que são basicamente preguiçosos. Eles não querem se dedicar, não importa o que eu tente ou quanto eu facilite. E agora? (Resposta: ~ 575 palavras)

P: Às vezes, meus clientes têm teorias elaboradas e incorretas sobre o que funciona para eles e qual deve ser o próximo passo. Como lidar com isso? (Resposta: ~ 450 palavras)

P: Você disse que tentou ser um coach tipo "líder de torcida". Tenho orgulho de ser motivador e positivo, e as pessoas me dizem que gostam disso. Então, está dizendo que eu não deveria ser assim? (Resposta: ~ 200 palavras)

P: Quer que eu fique em silêncio às vezes? Eu deveria ter as respostas. (Resposta: ~ 425 palavras)

P: Estou muito frustrado com as pessoas que dizem que querem testar algo que viram na TV. Tem algum conselho com relação a isso? (Resposta: ~ 200 palavras)

P: Meus clientes juram que estão "fazendo tudo certo", mas tenho minhas dúvidas. O que posso fazer para desafiá-los, sem que pareça contraditório? (Resposta: ~ 125 palavras)

PALAVRAS DE SABEDORIA: COACHING

Desça DO PALCO
E SENTE-SE AO LADO DA PLATEIA;

CLARO, você é ESPECIALISTA EM FISIOLOGIA:
MAS seus CLIENTES SÃO especialistas EM
SUAS PRÓPRIAS VIDAS;

Siga A regra 80/20 DO COACHING:
em 80% DO TEMPO, faça PERGUNTAS E ouça;
em 20% DO TEMPO, DIRECIONE E oriente;

MENOS maldade (O QUE O CLIENTE FAZ MAL) E
MAIS bondade (O QUE ELE FAZ MUITO BEM);

QUER ALCANÇAR um objetivo?
DIVIDA o objetivo EM HABILIDADES;
E DIVIDA as habilidades EM PRÁTICAS;

Sempre faça o TESTE DA CONFIANÇA.
NÃO IMPORTA O QUE você ACHA FÁCIL,
O QUE IMPORTA É O QUE seu CLIENTE PENSA;

TUDO OU NADA NÃO nos dá "TUDO",

GERALMENTE ficamos com "NADA";
TENTE SEMPRE ALGUMA COISA EM VEZ DISSO,

QUANTO MAIS TRABALHAMOS PARA FORÇAR a
mudança, MENOR É A PROBABILIDADE de alguém
REALMENTE REALIZAR essa MUDANÇA.

CAPÍTULO 5

NEGÓ

ÓCIOS

COMO

Construir Seus **SISTEMAS,**
Atrair **CLIENTES,**
e Ganhar **DINHEIRO**

Pergunte a cem profissionais o que essa palavra significa e receberá cem respostas diferentes. Há quem ache que os negócios são apenas vendas e marketing. Outros consideram o orçamento e a contabilidade. Alguns acham que é sobre liderança e estrutura organizacional. E há quem pense estar relacionada a sistemas e padronizações.

Esse conceito de que as pessoas têm noções diferentes sobre negócios, e às vezes até conflitantes, faz todo o sentido. *Os CEOs das empresas listadas na* Fortune 100 *devem* pensar diferente de microempresários, estagiários, empreendedores iniciantes ou microempreendedores. Infelizmente, muitos profissionais da área de saúde e fitness, até mesmo alguns no comando das próprias empresas, não pensam muito em negócios.

Neste capítulo, vamos mudar isso.

Nele, vou revelar as cinco habilidades empresariais mais importantes de que você precisará para:

Descobrir com o que vale a pena gastar tempo, e um processo para garantir que você faça isso;

Atrair novos compradores e clientes, e mais rápido do que imagina;

Dar suporte à sua lista de clientes cada vez maior, enquanto torna a experiência de cada um deles mais personalizada;

Recrutar novos membros para a equipe, que estejam empolgados em apoiar sua missão;

Ajudar sua equipe a realizar um ótimo trabalho, melhor do que você conseguiria fazer sozinho.

Porém, essas cinco habilidades não são apenas para profissionais que desejam montar um negócio ou para quem já o fez. Elas servem para *todos*, funcionários, microempreendedores, empreendedores e empresários.

Essas também são as habilidades mais importantes que precisei desenvolver nos últimos 15 anos, ao passar de funcionário a microempreendedor e, em seguida, empreendedor, para depois me tornar membro do conselho e, então, investidor. Eu sequer sabia que precisaria de muitas delas, até precisar (como a necessidade de atrair e contratar pessoas talentosas, *além* de organizar suas funções, de forma que todos possam fazer seu melhor).

Enquanto você lê as habilidades, algumas delas parecerão mais relevantes do que outras, dependendo do ponto em que você se encontra em sua carreira. No entanto, recomendo que revise todas de qualquer forma — considere este capítulo uma bola de cristal, a qual permitirá que você olhe para o próprio futuro e se prepare para o que está por vir.

AS CINCO HABILIDADES DE NEGÓCIOS MAIS IMPORTANTES

1 Priorização Implacável;

---

2 Marketing e Vendas;

---

3 Construção de Sistemas;

---

4 Contratação de Membros da Equipe;

---

5 Organização das Equipes.

HABILIDADE 1

PRIORIZAÇÃO *IMPLACÁVEL*

ÍNDICE DE RELEVÂNCIA:

FUNCIONÁRIO		
MICROEMPREENDEDOR		
EMPRESÁRIO		

Quando falamos em construir uma ótima carreira, sua primeira prioridade deve ser aprender a priorizar.

Não importa se estamos falando de seus projetos profissionais ou de sua vida social, de atividades recreativas ou opções de entretenimento, sempre haverá mais opções do que seus recursos permitem alcançar. Digamos que você montou um novo negócio e identificou "atrair novos clientes" como sua grande oportunidade. Isso é ótimo. Mas como você vai atraí-los? Por meio de anúncios impressos ou online? Por meio de uma campanha de marketing cara? Por meio de indicações? Fazendo algo para a TV? Ou qualquer outra coisa?

Com tempo, atenção e dinheiro limitados, será difícil tentar tudo o que poderia funcionar. (E impossível obter sucesso em tudo.) Isso significa que será preciso escolher apenas algumas coisas para tentar, usando como base o custo e requisitos como tempo, habilidades necessárias e probabilidade de sucesso. Depois, será preciso priorizar algumas coisas, mesmo diante de uma longa lista de outras coisas que parecem importantes, mas nas quais você não pode investir no momento. Você saberá que está no caminho certo se, ocasionalmente, sentir arrependimento e medo de perder algo: *Será que eu também não deveria fazer* X, Y *e* Z?

É essa ideia de fazer *X em vez de* Y que torna a priorização tão importante e difícil. Porque é sobre dizer não constantemente a uma série de boas oportunidades para abrir espaço para as poucas grandes oportunidades que realmente valem a pena no momento. Lembro que, no começo de minha carreira, sonhei com o dia em que teria acesso a mais recursos, em que não precisaria priorizar somente algumas coisas de forma tão implacável e poderia fazer tudo o que eu considerava importante. Então, comecei a prestar consultoria para empresas como Apple, Equinox e Nike e aprendi uma lição importante.

Depois de uma reunião do conselho, em que um executivo da Apple falou sobre suas grandes frustrações com restrições de recursos, fiquei impressionado. Se os executivos das maiores empresas do mundo ainda se queixam sobre restrições com relação a recursos, essas limitações nunca terão fim! Então, em vez de sonhar com um dia sem restrições ou reclamar por não ter recursos suficientes, o melhor seria eu me tornar realmente bom em priorizar, para usar meus recursos com mais eficiência.

Isso também vale para você, mesmo que seja o cofundador de uma empresa, um executivo dessa empresa, um funcionário desse executivo ou um contratado independente. *Todos* temos listas infinitas de coisas que *poderíamos* fazer. Encarar essas longas listas sem critérios para descobrir o que é importante fazer em seguida pode parecer frustrante e desmoralizante.

Há quem tente lidar com esse problema em termos de eficiência, buscando formas de fazer mais em menos tempo. **Porém, mesmo que você esteja ocupado com tarefas a um ritmo insano, não realizará nada de importante se elas não valerem a pena.** Todo seu tempo, sua energia, seu talento e suas habilidades únicas serão desperdiçados.

É óbvio que a eficiência *é* importante. É sempre bom quando aproveitamos bem os recursos e fazemos mais com a mesma quantidade de tempo, dinheiro e membros na equipe. Porém, se fosse preciso escolher entre priorizar eficiência ou eficácia, escolheria a eficácia — fazer as coisas *certas* — sempre. Ou seja, esclarecer o que vale a pena ser feito (e o que não vale) e, depois, focar isso quase que exclusivamente. Mais adiante neste capítulo, mostrarei como eu faço esse processo.

Por enquanto, não pergunte o que você pode realizar em uma semana; pergunte o que você pode realizar em um ano

Recentemente me perguntaram: "No começo da Precision Nutrition, em que você se concentrou? No conteúdo? Recebeu alguma ajuda? Qual foi seu grau de envolvimento na parte comercial? Ou contratou ajuda? E na parte de coaching?" Principalmente: "Quando você ainda era uma pequena empresa e não tinha os recursos, como lidou com tudo?" Essas são perguntas relacionadas à priorização.

No começo da empresa, éramos apenas Phil e eu. Nós fazíamos tudo, então toda semana tínhamos que fazer escolhas difíceis. Toda segunda-feira, começávamos identificando a coisa mais importante a realizar naquela semana, definida por sua capacidade de nos ajudar a expandir os negócios. Éramos implacáveis quanto a isso, mesmo que algo novo, empolgante ou confuso surgisse.

O resultado disso era que, em algumas semanas, concentrávamo-nos em conteúdo; em outras, no marketing; em outras, ainda, nas finanças; e, em algumas delas, em expedição e logística. Era um trabalho de conciliação constante, usando a teoria das restrições como guia, um processo por meio do qual identificamos o fator limitante mais importante no caminho até nossos objetivos e, depois, nós o aprimoramos até que deixasse de ser o elo fraco.

Com essa metodologia, as prioridades semanais mudavam frequentemente. Mas isto era uma constante: no trono do Reino das Coisas a Fazer, sempre havia uma tarefa. E mais, tudo o que não fazia parte da lista de afazeres se tornou nossa lista do que *não fazer* de fato. Muitas vezes, essa lista continha grandes ideias. Mas, em outras, elas ficavam na espera, por mais frustrante que fosse. Uma coisa tomava *o lugar* de outra.

Essa prática exige disciplina, porque é fácil sentir ansiedade e impaciência. Na verdade, em muitas semanas, eu era tomado pela ansiedade e pensava: *nesse ritmo, não chegarei nem perto de meus grandes objetivos!* Porém, aprendi com o tempo que posso realizar *muitas coisas* ao longo de um ano se minha atividade for bem priorizada e se eu estiver focado no trabalho certo. E a terapia me ensinou a lidar com a impaciência, o estresse e a ansiedade que me acometiam antes de eu aprender essa lição.*

Veja, não quero assegurar que nossa priorização foi excelente desde o início. Nem Phil nem eu tivemos qualquer treinamento formal em administração para descobrir como priorizar. Não éramos perfeitos. Porém, continuamos a tentar e demos nosso melhor. Considerando que, em algumas semanas, erramos e, em outras, não fizemos nada que valesse a pena, ainda assim chegamos longe em um ano. Nos primeiros cinco anos, alcançamos grandes objetivos que sequer ousaríamos estabelecer nos primeiros dias.

É claro que, quando você está dominado pelo tempo ou sem recursos, pode parecer que não importa o quanto você queira acelerar nas responsabilidades, sempre há outras 10 mil coisas a fazer. No entanto, a priorização é uma habilidade. Desenvolva-a por meio das estratégias a seguir e você sentirá menos ansiedade e uma melhor capacidade de realizar o trabalho certo da forma mais eficiente.

Estratégia nº 1:
Reformule sua definição de produtividade

Em muitas culturas de trabalho, há recompensas sociais implícitas por estar ocupado e fazer mais do que seus colegas. Mas trabalhar 90 horas por semana e sentir que seu cérebro está correndo a 1 mil por hora não é realmente recompensador, a menos que isso tudo o faça atingir objetivos grandes e importantes.

---

* Sou um grande defensor da terapia, pois ela faz parte de minha vida desde a adolescência. Ainda que seja um tabu em algumas comunidades e, portanto, pouco se fale sobre isso, aprendi que a maioria das pessoas que respeito e admiro tem um longo histórico de trabalho com terapeutas. Na verdade, acho que é tão importante para o desenvolvimento pessoal e para a saúde profunda que a Precision Nutrition reserva um orçamento de terapia para novos membros da equipe e os incentiva a usá-lo.

E se pudéssemos alcançar esses objetivos grandes e importantes sem pisar no acelerador? E se pudéssemos fazer muito menos do que todos os outros, mas garantir que tudo seja de importância crítica e mova o ponteiro de maneira mensurável e significativa? Ao priorizar a eficácia em vez da eficiência, poderíamos nos destacar entre nossos colegas e chegar mais longe?

A resposta parece ser sim. A maioria dos maiores profissionais que conheço adota essa abordagem.

EFICAZ x EFICIENTE

A produtividade **NÃO É**:

Dormir menos, trabalhar mais e se apressar mais;

Mexer nas redes sociais no celular enquanto faz faturas e responde a e-mails na área de trabalho;

Usar "truques de produtividade" que deveriam torná-lo mais eficiente, mas que embaralham sua cabeça;

Tentar fazer tudo o que poderia fazer a diferença porque tem medo de perder alguma coisa.

A produtividade **É**:

Organizar e priorizar seu tempo *de forma implacável;*

Abandonar muitas tarefas que não levam a lugar nenhum e *substituí-las* por algumas tarefas que fazem a diferença;

Automatizar o que pode ser automatizado;

Concentrar o restante de seu tempo em suas habilidades únicas.

Nada disso, é claro, significa que desenvolver suas habilidades e seus negócios será mais fácil ou menos trabalhoso. No começo, não existe uma "semana de trabalho de quatro horas". Esse processo simplesmente ajuda a garantir que todo o trabalho árduo que você inevitavelmente fará tenha a chance de gerar algum resultado, em vez de apenas mantê-lo ocupado.

Estratégia nº 2:
Libere tempo para mais trabalhos que fazem a diferença

Na área de saúde e fitness, geralmente pedimos aos clientes que preencham diários de comida e registros de treinamento. O que seria um equivalente para os profissionais? Uma agenda de horários e atividades. A ideia é manter um registro de tudo o que você faz durante a semana, anotando suas tarefas e o tempo que leva para realizá-las.

Todos os anos, pedimos isso aos nossos alunos, e eles sempre ficam surpresos ao ver como realmente estão gastando seu tempo em comparação com o modo como pensam que o estão gastando. Por exemplo, alguns descobrem que ficam mais tempo do que imaginavam nas redes sociais, na internet ou em frente à TV. Outros percebem que podem, até mesmo — surpreendentemente —, estar se exercitando mais do que o necessário.

Não é preciso usar aplicativos sofisticados ou controladores de tempo para isso, embora possa usá-los, se quiser. Seus registros podem ser tão simples quanto preencher o Diário de Tempo das páginas seguintes.

Seu Diário de Tempo

Mantenha um registro de tudo o que você faz durante a semana, anotando suas tarefas e o tempo que leva para realizá-las.

7h	:00-10	:10-20	:20-30	:30-40	:40-50	:50-60
8h						
9h						
10h						
11h						
12h						
13h						
14h						
15h						
16h						
17h						
18h						
19h						

Após mais ou menos uma semana de registro, divida seu trabalho em uma destas categorias:

1 Atividades que não me levam a lugar nenhum em que trabalhei:

> Para fazer este exercício e os próximos, faça o download de nossas planilhas que podem ser impressas e editadas no site: **www.altabooks.com.br**.

2 Atividades que me levam a algum lugar em que trabalhei:

3 Atividades que levam a algum lugar em que não trabalhei: [*]

A seguir, observe quanto tempo você dedica a atividades que não o levam a lugar nenhum, a atividades que parecem urgentes ou importantes, mas que não fazem a diferença na conquista e na manutenção de clientes, no crescimento de um negócio ou na conquista de qualquer objetivo que você se propôs a alcançar.

Quando eu atuava como personal trainer e coach de estilo de vida em tempo integral, cuidava dos horários, faturamento e ainda respondia a perguntas básicas sobre proteína e manteiga de amendoim que pareciam irritantes e não me levavam a lugar nenhum, atrapalhando meus objetivos maiores. Enquanto estava ocupado com essas coisas, eu não trabalharia para conseguir novos clientes, construir sistemas ou aprender mais sobre meu ofício. Então, pergunte a si mesmo se há uma forma de reduzir o tempo que você gasta em coisas desse tipo, como criar modelos para os mesmos e-mails que você envia toda semana, usar um software de agendamento ou um sistema de cobrança automático.

---

[*] Essas são as atividades que você sabe que têm importância e que terão um retorno alto, mas para as quais você simplesmente não separou qualquer tempo, portanto, nunca entraram em seu cronograma.

Algumas dessas coisas podem ser completamente eliminadas? Há como estruturar seu mês para que determinadas tarefas possam ser executadas em um único bloco, em um dia específico, em vez de ficar preso a elas diária ou semanalmente?

O objetivo não é necessariamente eliminar atividades em que não valem a pena investir. Algumas são necessárias — por enquanto, de qualquer maneira. Na verdade, o objetivo é reduzir o tempo gasto com elas, liberando-o para realizar tarefas mais importantes, incluindo algumas das coisas que você procrastina há muito tempo.

Estratégia nº 3:
Agende um horário para refletir

Se você seguiu as etapas 1 e 2, já terá liberado algum tempo em sua agenda. Talvez pouco, talvez muito. Então, o que você deve fazer com esse tempo?

Se você passou muito tempo estressado e sobrecarregado, descanse. É sério. Tire uma soneca, vá a um spa, passe algum tempo ao ar livre. Invista em recarregar suas baterias físicas e mentais, pois você precisará estar de posse delas completamente para o que vem a seguir.

E o que é isso? Agende um tempo consigo mesmo para pensar, pesquisar, verificar sua sanidade e pedir segundas opiniões sobre o trabalho importante e urgente no qual vale a pena se concentrar agora. Isso é tão importante que seria melhor que você fizesse imediatamente.

Agende um Horário Para Refletir

Em que dia da semana você pode separar algumas horas para refletir?

Por quanto tempo pode fazer isso?

Abra seu calendário e marque sua primeira consulta consigo mesmo. Que dia da semana você escolheu?

Entendi. Quando há muito o que fazer, pode parecer uma perda de tempo dedicar algumas horas da semana à reflexão. Porém, quando você reorientar sua mente para a eficácia em vez da eficiência, verá que essa é sua melhor oportunidade de descobrir como *não* se encontrar na mesma posição. Você passará a considerar formas de eliminar ou automatizar atividades menos importantes. Além disso, começará a descobrir as atividades que podem levá-lo a algum lugar, remover seus maiores fatores limitantes e encaminhá-lo em direção a seus objetivos.

Dedico meio período do dia para reflexão toda semana. Em minha agenda, a "Reflexão" é a atividade realizada das 9h às 13h toda sexta-feira. É claro que, durante esse período, não me sento em pose de lótus e espero que as ideias comecem a fluir de um neurônio para outro. Uso esse tempo para fazer brainstorming, ou seja, fazer registros em meu diário, um mapeamento mental, entrevistar especialistas, ler e muitas outras coisas. Tudo isso ajuda a pensar em uma solução para problemas recentes ou a pensar em meu próximo conjunto de oportunidades que me levarão a algum lugar.

Estratégia nº 4:
Crie competição entre as atividades pendentes para decidir qual será a seguinte

Depois de um tempo, se você fizer tudo certo, provavelmente terá uma lista muito longa de tarefas interessantes e que valem a pena. Esse é um grande problema, mas ainda pode se transformar em uma imponente parede de itens e prazos, como uma enorme lista de compras de responsabilidades, em que não importa por qual corredor você comece. No entanto, as listas de tarefas pendentes não devem funcionar como uma lista de compras, tratando cada item de forma igual. Elas devem funcionar mais como uma competição esportiva, com diversas chaves, em que os "itens" precisam competir pelo prêmio principal: seu precioso tempo e sua energia.

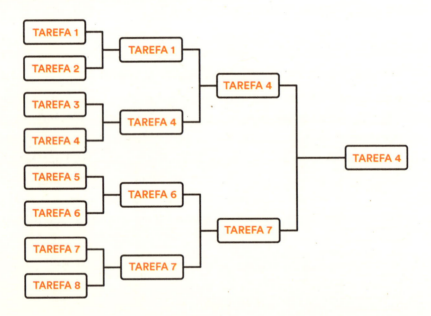

Para tarefas menores, competições diárias ou semanais podem ajudá-lo a decidir o que fazer nas próximas horas ou dias. Para objetivos estratégicos maiores, competições trimestrais ou anuais podem ajudar a deixar claro em que você deve trabalhar durante o ano inteiro, além de ajudar a garantir que seus torneios diários e semanais sejam decididos com base em seus objetivos maiores.

Independentemente do tempo disponível, se a intenção for aumentar sua probabilidade de sucesso sem se comprometer a trabalhar duas vezes mais do que todo mundo — o que também não garante sucesso —, é preciso clareza e priorização implacáveis.

Com o passar do tempo, você receberá uma oferta cada vez maior de oportunidades. E nunca terá recursos suficientes. Sua única vantagem competitiva é contraintuitiva: restringir seu tempo de forma rígida, descobrir as poucas oportunidades que valem a pena, concentrar-se nessas poucas sem vacilar e rejeitar o restante.

A Competição das Pendências

O método de chaves de competição pode ajudá-lo a descobrir o que vale a pena e o que deve ser rejeitado.

Para isso, compare cada uma de suas ideias e oportunidades com as chaves a seguir, ou use aquela disponível online.

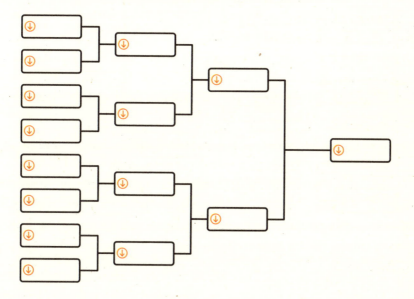

Agora, utilize a teoria das restrições — identificar o funil, o elo fraco ou o fator limitante mais importante no caminho de seu próximo objetivo — para conhecer a atividade vencedora.

Um truque que me ajuda é visualizar meus compromissos de tempo e energia em uma escala de 0 (sem compromisso) a 10 (tempo e energia completamente esgotados).

No início de minha carreira, eu dizia sim a muitas coisas, vivia no limite, no grau 9 ou 10. Isso significava que eu sempre estava a um problema ou desafio inesperado de me sobrecarregar.

Isso me trouxe dificuldades nas esferas pessoal e profissional. Na esfera pessoal, nunca fui muito ligado a atividades que não estivessem relacionadas a meu trabalho, como saídas divertidas com amigos e familiares. Caramba, até mesmo uma saída parecia demais para mim. Já na esfera profissional, se surgisse uma oportunidade realmente significativa, eu a perderia (porque estava estressado demais para enxergar seu mérito) ou a faria mal (porque não tinha tempo ou energia suficientes para fazer bem).

Em certo ponto, lembro que minha lista de tarefas incluía: escrever um livro, coordenar um projeto de pesquisa multicêntrica e viajar pelos EUA e Canadá ministrando uma série de seminários. Além de minhas responsabilidades diárias na Precision Nutrition, incluía o autocuidado, compromissos com amigos e familiares, o que abrangia ajudar a cuidar de minha filha recém-nascida. Eu estava a ponto de surtar. Então, em uma única semana, minha esposa ficou gripada e nosso carro quebrou. Ainda que pareçam problemas rotineiros menores, para mim pareciam o fim do mundo.

É claro que deu tudo certo. No entanto, aprendi uma lição importante que guardo comigo até hoje. Agora, meu comprometimento só permite uma quantidade de trabalho que me coloca na faixa de 5 ou 6 na escala.

Com isso, consigo três vantagens importantes que beneficiam tanto aos negócios quanto a mim.

Em primeiro lugar, isso me torna muito mais seletivo, pois sou forçado a assumir apenas os projetos pessoais e profissionais de maior impacto e mais significativos. Em segundo, reservo energia para interesses pessoais, minha família e outras coisas. Por fim, coloca-me em uma posição em que, *ocasionalmente*, posso assumir novos projetos de alto impacto e de curto prazo, pois tenho uma reserva de energia.

Tomo cuidado para não exagerar nesse último item, a fim de evitar voltar ao ponto em que estava antes — constantemente no limite. Consigo fazer isso ao realizar verificações semanais comigo mesmo (para reavaliar onde me encontro na escala de tempo e energia) e com minha família (para ter uma visão externa).

QUATRO ESTRATÉGIAS PARA MELHORAR A PRIORIZAÇÃO

1. Reajuste sua definição de produtividade;
2. Dedique um tempo à reflexão;
3. Libere tempo para um trabalho mais relevante;
4. Jogue o campeonato das tarefas a fazer para decidir o próximo passo.

HABILIDADE 2

Marketing E VENDAS

ÍNDICE DE RELEVÂNCIA:

FUNCIONÁRIO	
MICROEMPREENDEDOR	
EMPRESÁRIO	

Grande parte dos empreendedores iniciantes dedicam muito tempo e dinheiro para:

Encontrar o nome perfeito para sua empresa;

Criar logotipo, cartões de visita e papel timbrado perfeitos;

Proteger sua propriedade intelectual com marcas registradas e direitos autorais;

Encontrar os melhores sistemas de cobrança, gerenciamento de listas ou agendamento;

Criar uma estrutura tributária ideal.

Veja, não quero dizer que essas coisas não são importantes ou que não se deve pensar nelas, mas elas não devem ser sua primeira preocupação. A Precision Nutrition não se preocupou com nenhuma delas nos primeiros cinco a sete anos. Também tivemos uns cinco anos de atraso em Facebook, Instagram e Twitter. E *ainda* usamos uma ferramenta antiquada de gerenciamento de e-mail que a maioria das pessoas substituiu em 2006.

Como, então, conseguimos criar um negócio que vale mais de US$200 milhões? Concentrando nossos recursos limitados na única coisa que importa para um novo negócio: conseguir clientes!

É como diz o ditado:

As vendas resolvem tudo.

Guardarei para sempre na memória uma reunião que fizemos cerca de cinco anos depois de abrirmos nossa primeira empresa. Estávamos em um restaurante chique em Toronto, conversando com um contador muito bem remunerado. "Seus livros são uma bagunça!", ele nos disse. "Você já viu algo assim?", perguntou ao assistente, rindo.

Durante os primeiros anos da Precision Nutrition, ouvi coisas semelhantes de respeitados contadores, advogados, banqueiros, corretores de seguros, entre outros. No entanto, nunca senti a vergonha ou o constrangimento que acho que eles queriam que eu sentisse. Em vez de nos concentrarmos em leis de propriedade intelectual ou em conseguir uma cobertura de seguro mais robusta, nó nos concentramos em *vender coisas para nossos clientes e consumidores ideais*, ganhando o suficiente para continuar e lucrando o suficiente para crescer.

Então, quando sou confrontado com esse tipo de comentário de outros profissionais, todos sabem que brinco, dizendo: "Sim, poderíamos ter resolvido algumas dessas coisas antes, mas estávamos ocupados produzindo e vendendo ótimos produtos. Sem isso, não poderíamos estar aqui hoje, pagando sua tarifa zilionária por hora. Então, no fim das contas, acho que fizemos a escolha certa." Eles tendem a concordar.

É claro que, atualmente, todos esses outros aspectos de nossos negócios foram ajustados. Mas somente depois que construímos uma base sólida e tivemos lucro suficiente para reinvestir nessas opções "interessantes". Enquanto outras startups perdiam tempo com atividades de menor valor, nosso foco era manter o objetivo principal — criar ótimos produtos e ganhar dinheiro vendendo-os — como um objetivo principal.

Há muitas coisas que pessoas diferentes querem que você priorize em seus negócios — e em sua vida. Coisas como proteger a propriedade intelectual ou usar sistemas de primeira linha são interessantes. Contudo, lembre-se de que a priorização se concentra *em uma coisa,* mesmo que seja em detrimento de *outras.* Em negócios, o marketing e as vendas são prioridades praticamente em detrimento de *todo* o restante. Porque, sem renda, não é possível se dar ao luxo de fazer *qualquer outra* coisa.

Então, como melhorar suas habilidades em marketing e vendas? Podemos começar conhecendo a diferença entre eles.

Vendas é quando alguém entra em sua loja física (ou envia um e-mail) para perguntar sobre seus produtos e serviços. Independentemente de sua posição na escala de 0 a 10 em termos de prontidão de compra, seu trabalho é convencê-los de que: a) eles precisam daquilo que você está vendendo; e b) devem pagar por isso agora. Sua missão é levá-los de qualquer número na escala de 0 a 10 até o 10. Isso requer a criação rápida de um relacionamento e muita persuasão.

Marketing, por outro lado, é identificar seus clientes ideais desde o início, elaborar uma oferta atraente apenas para esse grupo e atrair essas pessoas para sua loja física (ou caixa de entrada) *já* em 8 ou 9 de 10 na escala de prontidão de compra. Essencialmente, um marketing muito bom facilita muito a venda. É por isso que sempre enfatizamos isso na Precision Nutrition. Até mesmo demos um nome sofisticado para nosso método. Ele é chamado de Fórmula do Tripé do Marketing.

A FÓRMULA DO TRIPÉ DO MARKETING

1 Saiba o que as pessoas querem;

---

2 Faça algo incrível para lhes fornecer isso;

---

3 Divulgue o que você fez.

Perna nº 1 do Tripé: Saiba o que as pessoas querem

Pessoas apaixonadas por saúde e fitness — tanto amadores quanto profissionais experientes — geralmente supõem que sabem o que as pessoas realmente querem quando se trata de coaching: "parecer bem sem roupa", "melhorar os níveis nos exames de sangue", "melhorar o condicionamento". E, ainda que provavelmente seja parte da razão pela qual somos contratados, não deve ser a história completa.

Como mencionado no Capítulo 3, a melhor forma de descobrir o que é realmente importante para as pessoas é estudando-as. No caso da Precision Nutrition, uma avaliação negativa de nosso programa de coaching me fez perceber que era preciso aprender mais sobre o que nossos clientes realmente queriam. Para isso, passamos meses conversando mais profundamente com clientes e com pessoas que abandonaram nossos programas.

Esse foi nosso divisor de águas. Quando tivemos certeza do que nossos clientes estavam procurando, os negócios decolaram. Eles se sentiram mais bem servidos e mais satisfeitos com nosso trabalho. Por isso, sugiro que você se torne um "antropólogo" de seus clientes (ou clientes em potencial) urgentemente, usando os métodos descritos no Capítulo 3.

Perna nº 2 do Tripé: Faça algo incrível para lhes fornecer isso

Como resultado de nossa pesquisa, aprendemos que, independentemente de seus objetivos em relação a seu físico, todas as pessoas que nos contratavam para coaching queriam a mesma coisa: atenção individual. Elas não precisavam de muito. Apenas queriam a agradável surpresa da atenção individual. Queriam se sentir cuidadas e reconhecidas *fora do contexto de uma interação normal de coaching*.

Um serviço de coaching de estilo de vida não bastava. Nem responder rapidamente ou oferecer orientação quando solicitado. Para dar a nossos clientes o que eles realmente queriam, foi preciso encontrar meios estratégicos de mostrar que estávamos prestando atenção — especialmente nos momentos em que eles menos esperavam.

E não precisava ser complexo. Por exemplo, alteramos nosso questionário de admissão para facilitar a adição de um toque pessoal. Antes, quando um cliente entrava no programa, ele preenchia um formulário completo de perguntas, desde experiência anterior com exercícios e nutrição até objetivos pessoais e quaisquer ferimentos ou doenças que tivessem. Munidos desse novo insight, adicionamos algumas perguntas:

Você tem algum animal de estimação? Se sim, que tipo de animal e qual é seu nome?

Como você se recompensará se atingir seus objetivos? (Fará uma grande viagem para algum lugar? Tentará praticar um novo esporte ou hobby?)

Também garantimos que os coaches tivessem essas informações importantes sobre seus clientes à mão. Logo, cada cliente ganhava um "perfil" que seu treinador podia consultar sobre coisas como:

Histórico de exercícios e nutrição dos clientes;

Local de residência;

Os nomes de seus familiares e animais de estimação;

Seus hobbies e o que fazem para se divertir;

Seus objetivos e aspirações;

Como planejam se recompensar quando atingirem seus objetivos.

Com base nisso, os coaches poderiam oferecer ajuda com exercícios e nutrição e personalizar suas interações com os clientes de pequenas maneiras que gerariam um grande impacto. Eles passaram a incluir comentários simples como:

Não se esqueça de se agasalhar; parece que você vai pegar uma tempestade de neve no caminho.

Ei, vi que seu aniversário está chegando. Tem algum plano para a comemoração?

Meu cachorro adora uns petiscos de batata-doce; espero que você não se importe, mas acabei de enviar uma caixa para você e Sparky. Depois me conte se ele gostou!

Pode não parecer muito. Mas, quando você trabalha com um cliente online, qualquer tipo de conexão pessoal — *especialmente uma ou duas frases inesperadas* — se torna grande e valiosa.*

Como você poderia oferecer uma atenção individual inesperada como essa para seus clientes? Meu modo favorito foi o popularizado por Jonathan Goodman, que escreveu o prefácio deste livro. Em poucas palavras, esta é sua estratégia:

Sempre que houver uma oportunidade de fazer algo bacana (e rápido) para seu cliente, aproveite-a. Por exemplo, digamos que, durante uma de suas sessões, um cliente mencione que está cansado de comer a mesma coisa no café da manhã todos os dias. Você pode até dar algumas sugestões no momento. Mas há uma forma mais delicada e individual de mostrar que se importa.

Após o término de sua sessão, tome nota:

**Bill detesta comer aveia todos os dias no café da manhã.
Encontrar algumas receitas e enviar para ele.**

Antes de sua próxima sessão com Bill, prepare seu "presente". Pode ser um simples link para um artigo com ideias para o café da manhã. Ou uma lista com a receita de seus pratos favoritos de desjejum. Se estiver a seu alcance, pode ser um livro de receitas, ou até mesmo um liquidificador Magic Bullet. Se você gostar de cozinhar, que tal fazer uma granola caseira simples, colocar em um frasco de vidro e incluir a receita? (É uma ideia bem moderna.)

Seja o que for, na próxima sessão com Bill, entregue seu presente e diga:

E aí, cara, fiquei pensando em você depois da última sessão e achei que poderia gostar disso.

Por que esse simples ato é tão poderoso?

---

* Vale, ainda, observar que esquecer detalhes importantes também se torna algo maior. Lembro que uma vez uma cliente procurou seu coach de nutrição anterior para pedir uma ajuda para aumentar sua ingestão de proteínas. Ele recomendou frango e peixe. O problema? A cliente era vegana e já havia mencionado isso diversas vezes. É claro que o coach não teve a intenção de ofendê-la. Mas esse foi o resultado. Essa história me lembra de que a memória nem sempre é confiável. Por isso, criamos uma plataforma de coaching que permite que os coaches acessem todas as informações importantes enquanto interagem com os clientes. Não é preciso memorizar nada.

1 Bill não estava esperando.
Dizer a Bill que você vai lhe enviar um livro de receitas ou sua refeição favorita é bom, mas também é uma *promessa explícita*. Se você cumprir essa promessa, Bill se sentirá bem. Mas, se falhar nisso — se esquecer de pegar o livro de receitas ou não tiver tempo para anotar suas receitas —, Bill perderá um pouco da confiança em você. Ao escrever um lembrete para si mesmo e surpreender Bill na próxima vez em que o encontrar, você entregará algo inesperadamente gentil, que lhe renderá mais pontos do que meramente atender a uma expectativa;

---

2 Mostra que você está prestando atenção.
Muita gente simplesmente não recebe das pessoas com quem convivem demonstrações de respeito suficientes, ou atenção sobre o que eles compartilharam. Não apenas ao prestar atenção, mas também ao demonstrar isso, você mostra que se importa. Essa é a atenção individual inesperada que mencionei anteriormente;

---

3 Representa não parar de pensar nos clientes mesmo quando eles não estão com você.
Isto resume como você pode formular sua oferta de presentes:

E aí, cara, fiquei pensando em você depois da última sessão e achei que você poderia gostar disso. Quem quer ser lembrado e cuidado, mesmo quando não está por perto? Todo mundo.

Perna nº 3 do Tripé: Divulgue o que você fez

Depois que descobrimos o que nossos clientes queriam (atenção individual inesperada) e as maneiras simples de entregar isso de modo impressionante (comentários pequenos e estratégicos e presentes com base em novas informações do coaching), queríamos contar a todos sobre nossa alta eficácia e sobre o sistema de coaching surpreendentemente individual. Imediatamente, nosso objetivo se tornou claro: contar nossa história a mais pessoas.

Para um negócio online, isso significava atrair mais visitas para nosso site. Mais tráfego no site (especialmente de clientes em potencial legítimos interessados no que oferecemos) significa que mais pessoas se inscrevem em nossos programas de coaching. Quando mais pessoas participam de nossos programas, ganhamos mais dinheiro. Quando ganhamos mais dinheiro, podemos investir na melhoria da qualidade de nosso serviço, na contratação de mais profissionais e na construção de produtos e serviços adicionais.

Mas como fizemos isso acontecer?

Por exemplo, entre nossas muitas opções, poderíamos:

Escrever mais posts e artigos no blog direcionados especificamente ao tipo de pessoas com maior probabilidade de participar de nossos programas;

Escrever artigos para outros blogs como convidados e inserir um link para visitar nosso site;

Aprimorar nossa rede de referências e conseguir mais afiliados que podem redirecionar mais tráfego para o site;

Melhorar a otimização de mecanismos de pesquisa de nosso site e fazer anúncios mais direcionados;

Promover posts estratégicos no Facebook, direcionados a amigos de nossos clientes e consumidores, com link para artigos que possam ajudá-los e cursos gratuitos.

Ainda que sua empresa não seja igual à nossa, todas as realidades empresariais são semelhantes: há muito tempo, dinheiro, energia e recursos circulando. E, como nós, você deve exercer a habilidade número 1: a priorização implacável. É preciso escolher um caminho. E fazê-lo com uma lógica sólida baseada em dados.

De todas as opções disponíveis, *nós* imaginamos que a seguinte abordagem teria uma maior probabilidade de render frutos: postagens promovidas no Facebook para amigos de nossos leitores, clientes e consumidores. Essa foi a escolha por alguns motivos:

1 Já tínhamos muitos fãs no Facebook: pouco mais de 100 mil na época. Ou seja, tínhamos potencial para alcançar milhões de amigos de nossos amigos;

---

2 Por meio de nossas conversas individuais e pesquisas com clientes, percebemos que as pessoas tinham maior probabilidade de participar de nossos programas de coaching se alguém que elas conhecessem os tivesse testado com sucesso;

---

3 Já recebíamos cerca de 10 mil visitas por semana no site por meio do Facebook; em outras palavras, já havia uma conexão estabelecida, com espaço para crescer.

Durante as semanas seguintes, elaboramos a estratégia e o orçamento para a publicação de postagens promovidas no Facebook e, em seguida, colocamos tudo em prática. Kabam! Em apenas algumas semanas, nosso tráfego por meio do Facebook passou de cerca de 10 mil visitantes por semana para pouco menos de 100 mil por semana. Mais pessoas visitaram nosso site, ouviram falar das coisas incríveis que fazemos e se inscreveram em nossos programas.

Mas vamos esclarecer uma coisa: assim como não existe a melhor dieta, não há um método de marketing mágico. A tática que funcionou conosco pode não funcionar com você.

Além disso, a menos que você tenha dedicado algum tempo para entender profundamente seus clientes em potencial e dedicado seus recursos para oferecê-los algo incrível, não importa quanto marketing você use. Preocupe-se em criar algo valioso que as pessoas realmente desejem primeiro e, *depois*, descubra qual canal usar para vendê-lo.*

Na hora de contar a todos sobre seu incrível produto, concentre-se em um ou dois métodos que melhor o conectem a seu público. Analise os dados de seus clientes e daqueles com quem deseja trabalhar. O que eles dizem sobre onde e como fazer com que mais pessoas o encontrem?

Então, considere a opção que pode oferecer a você leads mais *qualificados* — em outras palavras, as pessoas com mais chances de comprar seu produto ou serviço e se beneficiarem dele.

Não importam os números simplesmente. Qualquer um pode imprimir mil panfletos e colá-los por todo o bairro. E cem "curtidas" em redes sociais podem se traduzir em nenhum lucro. Em vez disso, pergunte-se: *Onde está meu público ideal? Como posso alcançá-lo?* (Se você não tiver certeza de quem é seu público-alvo, volte para a Perna nº 1 do Tripé.)

Reúna dados. Dê uma olhada em sua lista atual (se você tiver um bom grupo e eles representarem seu cliente ideal) e pergunte a si mesmo: *Como essas pessoas me encontraram?* Você pode rapidamente descobrir um padrão (por exemplo, a maioria de seus clientes ideais pode ter ouvido falar de você por um amigo ou um membro da família). Depois de identificar esse padrão, você pode encontrar formas de ampliá-lo. Melhore e amplifique o que já está funcionando.

Importante: A proporção entre doações e pedidos

O princípio norteador de nossa estratégia de marketing sempre foi o que chamamos de proporção entre doações e pedidos. Queremos *oferecer* um conteúdo educacional incrível e gratuito a nosso público-alvo em uma proporção mais alta do que *pedimos* que eles comprem algo. Portanto, em vez de promover diretamente nossos programas de coaching, divulgamos cursos gratuitos de alta qualidade

---

* Como um colega sempre me lembra: As pessoas, muitas vezes, constroem algo que consideram valioso e impressionante, mas, como não dedicaram algum tempo para pensar em como falar sobre isso ou a quem vai ajudar (e se essas pessoas querem mesmo essa ajuda), acabam lançando um produto que ninguém compra. Então lembre-se das partes 1 e 2: Saiba o que as pessoas querem e ofereça algo incrível a elas (que você sabe que elas quererão).

com cinco dias de duração para homens e mulheres que os ensinam a comer, a se movimentar e a viver melhor cultivando boa saúde e condicionamento físico. Esse funil de vendas ficou assim:

Quando os candidatos clicam no anúncio, são levados para...

Uma página inicial atraente que os convença a se inscrever no curso gratuito

Quando fornecem seu nome e endereço de e-mail, eles recebem...

Dicas do curso gratuito de cinco dias consecutivos via e-mail

Ao final do curso de cinco dias, eles recebem...

Uma mensagem de acompanhamento para participar de uma lista de pré-venda que lhes grantirá um desconto especial em coaching

Depois de entrar na lista de pré-venda, eles recebem...

Cinco dias de conteúdo de acompanhamento para ajudá-los a melhorar sua compreensão do programa de coaching

Alguns dias antes de nossa próxima data de lançamento do programa de coaching, eles recebem...

Uma chance de se inscrever no programa de coaching

Perceba quanto de educação livre geral e específica *demos* antes mesmo de *pedir* algo (como se inscrever em nosso programa). Quando calculamos nossa proporção de doações e pedidos por todo o site e nossos programas, o resultado ficou em cerca de 10:1.

O Que Você Pode Doar?

Na Precision Nutrition, a maioria dos nossos "presentes" são artigos, cursos e vídeos gratuitos. Você também pode fazer algo diferente. Invista nas *suas* próprias habilidades únicas. Por exemplo:

Se você for um bom escritor, escreva um artigo, livreto ou folheto interessante;

Se gostar de design, crie infográficos ou diários de exercícios;

Se tiver facilidade para cozinhar, prepare algumas barras de proteína ou sucos verdes gratuitos;

Se for um artista, grave vídeos educacionais ou instrutivos gratuitos.

Que tipo de coisas você poderia doar a seus leitores, clientes e consumidores em potencial para aumentar sua exposição, cultivar a confiança e aumentar a chance de eles comprarem de você no futuro?

Esqueça recursos e benefícios; foque um futuro esperançoso

Muitos profissionais da área de saúde e fitness se irritam com o conceito de marketing e vendas porque, quando abordados por clientes em potencial, ficam envergonhados e "simplesmente não sabem o que dizer". Sentem que é preciso um ótimo argumento que cubra todos os recursos e benefícios do que eles estão vendendo. Ao mesmo tempo, os longos e orgulhosos monólogos sobre si mesmos e seus produtos lhes parecem desagradáveis.

Bem, eles estão certos sobre a última parte. Monólogos orgulhosos (e chatos) *são* desagradáveis. Por isso, recomendo uma abordagem totalmente diferente. Porque marketing e vendas não são sobre você, seu produto ou serviço. Sequer são sobre os recursos ou benefícios de seu produto ou serviço. Na verdade, marketing e vendas se referem à criação de um futuro atraente e esperançoso para seus clientes em potencial.

Este desenho resume isso perfeitamente:

Entendeu? Ao falar às pessoas sobre seu produto ou serviço, você não deve explicar *o que é* e *o que faz*. Deve falar sobre o *que as pessoas podem fazer com seu produto*. O primeiro modo seria sobre você, o segundo sobre elas. É por isso que as pessoas compram coisas: para ajudá-*las* a resolver algum tipo de problema em *suas* vidas. Portanto, tenha certeza de que seus esforços de marketing e vendas falem sobre o futuro esperançoso que elas podem esperar do trabalho realizado com você.

O Futuro Esperançoso

Marketing e vendas se referem à criação de um futuro atraente e esperançoso para seus clientes em potencial. Para isso, preencha isto:

Escreva sobre quem você é e o que faz.

Exemplo: Meu nome é John e administro uma empresa chamada Precision Nutrition, que oferece serviços de coaching para clientes, certificação para profissionais e software de coaching para profissionais certificados.

Agora escreva sobre os recursos de seu produto ou serviço.

Exemplo: A certificação da Precision Nutrition inclui: a) um livro de 600 páginas que abrange a arte e a ciência do coaching nutricional; b) um portal de aprendizado online, com vídeos, exercícios e questionários; e c) um fórum para a interação em grupo com instrutores, coaches e outros alunos.

Agora escreva sobre os benefícios de seu produto ou serviço.

Exemplo: A Certificação da Precision Nutrition o ajuda a dominar a ciência da nutrição e a arte do coaching por meio de um currículo de nível universitário, sem precisar que você saia de seu emprego e volte à sala de aula. Estude no seu ritmo, em qualquer lugar, realize testes online e receba um certificado em nutrição esportiva.

Agora escreva sobre o futuro esperançoso que as pessoas podem esperar ao trabalharem com você.

Exemplo: Com a Certificação da Precision Nutrition, você dominará o sistema de coaching nutricional mais eficaz do setor, conseguindo, assim, resultados que mudarão sua vida e a vida das pessoas que buscam seus conselhos. Você se sentirá competente e terá credibilidade em qualquer cenário de coaching, com qualquer cliente. Você dará conselhos embasados de maneira que ajudem seus clientes a entrar em ação imediatamente, sem resistir ou perder o controle eventualmente.

Quando escrevemos sobre nossos programas de coaching, não falamos sobre hábitos, mudanças sustentáveis ou lições e exercícios mentais, mesmo que sejam os pilares de nossos programas. Também não mencionamos detalhes sobre programas de exercícios, dietas, planos de refeições ou cardápios.

Em vez disso, falamos sobre como ajudamos as pessoas a:

Comer melhor sem fazer dieta ou se sentirem privadas de algo;

Praticar atividades físicas sem importar em que forma estejam agora;

Abandonar regras alimentares, livrando-se de dietas da moda e conselhos conflitantes;

Incluir o fitness em suas vidas, sem que tome conta de tudo;

Atingir e manter seus objetivos, mesmo quando a vida estiver atribulada.

E lhes contamos quais serão os resultados:

Eliminar o peso e a gordura que não conseguem perder há anos;

Cultivar força física e confiança em seu corpo;

Adquirir confiança mental, deixando de esconder seus dons e talentos;

Largar o distúrbio alimentar, aprender o que fazer e como fazer;

Descer da montanha-russa de uma vez por todas sem olhar para trás.

Para realmente elaborar um futuro promissor, nós as ajudamos as pessoas a imaginar uma vida em que possam...

...se sentir física e mentalmente fortes, capazes de enfrentar qualquer desafio sem se preocupar com o fato de que seus níveis de energia ou seu peso corporal podem atrapalhar;

...correr por aí com os filhos ou netos sem sentir dor, perder fôlego ou ficar cansadas — e poder repetir isso no dia seguinte;

...marcar uma viagem de férias na praia com entusiasmo, sem se perguntarem como ficarão (ou se sentirão) em um traje de banho, caminhando pela praia;

...tirar uma foto sem ficarem chocadas com o quão diferentes são daquilo que se imaginam;

...sentir que a comida é sua amiga, não sua inimiga, e nunca mais fazer dieta.

Melhor ainda, mostramos exemplos reais de outras pessoas, as quais ajudamos a viver esse futuro mais promissor, com mais de mil fotos de antes e depois, centenas de depoimentos e citações, além de dezenas de longas entrevistas com histórias sobre nossos clientes de sucesso.

Tudo bem se você não tiver esse volume de evidências. Mesmo algumas poucas histórias de sucesso convincentes são um bom começo e são suficientes para convencer seu próximo grupo de clientes a experimentar seus produtos e serviços.

Seu Discurso de Elevador

Para ajudar a criar uma ideia nítida do que você faz, a quem atende e o futuro esperançoso que pode proporcionar às pessoas, é importante criar um breve "discurso de elevador" como este:

*Ajudo {tipo de pessoa}
a {ação/benefício}
para {futuro melhor/benefício mais inspirador}.*

Alguns exemplos do que você pode criar:

*Ajudo {novas mães}
a {ficar ativas e comer melhor},
para que possam {voltar ao antigo peso e ter
mais energia}.*

*Ajudo {executivos muito ocupados}
a {encontrar tempo na agenda para hábitos saudáveis},
para que possam {finalmente controlar sua saúde}.*

*Ajudo {pessoas com dores nas costas}
a {se movimentar livremente outra vez},
para que possam {viver suas vidas sem dor
e com capacidade}.*

Ajudo {jovens atletas}
a {melhorar a qualidade de seus movimentos},
para que possam {dominar o jogo em campo
e evitar lesões}.

Ajudo {mulheres com problemas de saúde}
a {descobrir o que está acontecendo com seus corpos},
para que possam {gerenciar seus sintomas e se sentir
no controle de seus corpos novamente}.

Ajudo {pessoas na terceira idade}
a {iniciar uma nova prática de movimento},
para que possam {andar, pular, correr e brincar
com seus netos}.

Sua vez de tentar:

Ajudo

> ⊕

a

> ⊕

para que possam

> ⊕

Consiga seus primeiros clientes com a venda de pesquisas

Depois de identificar seus tipos de cliente ideal, o benefício que você pode lhes oferecer e o futuro esperançoso que eles podem esperar ao trabalhar com você, é hora de ir atrás deles. Uma estratégia que descobri ser particularmente eficaz para conquistar seus primeiros clientes é a "venda de pesquisas".

Comece criando sua pesquisa. (Recomendo usar o Google Forms, pois é gratuito e fácil de usar, com tutoriais rápidos para iniciantes.) Depois de criar a pesquisa, comece com um título, uma descrição atraente e algumas perguntas demográficas. Observe um exemplo do que você pode elaborar se for coach de condicionamento físico e nutrição:

O Incrível Negócio de Coaching de Tamara

Estou à procura de 10 mulheres com idades entre 25 e 40 anos que foram mães recentemente, que vivem em Toronto, no Canadá, e que querem ser mais ativas e comer melhor para perder o peso da gravidez e ter mais energia. Se for seu caso, por favor, preencha o formulário a seguir.

Todas as inscrições elegíveis receberão uma ligação.

*Obrigatório

Gênero

◯ Masculino

◯ Feminino

◯ Outro: _____

Idade*

_____

Como você classificaria seu comprometimento em perder de 5kg a 10kg do peso que ganhou na gravidez de forma segura e eficaz (em que 1 = Ah, não estou nem preocupada com isso; e 10 = Faria qualquer coisa para alcançar minha meta)?

1	2	3	4	5	6	7	8	9	10
◯	◯	◯	◯	◯	◯	◯	◯	◯	◯

Esta é a fórmula:

Estou procurando por {número de pessoas}, {sexo}, com idade entre {faixa etária}, que morem em {sua localização} e desejam {meta}.

Se você se encaixar nisso, preencha o formulário a seguir. Todos que forem qualificados serão contatados por telefone.

Assim que terminar seu formulário, ative as notificações para receber um e-mail sempre que um cliente em potencial enviar um formulário preenchido.

Então, compartilhe um link para sua pesquisa (no Facebook, Twitter, Instagram ou onde preferir) e poste a descrição da pesquisa da seguinte forma:

Estou procurando por {número de pessoas}, {gênero}, com idade entre {faixa etária}, que queiram {meta} e morem em {localização}

Estou procurando por {gênero} que queiram:
- {benefício 1}
- {benefício 2}
- {benefício 3}

As vagas são extremamente limitadas e estou procurando por apenas {número de pessoas} que estejam prontas para fazer uma mudança hoje. Para se inscrever, preencha a rápida pesquisa a seguir e entrarei em contato, caso atenda aos requisitos:

===> {link para seu formulário do Google}

Os benefícios que você incluir podem variar, mas devem estar em sintonia com o futuro esperançoso que descrevi anteriormente.

Depois que divulgar sua mensagem e as pessoas começarem a responder, garanta que alguém telefone para elas imediatamente, para saber mais sobre seus objetivos e suas expectativas e contar mais sobre seu trabalho. Conforme discutido no Capítulo 4, aqui você deve adotar uma abordagem focada no cliente, fazendo perguntas e se concentrando em quem são e do que precisam antes de falar sobre o que você pode fazer, o valor que cobra etc. Preferencialmente, entre em contato com essas pessoas em até 20 minutos depois que elas enviarem o formulário, seu maior interesse.

Se conseguir entrar em contato com elas e agendar um encontro inicial, fantástico. Caso contrário, continue o acompanhamento, com uma conversa amigável uma vez por semana durante o primeiro mês. Se mesmo assim você ainda não obtiver êxito, faça um acompanhamento uma vez por mês, até se tornarem clientes ou avisarem que não estão interessados em seu trabalho.

É nesse ponto que a maioria se perde, ao supor que, se alguém não retornou ou não marcou uma consulta, não está interessado. Essa suposição é ruim. Às vezes, as pessoas estão ocupadas, precisam pensar mais ou conversar com seu cônjuge. Ao continuar esse acompanhamento de maneira amigável, você garante que, quando estiverem prontos para começar, seja com você.

Se decidir testar esse método, seu primeiro post pode estar no ar em 30 minutos. A maioria das pessoas que testaram relatou receber entre um a três clientes em um ou dois dias. Mesmo que pareça muito simples ou que não funcione, tente mesmo assim. As pessoas me contam, com frequência, que jamais imaginariam que algo assim funcionaria. E funciona! Exatamente como eu disse.

Mostre às pessoas o que você faz

Todos os anos, por meio de nossos grupos da Precision Nutrition no Facebook, fazemos um desafio de duas semanas. Nossos alunos e graduados em certificação são encorajados a fazer algo simples (ainda que, aparentemente, radical atualmente). Convidamos todos para conversar com as pessoas, sabe, pessoas reais! Ou seja, na vida real.

Especificamente, pedimos às pessoas que, uma vez por dia, contem a alguém o que fazem.

Essa pessoa pode ser qualquer um: o barista que adicionou leite vaporizado a seu café, a caixa do supermercado ou a senhora sentada a seu lado no trem. O objetivo é desenvolver um "roteiro" sobre o que faz, sentir-se à vontade para falar sobre isso e talvez, até mesmo, conseguir um novo cliente ou uma indicação. Se você estiver interessado em experimentar, veja como funciona.

O Desafio de "Contar às Pessoas o Que Você Faz"

Comece se certificando de que consegue descrever o que faz sem divagar e entediar os ouvintes com detalhes irrelevantes. Uma forma simples de fazer isso é por meio da declaração que você criou em "Seu Discurso de Elevador", na página 186:

Ajudo {tipo de pessoa}
a {ação/benefício}
para {futuro melhor/benefício mais inspirador}.

Em seguida, escolha uma pessoa (qualquer pessoa) a cada dia para conversar. Você pode abordar as pessoas como quiser para iniciar essa conversa. Se não tiver certeza de como fazer isso sem parecer esquisito, quebre o gelo com algo assim:

Oi!

Estou fazendo este desafio de duas semanas, em que tenho que contar a alguém sobre o que faço, e escolhi você hoje!

Tudo bem?

Se eles aceitarem, faça o discurso de elevador — ou algo parecido. Se eles parecerem interessados, amplie-o. A conversa pode terminar de forma agradável, mas sem nenhum interesse real da parte deles, e tudo bem. Você ainda se beneficiará dessa prática. No entanto, caso expressem interesse real, dê continuidade à conversa com algo como:

Obrigado por me ouvir. Missão cumprida no desafio!

Antes que eu vá, você pareceu interessado em {algum aspecto do que falou} e me lembrei de um recurso muito legal que eu adoraria compartilhar com você.

Poderia escrever seu {endereço de e-mail/número de telefone/ página do Facebook} para que eu o envie para você?

Apenas para seu conhecimento, você pode dizer "não". Afinal, acabamos de nos conhecer.

Mas acho que você vai gostar. E prometo não incomodar mais do que isso.

Se elas compartilharem suas informações de contato, espere um dia e lhes envie algo incrível — um artigo interessante, algumas receitas, um infográfico, um vídeo inspirador do YouTube —, o que você achar útil e que estiver alinhado com seu discurso. Não precisa ser um conteúdo próprio. Apenas algo de alta qualidade e que terá utilidade. Veja como você pode fazer para levar a conversa adiante.

Olá!

Sou {seu nome}, nos conhecemos ontem em {lugar} e conversamos sobre {tópico}.

Estou enviando {a coisa que prometi}, acho que você vai gostar.

Este é o link: {inserir o link aqui}

Você não é obrigado a {assistir, ler etc.}. Só acho que poderia ajudá-lo.

Se eles responderem e agradecerem pelo link, responda com uma referência casual de seus serviços.

> *Obrigado pelas palavras!*
>
> *Que bom que você gostou de {a coisa que você enviou}!*
>
> *Não sei se você, ou alguém que você conhece, estaria interessado nisso... mas lidero um programa que começa em duas semanas.*
>
> *Trabalharei com {número de pessoas}, {sexo}, com idade {faixa etária} que procuram {objetivo}.*
>
> *As vagas são muito limitadas e estou procurando por apenas {número de pessoas}.*
>
> *Novamente, se você ou alguém que você conhece estiver interessado, entre em contato preenchendo esta pesquisa super-rápida.*
>
> *===> {link para seu formulário do Google}*
>
> *E, novamente, sem pressão. Estou só compartilhando, caso você ou um amigo possa estar interessado.*

E pronto. Um guia passo a passo sobre como conversar com as pessoas e fazer um acompanhamento de uma maneira nada esquisita e sem ser excessivamente insistente. Esse exercício é para mostrar que há clientes em potencial em todos os lugares. Basta uma conversa para que eles saibam que você existe.

Aproveite suas comunidades existentes

Muitos de nós pertencemos a um grupo, ou a muitos deles, online ou pessoalmente. Muitas vezes, eles não são relacionados à saúde e fitness, o que — nesse caso — é positivo. Você tem, então, chance de compartilhar o que faz com um novo público.

Por exemplo, você pode fazer parte de:

Um grupo para novas mães no Facebook;

Um grupo de trilha com cachorros todo sábado de manhã;

Um fórum online para admiradores de carros clássicos;

Uma comunidade religiosa que adora e por meio da qual participa de atividades comunitárias;

Um grupo online de empresários idealizadores que mudaram de carreira.

Se você fizer tudo certo, como minha amiga Carolina, esses grupos podem ser uma incrível fonte de novos clientes. E eis o que ela fez.

Carolina é mexicana, mas atualmente mora nos arredores de Toronto. Quando veio para o Canadá, ela encontrou, no Facebook, um grupo para mulheres mexicanas que moravam no exterior. Ela estava genuinamente empolgada por se conectar com esse grupo e se dedicou a conhecer seus membros. Ela respondia aos posts dos outros membros e publicava suas próprias aventuras de uma mulher mexicana vivendo no exterior. Ela se identificou com o tom e a "energia" do grupo e, geralmente, tentava apenas ser gentil, prestativa e solidária com os outros membros, sem falar muito sobre o que fazia da vida.

Depois de um tempo, ela postou sobre seu trabalho de coaching. A postagem era como algo do tipo "esta é a minha história de vida"; no entanto, ela também mencionou que atuava como coach de estilo de vida online e deixou algumas informações sobre seu programa que começaria em breve. Pouco depois da postagem, Carolina recebeu:

Mais de 700 reações à postagem original;

Mais de 180 comentários pedindo mais informações;

Mais de 250 "curtidas" em sua página pessoal de coaching no Facebook;

Mais de 80 assinaturas novinhas em sua lista de e-mails;

Mais mensagens privadas do que ela conseguia contar.

Nada mal para um grupo gratuito do qual ela já queria participar mesmo.

Como Aproveitar Suas Comunidades Existentes

ENTRE EM UM GRUPO. Considere os grupos dos quais você atualmente é membro (online ou pessoalmente). Se não for membro de nenhum, pense se há algum grupo do qual você gostaria de fazer parte e que teria bons candidatos para seu coaching. (Lembre-se, é melhor que não sejam grupos relacionados à saúde e fitness.);

ENVOLVA-SE COM O GRUPO de maneira autêntica, útil e solidária. Não apenas participe de grupos para fazer seu discurso de elevador, ninguém gosta disso. Em vez disso, faça realmente parte da comunidade e só fale sobre o que você faz se for relevante para as conversas que já estão em andamento;

OFEREÇA AJUDA GENUÍNA. Se um tópico sobre saúde e fitness aparecer, bingo! Ajude a responder às perguntas. Ofereça suporte. Envie links úteis, artigos, vídeos e outros recursos às pessoas. Sua autopromoção pode ser sutil, basta fazer um link a seu site ou perfil nas redes sociais. Ainda assim, não se esqueça de mencionar seus serviços;

MENCIONE SEUS SERVIÇOS OCASIONALMENTE. Quando a confiança estiver criada e conexões genuínas forem estabelecidas, mencione seus serviços. Deixe as informações facilmente disponíveis, se as pessoas quiserem, mas não seja agressivo. Se você precisa de uma ideia, para cada dez comentários úteis que você fizer, inclua um sobre seu coaching.

Por fim, como já mencionado, quando se trata de negócios, o marketing e as vendas são praticamente *todo o restante*. Afinal, sem renda, não é possível se dar ao luxo de fazer qualquer *outra coisa*. Mas não deixe que uma enxurrada de informações sobre esses tópicos o sobrecarregue.

O marketing é simplesmente:

1 Saber o que as pessoas querem;

2 Fazer algo incrível para lhes entregar; e

3 Divulgar o que você fez.

E as vendas são simplesmente mostrar às pessoas o futuro atraente e esperançoso que elas podem esperar ao trabalhar com você, e criar alguma urgência para começarem imediatamente.

Se estiver interessado em se aprofundar no conceito de marketing, minha recomendação é ler o clássico de Robert Cialdini, *As Armas da Persuasão: Como Influenciar e Não se Deixar Influenciar*. Nesse livro, ele descreve os seis princípios universais de persuasão usados nas indústrias para fazer as pessoas dizerem "sim" e compartilha exemplos de como aplicá-los.

Se quiser saber mais sobre vendas, leia o livro *Alcançando Excelência em Vendas Spin Selling — Construindo Relacionamentos de Alto Valor Para Seus Clientes*, de Neil Rackham. Ele ensina a arte da venda consultiva, um processo altamente eficaz no qual os compradores falam mais e os vendedores ouvem mais.

HABILIDADE 3

CONSTRUÇÃO *de Sistemas*

ÍNDICE DE RELEVÂNCIA:

FUNCIONÁRIO	
MICROEMPREENDEDOR	
EMPRESÁRIO	

Priorizar tarefas que o levam a algum lugar é um dos principais pontos para o uso eficaz de seus recursos. Porém, ainda é preciso executar *algumas* tarefas menos importantes. É aí que entram os sistemas. Eles permitem identificar redundâncias e desperdícios de tempo em seu trabalho e, então, simplificá-los para liberar espaço para outras atividades.

Por exemplo, digamos que você seja um coach de fitness e que saiba que precisará responder às mesmas poucas perguntas bilhões de vezes só este ano:

Quantas calorias devo comer?

Quantas repetições devo fazer?

Tudo bem se eu tomar uns drinques durante as férias?

Que treino posso fazer sozinho nesta semana?

Mesmo se você for rápido e responder em alguns minutos, ainda passará centenas de horas por ano repetindo as mesmas coisas. Isso é um desperdício, pois no geral você simplesmente fornece as mesmas informações básicas sobre macronutrientes e fibras musculares, multivitaminas e metabolismo de forma repetida, apenas ligeiramente ajustadas para cada cliente.

Imagine recuperar todo esse tempo com um "modelo de resposta" que o permite copiar e colar acrescentando pequenos toques pessoais para garantir que suas mensagens não *pareçam* copiadas e coladas. Todo esse tempo livre pode ser dedicado a um trabalho mais relevante e agradável. Você pode usar esse tempo para alavancar novas iniciativas que ajudem na expansão de seus negócios, em vez de gastá-lo em um ciclo interminável de tarefas repetitivas e sem importância.

Mas como você pode criar esses tipos de sistemas de forma simples, mesmo não sendo um engenheiro de sistemas nem usando um software caro? O exemplo a seguir é para quem faz muita comunicação escrita.

Construindo Seus Sistemas

PASSO 1
Criar um arquivo "Geral"

Será preciso ter uma lista das comunicações usadas de forma repetida. Para uma empresa de coaching padrão, isso pode incluir:

Informações sobre serviços e preços;

Mensagens de boas-vindas;

Lembretes sobre as próximas sessões;

Acompanhamentos pós-sessão;

Mensagens mensais de "Como você está?";

Mensagens regulares de "Você está indo muito bem!";

Solicitações de dados como peso, medidas, exames de sangue etc.;

Anúncios e peças de marketing.

Que categorias de comunicação (informações sobre serviços e preços, mensagens de boas-vindas, lembretes sobre as próximas sessões, acompanhamento pós-sessão etc.) que você usa regularmente?

Com as categorias em mente, escreva o conteúdo em si. Você deve preferir fazê-lo em seu computador para salvar os próprios modelos e colar o conteúdo em e-mails, folhetos ou outro material que já tenha escrito. Dependendo da natureza de suas ofertas e com que frequência gosta de contatar seus clientes, pode haver muito a documentar. E tudo bem; dedique algumas semanas para fazer isso. Não se apresse; faça do jeito certo.

PASSO 2
Criar um arquivo "Programas"

Quaisquer que sejam os serviços que você oferece, sem dúvida precisa entregá-los (e comunicar sobre eles) de forma repetida. Essas comunicações podem incluir:

Questionários sobre ingestão;

Planos de treino (perda de peso);

Planos de treino (ganho de peso);

Perguntas frequentes sobre os planos de treino;

Planos de alimentação (perda de peso);

Planos de alimentação (ganho de peso);

Perguntas frequentes sobre os planos de alimentação;

Estratégias de planejamento de alimentação;

Diretrizes para suplementação (perda de peso);

Diretrizes para suplementação (ganho de peso);

Perguntas frequentes sobre a suplementação;

Diretrizes de antropometria.

Que categorias de programas/produtos (questionários de ingestão, planos de exercícios, planos de alimentação, diretrizes para suplementação etc.) você usará?

Mais uma vez, insira as informações em seu computador para copiar/colar mais facilmente quando precisar.

PASSO 3
Criar um arquivo "E-mails"

Analise por alguns meses suas "mensagens enviadas" e procure por padrões. Em seu aparente amontoado de comunicações com os clientes, deve haver repetições. Normalmente, os coaches enviam muitas mensagens a respeito de:

Nutrição, exercícios e suplementação;

Sono e controle do estresse;

Desafios em viagens e mudanças de horário;

Desafios no planejamento da alimentação;

Perguntas a respeito de noções básicas sobre nutrição;

Ansiedades em geral quanto a vida/objetivos/programas/progresso.

Quais e-mails são praticamente iguais? Quais categorias de e-mails (discussões sobre nutrição/exercícios/suplementação, conversas sobre sono/gerenciamento de estresse, conversas sobre viagens/horários, conversas sobre ansiedades quanto a vida/objetivos/progresso) você poderia selecionar para copiar/colar mais facilmente quando precisar?

Em um novo documento, faça uma lista de suas categorias de e-mail. Sob cada cabeçalho de categoria, cole seu melhor e-mail no tópico e ajuste-o ou aperfeiçoe-o conforme necessário.

PASSO 4
Criar uma pasta "Mestre"

Salve seus arquivos "Geral", "Programas" e "E-mails" em uma pasta facilmente acessível. Agora você tem um banco de dados "mestre" das coisas mais comumente digitadas como resposta. Você pode usá-lo quando for responder a perguntas, enviar programas ou entrar em contato com seus clientes de forma proativa.

PASSO 5
Lembrar-se de personalizar

Quando você puxar as informações de sua pasta "Mestre" e colar em um novo documento, e-mail ou uma mensagem de texto, já fez 90% do serviço. E os outros 10%? Personalizar para a pessoa a quem escreve.

Para isso, comece com uma saudação amigável e cerca de duas frases perguntando como a pessoa está, o que tem feito etc. Então, personalize sua resposta-padrão com base na situação dela. Depois, assine e envie.

Isso é apenas um exemplo de como você pode sistematizar seu trabalho, economizando centenas de horas por ano. O mesmo pode ser feito para todas as outras ações repetitivas — software de cobrança de faturas e pagamentos, software de contabilidade para manutenção de registros financeiros, software de agendamento e reorganização de compromissos, e assim por diante. Ainda que alguns tenham seu preço, vale pensar nisso como uma forma de comprar horas livres de volta.

Usar esses sistemas pode parecer menos pessoal. E eles definitivamente se tornarão menos pessoais se você se transformar em uma máquina de copiar e colar sem dar valor à conexão. Ao mesmo tempo, eles também podem ajudá-lo a oferecer um toque mais pessoal. Se parte de seu tempo recém-recuperado for dedicada ao engajamento (ouvir, compreender, personalizar e fazer as coisas delicadas que os outros não terão tempo de pensar em fazer), a automação o ajudará a oferecer mais, de uma maneira melhor, do que qualquer outra pessoa.

HABILIDADE 4

CONTRATAÇÃO DE MEMBROS da Equipe

ÍNDICE DE RELEVÂNCIA:

FUNCIONÁRIO	
MICROEMPREENDEDOR	
EMPRESÁRIO	

Microempreendedores e donos de empresas eventualmente chegam a um ponto em que o fluxo de novos clientes e consumidores ultrapassa sua capacidade de acompanhar, não importa como deem prioridade a isso. Por um lado, eles sentem que estão no caminho certo para alcançar grandes objetivos profissionais. Por outro, sentem-se mais estressados e ansiosos do que nunca. E querem saber o motivo, pois, se o crescimento é divertido, eles não estão sentindo isso.

Se esse for seu caso, coragem. Esse é um *ótimo* problema. (Negócios muito requisitados? Pare de besteira!) Melhor ainda, esses sentimentos indicam que você resolveu o fator limitante anterior em seus negócios e, agora, está diante de um novo fator: a falta de força de trabalho. Isso significa que é hora de tornar a contratação uma prioridade máxima, pelo menos por algum tempo, até que essa nova restrição seja resolvida.

Conheço esse ciclo muito bem. Quando Phil e eu começamos, éramos apenas nós dois. Alguns anos depois, contratamos nosso primeiro coach em período integral. Demorou mais algum tempo até que contratássemos alguém para nos ajudar com a logística de produtos e o atendimento ao cliente. Em seguida, um profissional para ajudar com o conteúdo. Depois, outro para desenvolvimento e design da web. A Precision Nutrition conta, atualmente, com cerca de 150 funcionários em tempo integral ou por contrato.

E devo dizer: ao longo dos anos, nunca tive um relacionamento 100% perfeito com contratações. Tantas perguntas pairavam em minha mente no começo. *Podemos realmente pagar para alguém fazer o que venho fazendo? E se a pessoa não fizer tão bem? E se não tiver tanto cuidado? Será que eles protegerão a reputação de nossa marca ou a arruinarão?*

Ao mesmo tempo, eu sabia que não podíamos continuar trabalhando do mesmo jeito. Nossas opções eram desacelerar (seguir na direção oposta de nossos objetivos), tentar trabalhar em um ritmo alucinado (o que nunca dá certo) ou assumir o risco e trazer uma pessoa nova para a equipe. Obviamente, escolhemos a última opção e aprendemos algumas lições valiosas ao longo do caminho.

Lição nº 1: Não contrate até o problema aparecer

A maioria das pessoas não considera uma contratação até se verem em dificuldade. A necessidade de ajuda aumenta lentamente, até que elas se sintam sobrecarregadas e desanimadas, mesmo que seus negócios estejam crescendo. Elas estão ganhando mais dinheiro, mas também trabalhando mais, e tudo parece estar a ponto de explodir. Sem outra opção, finalmente contratam mais um funcionário.

Essa experiência é comum. Muitos microempreendedores adiam um pouco mais a primeira contratação. É interessante observar que as contratações se dão mais livremente depois disso, especialmente se a primeira der certo. É por isso que encorajo as pessoas a "esperar o problema aparecer", não apenas na primeira contratação, mas nas subsequentes também. Em outras palavras, *não* contrate quando você ou alguém de sua equipe sentir que: "Eu poderia ter uma ajudinha aqui." Em vez disso, contrate quando o sentimento for de: "Estamos crescendo tão rápido que, se não tiver ajuda, vou surtar!"

É claro que isso pressupõe que você e sua equipe tenham desenvolvido as Habilidades nº 1 e nº 3: Priorização Implacável e Construção de Sistemas. É fácil se sentir sobrecarregado com as longas listas de tarefas pendentes sem sentido e repetitivas e, então, pedir uma nova contratação. Portanto, um conselho: espere o problema aparecer para contratar; mas confirme se o problema é motivado pela chegada de novos clientes, consumidores e oportunidades ou por priorização insuficiente e falta de sistemas.

Lição nº 2: Entenda exatamente de que você precisa e contrate para esse fim

Há alguns anos, um grupo de sete mulheres que conheço e respeito se reuniu para montar uma empresa fitness voltada somente para mulheres. Ainda que a ideia parecesse legal para o resto do mundo, achei estranha. Elas compartilhavam currículos, habilidades e interesses, portanto, seis delas eram redundantes. Elas dividiriam os lucros da startup entre sete pessoas, sendo que apenas uma era necessária. Isso tornava impossível contratar as habilidades adicionais necessárias para expandir os negócios. Por isso, eu sentia que essa sociedade não duraria. E estava certo.

Essa é uma das razões pelas quais minha sociedade com Phil tem tido tanto sucesso. Quando viramos sócios, cada um contribuiu com currículos, experiências e habilidades completamente diferentes, porém complementares. Eu trouxe uma extensa experiência em exercícios, nutrição e estilo de vida, além de ser escritor e palestrante. Já Phil era um entusiasta de saúde e fitness, com um diploma em engenharia de design de sistemas e um interesse especial por administração. Juntando os dois, tínhamos matéria-prima suficiente para cunhar uma profunda experiência no assunto, na criação de conteúdo, na presença digital e nos fundamentos de negócios. Nenhum era redundante; éramos sinérgicos.

Nem sempre o que é bom para parcerias é bom para contratação. Portanto, é importante deixar claro de que você precisa:

Uma pessoa como você, porém mais jovem, para ajudar com o excesso de trabalho;

Uma pessoa como você, porém mais experiente, para ajudar a melhorar os negócios;

Uma pessoa totalmente diferente, para trazer novas habilidades ao negócio.

Pense com cuidado naquilo de que você precisa exatamente. Articule de forma clara. Então, saia à procura de alguém assim. Quanto mais claro você for, maiores serão suas chances de contratar.

Lição nº 3: Busque auxílio no recrutamento

Quando fazemos uma contratação na Precision Nutrition, procuramos por pessoas que consideramos que terão alta probabilidade de alcançar sucesso em nossa cultura e em sua função. Mas não apenas um ou dois. Na maioria dos casos, começamos com centenas de candidatos, reduzimos esse grupo para dezenas e reduzimos ainda mais esse grupo a três candidatos de que "não podemos abrir mão".

Vamos comparar com o que a maioria dos pequenos empresários faz: pesquisar na própria lista de contatos. Às vezes, isso pode funcionar. Mas, muitas vezes, é uma receita para o fracasso, pois as redes individuais raramente são grandes o suficiente para produzir ao menos um candidato de que "não se pode abrir mão", muito menos três deles. (Isso faz mais sentido ainda se eles estiverem procurando por uma pessoa totalmente diferente, que possa trazer novas habilidades aos negócios.)

Trabalhar com recrutadores cujo trabalho é criar enormes listas de candidatos com boas qualificações e avaliações ajuda a expandir estrategicamente sua rede de contatos. De um dia para outro, você fica a um palmo de distância de qualquer talento ou habilidade do mundo.

Mas como encontrar um recrutador para começo de conversa? Se você conhece alguém que trabalhe com recursos humanos ou recrutamento, peça orientação. Essa pessoa pode conhecer os principais recrutadores em sua área. Se não conhece ninguém nessa área, comece por uma pesquisa na internet. Por exemplo, se eu estivesse contratando uma pessoa para uma vaga de marketing na Precision Nutrition, digitaria "recrutador de marketing Toronto". Ou, para uma vaga de executivo, digitaria "recrutador executivo Toronto".*

Em seguida, restrinja sua pesquisa a empresas com um forte histórico de colocações nos tipos de vagas que você precisa. Por exemplo, se você busca contratar alguém que o ajude com marketing ou programação, escolha um recrutador especializado em colocação dos tipos de profissionais de marketing

---

* Somos uma empresa virtual que trabalha remotamente e, portanto, os membros da equipe podem trabalhar de qualquer lugar. Ao mesmo tempo, às vezes, prefiro começar com um recrutador local com alcance global, para que as verificações de referência, reuniões presenciais etc. sejam mais fáceis.

ou programadores que você busca. Assim, terá acesso às maiores redes de contatos e aumentará suas chances de encontrar a pessoa certa. Mas não acredite apenas na palavra deles; peça referências. Converse com pessoas para quem eles conseguiram funcionários e, também, com pessoas que não os escolheram e pergunte por quê.

Esse processo é mais demorado e caro do que o outro? Com certeza. Porém, o custo de contratação do candidato errado é muito maior. Com base em minha experiência, é muito melhor esperar um pouco mais para começar uma busca por um funcionário, para que você possa fazer do jeito certo, do que contratar a esmo e terminar com a pessoa errada.

Lição nº 4: Invista menos em entrevistas e mais em avaliações

Vou dizer sem rodeios: as entrevistas por si só são péssimas. A menos que uma pessoa seja beligerante, antagônica ou mencione quanto odeia algum aspecto de seu produto ou serviço, as entrevistas raramente darão pistas sobre a adequação de alguém à sua cultura de trabalho ou sobre a capacidade de realizar a função (a menos que, naturalmente, *ser entrevistado* faça parte do trabalho). Porém, é assim que muitas pequenas empresas contratam: divulgando vagas e, depois, entrevistando os candidatos.

Ao longo dos anos, aprendemos uma abordagem muito mais rigorosa. Nosso objetivo é garantir que os candidatos sejam adequados para nossa cultura e que possam realmente realizar o trabalho; portanto, exploramos essas duas coisas da seguinte forma:

AVALIAÇÕES CULTURAIS.

Testamos muitas avaliações de personalidade e estilo de trabalho para escolher os candidatos. O Perfil Caliper (que classifica as pessoas de acordo com mais de 20 dimensões de liderança, interpessoal, resolução de problemas/tomada de decisão e organização pessoal/gerenciamento de tempo) e o Índice Kolbe (que identifica as tendências naturais das pessoas em relação à forma de agir ou não) são os que usamos com mais consistência. Mesmo que alguém tenha um currículo perfeito, é improvável que seja contratado se os resultados de Caliper e Kolbe não sugerirem que é uma boa opção para a empresa;*

PROJETOS DE TRABALHO.

Se estiver em dúvida se alguém conseguirá fazer o trabalho, que tal solicitar que o faça? Se seus resultados no Perfil Caliper e no Índice Kolbe parecerem bons, podemos pedir sua ajuda em um projeto existente da Precision Nutrition ou criamos um projeto simulado no qual pode ajudar. (Dependendo do tipo do projeto, pagaremos por sua ajuda ou enviaremos um brinde surpresa.) Então, solicitamos a um rol de especialistas competentes que classifiquem seu trabalho, especialmente se estivermos contratando para adicionar um novo recurso e não tivermos uma equipe interna que saiba reconhecer um trabalho excelente nesse novo domínio.

Somente após a conclusão dessas duas etapas é que entrevistaremos os candidatos. Lembre-se, eu disse que as entrevistas, *por si só*, são péssimas. No entanto, elas podem ser úteis se feitas para esclarecer o que você aprendeu por meio de avaliações de personalidade e trabalho. De fato, a maior parte do tempo que gastamos em entrevistas é para explorar e dialogar sobre como os resultados do Perfil Caliper e do Índice Kolbe de um candidato podem estar relacionados com suas experiências de trabalho anteriores. E como seus projetos de trabalho podem nos dar insights sobre seus processos de reflexão.

Lição nº 5: A contratação não elimina o problema

Na Lição nº 1, discutimos como geralmente é melhor "esperar o problema chegar" ao considerar a contratação. Claro que a implicação é de que a contratação acabará com o problema. Infelizmente, isso não é verdade no curto prazo. Na verdade, a contratação piora esse problema.

---

* O Perfil Caliper, em particular, oferece um serviço valioso, em que seus especialistas internos revisam os resultados de um candidato no contexto de suas necessidades e cultura, para ajudá-lo a entender se há alguém adequado, ou não, para sua empresa.

E por que ele piora *após* a contratação? Bem, a contratação demanda muita "integração" organizacional. Quanto maior a organização, ou as posições, maior o processo. Ou seja, nos primeiros meses, possivelmente até anos, em contratações de executivos, o foco é ensinar "como as coisas funcionam por aqui".

Se alguma vez você começou um novo trabalho, sabe do que estou falando. É preciso conhecer:

AS PESSOAS, como pensam e trabalham;

OS SISTEMAS, como acessá-los, usá-los e não quebrá-los;

SUAS FUNÇÕES E RESPONSABILIDADES, o que esperam e não esperam de você;

OS PRODUTOS, o que eles oferecem e não oferecem;

OS CLIENTES, quem são e o que estão procurando.

Finalmente, depois de aprender *tudo isso*, é hora de começar o trabalho.

Pense nas implicações se você for o contratante. Ontem mesmo, você estava nesse papel. As responsabilidades eram esmagadoras e você não tinha certeza se poderia continuar por muito mais tempo. Agora, você *ainda* precisa fazer todo esse trabalho. E *também* precisa fazer o trabalho de supervisionar a integração de seu novo contratado.

Sim, pode parecer desanimador saber que, caso espere o problema surgir para fazer a contratação, ele continuará existindo. Ao mesmo tempo, se seu novo contratado for bem integrado, não apenas todo o processo de integração eventualmente terminará, como ele também assumirá em breve as funções e responsabilidades para as quais foi contratado. Então, aguente firme. As atribulações parecem muito mais fáceis quando podemos enxergar a luz no fim do túnel e temos um papel ativo na tentativa de alcançá-la.

---

* Parte de uma integração bem-sucedida se refere à criação do sistema. Quanto mais eficazes e completos forem seus sistemas, mais fácil será a integração. Porque não contratar até que o problema surja é uma coisa, mas sequer pensar ou planejar contratações futuras é outra situação.

Lição nº 6: Você não precisa se tornar gerente, executivo ou líder

À medida que a Precision Nutrition crescia, eu carregava comigo uma narrativa específica. Eu acreditava que:

1 Quando os fundadores fazem novas contratações, precisam se tornar gerentes;

2 Quando os fundadores contratam novos gerentes, precisam se tornar executivos; e

3 Quando os fundadores contratam novos executivos, precisam se tornar líderes.

Em outras palavras, em minha mente, era preciso que Phil e eu estivéssemos "no topo" da hierarquia de nossa organização, para nos tornarmos C-Alguma Coisa-Os e, depois, presidentes ou membros do conselho no ponto mais alto de uma pirâmide imaginária da Precision Nutrition.

Isso me deixou completamente infeliz. Nos primeiros dias, gastei meu tempo pesquisando, escrevendo, analisando números e contando histórias. Por ser introvertido, tinha longos períodos de tempo ininterrupto e silencioso para me concentrar no trabalho. Então, de repente, eu me vi em reuniões o dia todo, todos os dias. As pessoas queriam que eu lhes dissesse no que trabalhar, lhes ajudasse a priorizar suas atividades diárias, a tomar decisões e a sincronizar a equipe. No fim das semanas de trabalho, eu estava arrasado. Não havia criado nada. Minhas habilidades únicas não estavam sendo utilizadas e eu estava exausto do constante trabalho interpessoal.

Isso afetou minha vida particular também. Eu não tinha muita energia ou alegria para compartilhar com minha esposa, Amanda, ou com nossos filhos. Finalmente, em meio a uma depressão, decidi acabar com tudo. Lembro-me de escrever uma lista das formas pelas quais eu poderia escapar desse cenário. Havia muitas opções razoáveis, como vender minhas ações da empresa para Phil.

Também tinha uma série de coisas irracionais, a mais arrepiante era: "Jogue seu carro de uma ponte para que Amanda e as crianças pelo menos recebam seu seguro de vida."

Esta última foi um verdadeiro alerta. Encontrei um ótimo terapeuta que me ajudaria com a depressão. E conversei com Phil, que sugeriu uma maneira diferente de pensar em meu trabalho.

Em vez de me preocupar em ser gerente ou executivo, ele me incentivou a voltar a fazer o que eu amava. Poderíamos contratar gerentes e executivos, ele me disse em minha casa, no dia em que compartilhei meus problemas com ele. Para ser sincero, ele disse, contratá-los provavelmente seria muito mais fácil do que tentar encontrar alguém para substituir o que eu faço de melhor.

Ele estava certo. Hoje, anos depois, temos uma equipe incrível de gerentes e executivos, um grupo fantástico de pessoas que me permitem trabalhar dentro de minhas habilidades únicas sem precisar ser algo que não sou.

Lembre-se disso ao considerar seu plano de contratação. Você pode criar as regras dentro de sua empresa. Se gosta de trabalhar com gestão e liderança, faça o que for necessário para crescer nessa área e enfrentar esse desafio. Se não, tudo bem também. Crie uma equipe para cuidar dessas tarefas enquanto você se concentra nas coisas que trazem mais valor a você e à empresa.

SEIS IMPORTANTES LIÇÕES SOBRE CONTRATAÇÃO

1. Não contrate até que o problema surja
2. Tenha certeza da necessidade exata da contratação
3. Consiga ajuda no recrutamento
4. Dê menos peso às entrevistas, e mais às avaliações
5. O problema não acaba na contratação
6. Você não precisa se tornar gerente, executivo ou líder

HABILIDADE 5

ORGANIZANDO AS EQUIPES

Se você chegou a esse ponto, parabéns! Esse tipo de desenvolvimento de negócios não é para os fracos. Porém, não abandone agora. Uma equipe em crescimento significa um novo foco no trabalho em equipe.

Infelizmente, a maioria dos empresários não pensa muito no trabalho em equipe quando começa a contratar. Isso faz sentido, já que a maioria das contratações começa como um meio de receber ajuda com atividades necessárias, importantes, mas que "não levam a lugar algum", como atender a telefonemas e responder a e-mails, enviar produtos, atender clientes, publicar conteúdo em redes sociais etc. O objetivo, é claro, é continuar liberando-os para atividades mais importantes e que permitem expandir seus negócios.

Esse foco em "contratar ajuda" é necessário no início. Mas pode se tornar um problema quando a equipe crescer e todos se reportarem diretamente ao proprietário da empresa. Rapidamente, seu tempo é consumido com o gerenciamento de pessoas que realizam atividades menos relevantes. O que significa que não sobra tempo (nem pessoal) para realizar as atividades de maior relevância.

Phil e eu passamos por isso pessoalmente quando a equipe da Precision Nutrition cresceu e contabilizou 30 membros. Mesmo que nosso crescimento estivesse sendo rápido, ainda funcionávamos com uma pequena equipe de "ajudantes". Todos se reportavam a mim ou a Phil; éramos os principais tomadores de decisão em todos os projetos. Estávamos constantemente em reuniões ou conversando individualmente com os membros da equipe.

A questão é: estávamos sobrecarregados, estressados e fazendo mal nossos trabalhos. Os membros da equipe ficaram sem direcionamento por muito tempo e começaram a perder o entusiasmo e a confiança em nós. Estávamos todos agonizando e não sabíamos por quê.

Nunca esquecerei de uma reunião que tivemos nesse período. Phil e eu estávamos fazendo uma apresentação de um produto e marketing e pude ver um dos membros de nossa equipe revirando os olhos e balançando a cabeça. Por fim, ele se levantou e deixou escapar que nossos dados eram mal coletados e nossas conclusões, fáceis. Ele não estava certo, mas suas críticas nos despertaram para algo importante. Os membros de nossa equipe estavam se sentindo desconectados e fora de sintonia com a nossa visão.

Alguns meses depois, ouvi algo conhecido como "Regra dos 3 e 10" em um podcast apresentado por Hiroshi Mikitani, fundador da maior varejista de comércio eletrônico no Japão. Ao longo dos anos, Mikitani percebeu que "tudo quebra" em intervalos previsíveis, especificamente quando as empresas triplicam de tamanho. Em outras palavras, tudo quebra quando você cresce de 1 para 3 funcionários. A quebra acontece novamente quando você chega aos 10, novamente aos 30, 100, 300, e assim por diante. A empresa multibilionária de Mikitani atualmente emprega mais de 12 mil pessoas; então, ele testemunhou muitas quebras.

Mas o que ele quer dizer com "tudo quebra"? Simplesmente, as coisas que você fazia anteriormente e que pareciam funcionar — processos de tomada de decisões, sistemas de negócios, marketing, vendas, contabilidade, folha de pagamento, benefícios, infraestrutura, agendamento de reuniões e estruturas de liderança — tornam-se menos eficazes e/ou começam a produzir consequências não intencionais.

A regra de Mikitani explicava claramente o motivo de nossos problemas. Queríamos que as mesmas estruturas organizacionais, os mesmos processos de trabalho e sistemas de comunicação que atendiam a 10 pessoas fizessem o mesmo para 30 pessoas. E, de forma previsível, tudo estava falhando.

Além disso, quando a equipe era pequena, conseguíamos concentrar quase todos nossos esforços no que lançávamos. Mas, com o crescimento, era preciso pensar em como esse trabalho foi feito. Especificamente, havia a necessidade de considerar como projetar grupos de trabalho mais eficientes, em que pessoas diferentes, ocupando diversos cargos, poderiam colaborar, tomar decisões e fazer as coisas rapidamente e com um padrão alto.

Ainda me lembro da primeira vez em que percebi que estávamos progredindo nessa área. No final de um dia de trabalho, fui buscar a correspondência na frente da garagem e fui surpreendido! Um pacote grosso havia chegado, contendo a descrição do novo plano de saúde de minha família, pago pela PN.

Era incrível, não apenas por finalmente termos um plano de saúde, mas porque eu não precisei tomar nenhuma decisão sobre isso. Caramba, eu sequer sabia que alguém estava trabalhando nisso! Apenas alguns meses antes, eu sabia de tudo; eu fazia parte de todas as decisões. Mas, agora, com a nova estrutura organizacional, a equipe realizava coisas impressionantes sem precisar de minha opinião.

Obviamente, há disciplinas inteiras dedicadas ao estudo sobre a organização de equipes (de estruturas funcionais a estruturas de divisão, estruturas matriciais a estruturas planas) e sobre como liderá-las (de hierarquias de cima para baixo, passando por flatarquias até holacracias). Caso você tenha uma pequena empresa, provavelmente ainda não precisa se embrenhar por esses lados. Mas, se sua equipe tem mais de 25 membros e estiver em rápido crescimento, recomendo o clássico *Reformulando Organizações*, de Lee Bolman e Terrence Deal. O livro compartilha quatro estruturas principais para entender as organizações e o que é preciso para seu sucesso.

Você está trabalhando do lado de fora ou de dentro do muro?

Antes de dedicar todo seu tempo ao trabalho organizacional, é importante ter um pouco de perspectiva. Muitos gerentes e executivos profissionais gastam muito tempo pensando em "como trabalhamos juntos" e bem pouco no trabalho em si. Para isso, gosto de pensar nas empresas como castelos com muros que separam seu interior do mundo exterior.

Do lado de fora do muro está o conteúdo que você divulga para o mundo, incluindo seus produtos e serviços. É também onde seus clientes ficam, como eles se relacionam com seus produtos e serviços e como percebem sua empresa. Coisas como conteúdo editorial, publicidade, vendas, marketing e experiência do usuário são atividades *do lado de fora do muro*.

Do lado de dentro do muro estão sua equipe, seus processos e suas políticas. É como vocês agem e trabalham juntos. Coisas como liderança, administração, recursos humanos, comunicações internas, declarações de valores e declarações de missão são todas atividades de dentro do muro.

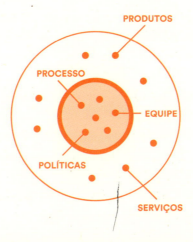

À medida que a empresa cresce, é importante garantir que você não perca de vista o que está acontecendo fora do muro, pois isso é muito fácil de acontecer. Costumo chamar isso de "empresa de brincadeira". É quando uma quantidade desproporcionalmente alta de seus recursos é aplicada a planos de negócios, orçamentos, planilhas, apresentações de slides, reuniões e "sincronizações", enquanto pouco se dedica a entender os clientes, atendê-los bem, vender bons produtos e cultivar a boa reputação.

EQUILÍBRIO ENTRE O "LADO DE DENTRO DO MURO" E O "LADO DE FORA DO MURO"

Para chegar ao equilíbrio certo, pergunte-se:

Quanto de meu tempo pessoal está sendo gasto do lado de dentro e do lado de fora do muro?

Quantos membros de nossa equipe estão do lado de dentro x do lado de fora do muro?

Quanto tempo é gasto para pensar em nós mesmos e em como trabalhamos juntos (dentro do muro) x pensar em nossos clientes e no que eles estão pensando, sentindo e vivendo (fora do muro)?

Não é um problema haver um desequilíbrio em algumas semanas. Mas, quando as equipes ficam tão apegadas à ideia de "trabalhar em nós mesmos" que negligenciam cronicamente a ideia de "trabalhar para os clientes", as empresas rapidamente fracassam. Por isso, é importante sempre voltar para o ponto de equilíbrio. No momento em que é preciso escolher um *em vez* do outro, o que estiver acontecendo do lado de fora do muro ganha. Sem o dinheiro dos clientes, não há castelo, muro e nem ninguém dentro dele.

Lembre-se de que essas cinco habilidades de negócios são essenciais para descobrir as coisas em que vale a pena gastar seu tempo, para atrair novos clientes e consumidores, apoiar sua lista de clientes em rápido crescimento, recrutar novos funcionários e garantir que sua equipe possa realizar um excelente trabalho.

Novamente, embora nem todas as habilidades descritas aqui sejam relevantes para você na atualidade, considere este capítulo como uma visão de seu futuro. Considere-o uma preparação avançada para o que está por vir, à medida que você desenvolve e amplia seus negócios.

Perguntas e Respostas com JB: Negócios

Para dar suporte ao que você está aprendendo, compilei questionários ao final de cada capítulo, repletos de perguntas reais e ponderadas que ouvi ao longo dos anos. Em cada pergunta, compartilho minha opinião sem filtros sobre os desafios que, sem dúvida, você enfrentará à medida que progredir em sua carreira.

↓ Você pode conferir todas as perguntas e respostas do *Agente de Mudança* no site: **www.altabooks.com.br**.

As perguntas deste capítulo incluem:

P: Adoro a ideia de uma competição para ajudar na priorização e vou começar a aplicá-la. Mas nem sempre tenho certeza de qual ação deve vencer. Você pode me ajudar com isso? (Resposta: ~ 300 palavras)

P: E se eu ainda estiver com problemas? (Resposta: ~ 300 palavras)

P: No ramo de saúde e fitness, vejo muitas pessoas com outras fontes de renda. Eles usam o coaching como segunda fonte de renda ou fazem outros serviços para complementar a renda do coaching? Isso é uma boa ideia? (Resposta: ~ 175 palavras)

P: Parece que muitas pessoas fazem carreira para se tornarem famosas na internet ou nas redes sociais. Esse é um modelo de negócios razoável? (Resposta: ~ 150 palavras)

P: Há outras lições sobre negócios que você aprendeu ao longo dos anos? (Resposta: ~ 625 palavras

PALAVRAS DE SABEDORIA: NEGÓCIOS

SEU PRIMEIRO objetivo é dominar A PRIORIZAÇÃO.
HÁ SEMPRE MAIS opções DO QUE RECURSOS;

A PRIORIZAÇÃO SIGNIFICA
gastar MENOS tempo
COM COISAS QUE PODEM
SER AUTOMATIZADAS OU eliminadas;

A PRIORIZAÇÃO também SIGNIFICA
gastar MAIS TEMPO
COM tarefas QUE LEVAM A ALGUM LUGAR
E QUE FAZEM O PONTEIRO SE MEXER;

NOS NEGÓCIOS, priorize
O MARKETING E AS VENDAS

SEM RENDA,
você NÃO PODE PAGAR POR MAIS NADA;

Resumo do MARKETING:
SABER O QUE as pessoas QUEREM,
FAZER ALGO incrível PARA LHES FORNECER E
DIVULGAR o que você FEZ;

Bons SISTEMAS E BOAS PRIORIDADES PERMITEM
que você SE CONCENTRE NO CRESCIMENTO
ENQUANTO ELE acontece, A CONTRATAÇÃO
SE TORNA A principal PRIORIDADE;

CONTRATE conscientemente.
SEJA CLARO SOBRE O QUE você QUER
E DE QUE precisa E, ENTÃO,
PROCURE ajuda PARA REALIZAR;

À MEDIDA QUE SUA EQUIPE cresce,
SERÁ PRECISO QUE VOCÊ chegue a UM acordo
SOBRE COMO TRABALHAR em conjunto;
ISSO CONSTITUI sua ESTRUTURA ORGANIZACIONAL.

CAPÍTULO 6

REPUT

TAÇÃO

COMO

Conquistar **RESPEITO** E
Atrair **PROFISSIONALISMO**
DE ELITE **PARA**
Seu **TRABALHO**

Muitos profissionais da área de saúde e fitness acreditam que o respeito e a reputação dependem de duas coisas:

Quanto você sabe; e

Com que autoridade você demonstra isso.

Em outras palavras, caso você tenha um conhecimento profundo sobre tópicos científicos como anatomia, bioquímica, biomecânica, fisiologia e metodologia de pesquisa e puder demonstrar com autoridade esse conhecimento usando uma terminologia científica, conseguirá respeito e reputação.

Mas de que forma você acha que isso vai funcionar com seus clientes, como dona Maria?

Bem, dona Maria, é simples. Você está ganhando peso porque seu eixo hipotálamo-hipófise-tireoide está desregulado. Enquanto alguns preferem adotar uma abordagem mais somática de tratamento, prefiro a psicoendoneuroimunológica. Eventualmente, vamos tratar de termodinâmica, disbiose intestinal e resposta pancreática aos carboidratos. Por enquanto, porém, vamos começar com algo mais cognitivo... [*]

Sim, ter conhecimento é uma coisa boa e necessária, pois é possível compartilhá-lo. Porém, quando você cria um personagem com base em impressionar outros profissionais — e, não se engane, o desejo de exibir conhecimento geralmente é motivado pela competição profissional, e não pelo serviço ao cliente —, corre o risco de perder de vista o fato de que não tem um negócio com foco em *conhecimento*, mas, sim, em *pessoas*.

Lembre-se, não são nossos clientes que nos cobram padrões acadêmicos em nossa compreensão sobre a mecânica do ombro ou o metabolismo de carboidratos. São nossos colegas. (Ou assim imaginamos.) Temos medo — consciente ou inconscientemente — de que, se formos pegos sem saber algo sobre betaoxidação ou tendinose, seremos expostos. Isso nos impede de nos concentrarmos no que realmente importa.

---

[*] Essa é uma maneira de "impressionar os colegas" e dizer: "Seu sistema hormonal pode estar desequilibrado. Porém, não vamos nos apressar e diminuir a ingestão de determinados alimentos, inserir mais exercícios na rotina, reduzir carboidratos e adicionar alimentos probióticos. Em vez disso, gostaria de começar com o gerenciamento do estresse. Quando controlarmos isso, vamos cuidar do restante.

Um cara que não cometeu esse erro foi o treinador de sprint jamaicano Glen Mills. Mills treina há muitos anos (além de ter uma relação próxima) o velocista de maior sucesso de todos os tempos, oito vezes medalhista de ouro olímpico, Usain Bolt. Ele também treina há bastante tempo o segundo corredor mais rápido de 100m e 200m de todos os tempos, Yohan Blake. E ainda treinou atletas que venceram 71 campeonatos mundiais e 33 medalhas olímpicas.

Mesmo com todas essas realizações, o pessoal do atletismo "focado em conhecimento" às vezes ridiculariza Mills nas redes sociais e nos fóruns de discussão, chamando-o de "idiota" ou dizendo que ele "não sabe o que está fazendo", porque ele não tem uma profunda compreensão (ou não sabe se expressar bem) sobre uma série de assuntos acadêmicos que vão desde a biomecânica da corrida até a filosofia do coaching.

Vejamos. De acordo com um pequeno grupo de críticos, um cara que ajudou a contabilizar mais de cem títulos internacionais e diversos recordes mundiais é, aparentemente, um idiota que não sabe o que está fazendo. Queria eu ser esse tipo de idiota!

Uma de minhas citações favoritas se encaixa perfeitamente nesse caso: "Não importa se a estratégia é perfeita; às vezes, é bom dar uma olhada nos resultados." No caso de Glen Mills, sua estratégia pode até não ser perfeita, ser ou não bonita, mas não há como questionar seus resultados. E é nisso que ele continua concentrando sua energia.

O que você sabe *é* importante. Por exemplo, se os coaches não entenderem como a energia potencial, armazenada em ligações químicas em nossos alimentos, pode ser liberada para nos ajudar a trabalhar, é mais provável que sejam enganados pelas dietas da moda e pelo suplemento milagroso da vez. Eles também são mais propensos a espalhar informações falsas para os clientes. Da mesma forma, os médicos que praticam medicina funcional *são* julgados por seu conhecimento sobre diagnóstico e prescrição. Terapeutas manuais, sobre seus conhecimentos em avaliação e tratamento. Treinadores, sobre seus conhecimentos em projetos e implementação de programas. E assim por diante.

Ao mesmo tempo, a menos que você seja um pesquisador em tempo integral ou um filósofo profissional, não está em uma profissão relacionada ao conhecimento; sua profissão é sobre *fazer coisas com pessoas*. Ou seja, você é responsável por *saber como lidar com as pessoas* e *com que frequência elas atingem resultados* (em vez de quanto você sabe, como parece inteligente ao compartilhar o que sabe ou como suas soluções são boas no papel).

Como diz o velho ditado: "As pessoas não se importam com o que você sabe até que saibam que você se importa." É sobre o fato de que você precisa de "conhecimento" e "cuidado" para construir sua reputação, ganhar respeito e se tornar um agente de mudança de elite. Encontre a combinação certa dessas "competências técnicas e pessoais", e aí você vai:

Atrair clientes mais facilmente;

Desfrutar de um fluxo constante de indicações;

Ganhar o respeito de seus colegas;

Ser exposto a novas oportunidades;

Conhecer pessoas mais interessantes; e

Cultivar amizades mais ricas e mutuamente benéficas.

Em caso de dúvida, lembre-se disso: A reputação é um fator humano. É o *que as outras pessoas pensam de você.* Quanto mais cedo você aceitar isso, mais cedo entenderá que os fatores humanos são mais do que psicologicamente sensíveis. Eles são habilidades tangíveis e necessárias que pagam enormes dividendos na carreira.*

Como, então, você pode criar esse misto de "competências técnicas e pessoais"? Eu fiz assim.

---

* Se você for o tipo de pessoa que valoriza a competência mais do que tudo — por exemplo, o dr. House, do programa de televisão *House*, é seu herói profissional — pode se perguntar: Por que as pessoas não recompensam os profissionais que são bons em seus trabalhos e param de se preocupar com relacionamentos!?! A resposta é: Porque não. As pessoas querem algo mais do que um robô de diagnóstico. Elas querem competência e cuidado. Se, depois de ler este capítulo, você ainda não perceber por que isso é importante, considere um trabalho em um setor que não envolva o coaching de pessoas.

MINHA *FÓRMULA*
DE REPUTAÇÃO em três partes

No início de minha carreira, eu não tinha total noção da necessidade de uma reputação inabalável. Porém, atualmente, pego-me constantemente impressionado com seus benefícios. Por exemplo, meu boletim semanal chega a um milhão de pessoas. Nunca conheci a maioria delas. Mas, devido à minha reputação, quando as incentivo a fazer algo interessante, útil ou esclarecedor, elas realmente o fazem. Centenas de milhares delas! Tudo porque confiam em mim e acreditam em minhas intenções.

Da mesma forma, em qualquer semana do mês, recebo uns cinco convites para dar palestras em grandes eventos e conferências, sem que eu tenha feito divulgação de meu trabalho. Olha isso! Estou sentado aqui, trabalhando em algo totalmente alheio e, do nada, alguém me envia um e-mail oferecendo uma oportunidade remunerada de transmitir minha mensagem a 500, 750, 1 mil pessoas.

Quando me lembro de meus primeiros dias nesse setor — quando precisava implorar por qualquer oportunidade, por menor que ela fosse, quando ministrava palestras gratuitas para seis pessoas em estúdios de aeróbica e pequenas salas de descanso —, sinto-me grato pelas coisas incríveis que agora são simplesmente jogadas em meu colo e admiração pelo poder de algo tão não quantificável quanto a "reputação".

Embora eu ache difícil definir todos os fatores que ajudam a criar esse tipo de reputação profissional, acredito que minha fórmula envolve as três partes a seguir.

Parte 1: Conseguir um conjunto de credenciais inabaláveis.

Talvez a *segunda parte mais difícil* de construir uma reputação duradoura seja a credencial. Mas não é apenas uma, ou mesmo duas. Estou falando de um conjunto incomparável de credenciais.

Por exemplo, em minha carreira:

Venci campeonatos de bodybuilding, powerlifting e atletismo;

Sou Doutor em exercício e bioquímica nutricional, tendo lecionado em universidades;

Publiquei livros que foram para a lista dos mais vendidos e quase uma dúzia de artigos de pesquisa avaliados por meus pares;

Prestei serviços de coach para milhares de clientes e ensinei a milhares de profissionais;

Trabalhei com dezenas de organizações olímpicas e profissionais de elite;

Criei um negócio com enorme alcance, impacto e valor financeiro;

Fui conselheiro da Apple, Equinox, Nike, Titleist.

Perceba como qualquer uma dessas coisas sozinha já ajuda a estabelecer credibilidade. Mas, juntas, a lista fica ainda mais forte. Quando colocado isso, como alguém poderia argumentar razoavelmente que não sou um profissional com credibilidade? E *é isso* que quero dizer com credenciais inabaláveis. Para ilustrar, imagine caminhar até uma mesa de pôquer e ver um jogador com uma montanha de fichas. Mesmo sem vê-lo jogar, você presumiria que ele sabe o que estava fazendo quanto a jogos de cartas.

É assim que visualizo essa primeira parte da construção da reputação. Cada conquista é uma ficha que posso adicionar à minha pilha de credibilidade. Em minha juventude, não tinha fichas. Na verdade, provavelmente estava devendo para a casa. Mas, nos últimos 25 anos, lentamente fui adicionando fichas à minha pilha. Atualmente, sou o cara com uma pilha impressionante na mesa de pôquer.

Essa, é claro, é uma das partes mais difíceis da construção de uma reputação. Leva muito tempo e exige uma série de conquistas. No entanto, como todas as coisas conquistadas com muito esforço, ganhar novas credenciais — não apenas diplomas e certificações, lembre-se, mas realizações tangíveis relevantes para seus objetivos de carreira — vale o esforço, pois torna a competição muito difícil.

Parte 2: Fazer um ótimo trabalho e também celebrar o excelente trabalho dos outros.

Há dois benefícios em adquirir credenciais. Em primeiro lugar, o processo para adquiri-las fornece experiências valiosas que, se você tiver espírito de crescimento, podem ajudá-lo a aprender a realizar um ótimo trabalho. Em segundo lugar, elas são como um atalho para os outros fatores, indicando que você *poderá* fazer um ótimo trabalho.

Perceba uma coisa importante aqui: *Realmente fazer um ótimo trabalho.*

Essa é a pedra fundamental de sua reputação: fazer um trabalho notável (produzindo ótimos resultados), com consistência e confiança em sua área de especialidade. Absolutamente nada pode substituir isso. Independentemente de suas credenciais, se você não produzir nada, não será contratado novamente.

Como mencionado anteriormente, adquirir credenciais é a segunda parte mais difícil de construir uma reputação, pois realizar um excelente trabalho é, com certeza, *a parte mais difícil*. Em grande parte porque, antes de você se sair bem, é preciso dedicar um tempo a ser bom; antes disso, a ser regular; e, antes disso, talvez meio ruinzinho.

Ninguém começa sendo ótimo, por mais entusiasmado, talentoso ou comprometido que seja. Por outro lado, as pessoas podem *se tornar* ótimas, mesmo que não sejam talentosas, simplesmente treinando e se dedicando a um processo contínuo de domínio — concentrando sua energia em algo por bastante tempo, mantendo a disciplina em sua prática diária, evitando distrações novas e usando todas as experiências para melhorar.

Ninguém esperava grandes coisas de mim quando comecei. Eu era um garoto introvertido, insignificante, que mal conseguia se comunicar com outros seres humanos e vagava sem rumo por um caminho de autodestruição. No entanto, depois de despertar e receber um pouco de orientação crítica, dei meus primeiros passos em direção a um novo caminho de autodomínio, para me tornar um comunicador, coach e líder de negócios eficiente.

Como subproduto dessa jornada, escrevi (ou contribuí para) alguns dos livros e artigos mais lidos do setor de saúde e fitness. Já treinei (ou contribuí para o treinamento) centenas de milhares de clientes que alcançaram resultados fenomenais. Ajudei no desenvolvimento de uma das maiores empresas do setor de saúde e fitness, além de prestar consultoria para inúmeras outras.

Embora minhas credenciais sejam importantes, o trabalho que acabei de listar é ainda mais importante.

Igualmente importante tem sido minha arma secreta de reputação: percebo quando outras pessoas fazem um trabalho semelhante e também procuro dar destaque a isso.

De fato, sempre que vejo um ótimo trabalho, dedico alguns minutos e envio à pessoa (ou à equipe) responsável uma breve mensagem dizendo: *Nossa, adorei o que você fez. Você é incrível! Apena isso.*

ELOGIAR QUANDO OS OUTROS
FAZEM UM BOM TRABALHO

Este é um exemplo de um recado que enviei para reconhecer um bom trabalho.

Minha amiga Molly é a fundadora de uma empresa que faz um trabalho fantástico para capacitar mulheres a serem suas versões mais fortes e confiantes (Girls Gone Ștrong). Embora eu não a conhecesse antes do lançamento de seu primeiro produto, encontrei o endereço de e-mail dela e enviei este recado:

Linha de assunto:
Isso aí!

Mensagem:
Nossa, adorei!

<link para a página do produto>

O produto parece incrível!

A página de vendas é ótima também.

É tudo muito bem feito, completo e acessível.

Consigo ver que foram dedicados muito cuidado e atenção.

Beleza!

JB

Após isso, tornei-me consultor da Girls Gone Strong e desfrutei de inúmeras indicações deles. Além disso, Molly e seu parceiro se tornaram grandes amigos, inclusive nos visitam anualmente e até tiramos férias juntos.

Phil e eu frequentemente conversamos sobre "flagrar as pessoas fazendo algo certo", em vez de apenas "flagrar as pessoas fazendo algo errado" (não apenas em nossa empresa, mas também fora dela). Para isso, estamos constantemente à procura de um ótimo trabalho.

Quando o encontramos, rapidamente enviamos um recado, dizendo: *Ei! Pego no flagra! Você acabou de fazer algo incrível! Foi pego com a mão na botija!* As pessoas se lembram disso porque é muito raro e as deixam muito felizes, especialmente se vier de alguém cujo trabalho elas respeitam.

Mas não me atenho a compartilhar meus elogios de forma particular. Também os faço publicamente nas redes sociais, por meio de transmissões por e-mail e em eventos presenciais. Isso melhora minha reputação de duas formas: a pessoa que está sendo elogiada se sente grata por eu ter reconhecido seu trabalho em particular e estar disposto a compartilhá-lo publicamente com minha comunidade, aqueles que confiam em mim; e as pessoas de minha comunidade reconhecem que tenho bom gosto e altos padrões, que sou curador de coisas muito boas. Isso aumenta minha reputação, levando a mais afinidade e confiança.

É por esse mesmo motivo que *nunca* recomendo produtos ou serviços de baixa qualidade, mesmo que um amigo me peça. Eu prestaria um desserviço às pessoas que me conhecem, gostam e confiam em mim. Isso minaria minha reputação. A pessoa que criou o produto nunca seria desafiada a fazer algo melhor, ou melhorar seu ofício. E toda a indústria se tornaria muito menos profissional.

Parte 3: Mostrar-se uma pessoa respeitosa, confiável e consistente.

Como alusão, se adquirir credenciais inabaláveis o ajudará a conhecer os anfitriões de um jantar e realizar um excelente trabalho garantiria o convite, esse último passo é o que confirma o convite para o próximo. Isso porque todos querem colaborar com profissionais credenciados, que realizam um ótimo trabalho e com quem é divertido fazer isso. No entanto, isso não significa ficar fazendo piada ou falando bobagens sem parar. É sobre uma interação humana respeitosa, digna de confiança e realista.

Por exemplo: Não ofereço coaching ou orientação particular para indivíduos. Porém, de vez em quando, encontro um jovem profissional tão curioso, aberto, com espírito de crescimento e interessante que o convido para uma reunião profissional ou pergunto se ele quer conversar sobre sua carreira.

Em algumas temporadas de verão, meus filhos participavam de um programa diário de uma hora para aprender a nadar em uma piscina descoberta, em um parque local. Como todos estavam na piscina ao mesmo tempo, eu tinha uma hora inteira livre todas os dias para fazer o que quisesse. Então, comecei a convidar jovens aprendizes interessantes para passar esse tempo comigo em um banco do parque, conversando, enquanto assistíamos a meus filhos nadarem.

Durante essas conversas, falávamos sobre negócios, desenvolvimento pessoal, relacionamentos, filhos, vida e tudo o mais. Então, assim que as crianças saíam da piscina, a sessão terminava. Essas sessões ficaram conhecidas como "As Sessões do Banco do Parque" entre um grupo de empresários locais (e não tão locais) que dirigiam até duas horas para se juntarem a mim naquele banco.

Por que eles gastaram seu tempo livre dessa maneira? Porque reconheceram a oportunidade de orientação e o valor dos relacionamentos pessoais e profissionais. Além disso, estavam dispostos a fazer grandes esforços para ambos, às vezes investindo cinco horas para ter uma conversa de uma hora.

Por que gastei meu tempo dessa maneira? Porque, eventualmente, você chega a um ponto em sua carreira em que deseja compartilhar o que sabe com novatos. Quer ajudá-los, treiná-los e orientá-los. Transmitir o que aprendeu para que não cometam os mesmos erros que você.

Mas não quer compartilhar com qualquer um. Sua ideia é dividir isso com pessoas respeitáveis, confiáveis, vulneráveis e humanas. Dispostas a seguir seus conselhos, colocá-los em ação e, honestamente, relatar o que fizeram e como deu certo.

No entanto, todos já estivemos perante o oposto. Profissionais que não têm amigos de verdade, que veem cada minuto como uma oportunidade de avançar. Para eles, é tudo sobre trabalho, o tempo todo. Todos são contatos de negócios. Cada relacionamento é uma jogada. Mesmo que sejam pessoas legais, eles ainda se sentem repelidos por estarem perto delas. Sua mente é determinada e claramente os incentiva a fazer o que for preciso para chegar ao próximo passo de sua carreira. Então, seguem em frente sem gratidão, sem pensar duas vezes.

Lembro-me de levar minha filha a um evento há alguns anos. Ela tinha cinco anos e estava fascinada com toda essa experiência, grudada em mim. Após minha palestra, um grupo subiu ao palco para fazer perguntas, tirar fotos e pedir autógrafos em seus livros. Ainda que muitos fossem gentis, amigáveis e respeitassem o fato de eu ter uma filha pequena comigo, um deles não estava agindo dessa forma.

Ele fingiu que minha filha não estava lá, ignorando-a totalmente. Então, bombardeou-me com perguntas frenéticas durante 15 minutos. Quando minha filha precisou de minha atenção — afinal, ela havia assistido a uma palestra para adultos de 1 hora e ainda aguentou mais 30 minutos de conversa pós-palestra —, ele ficou irritado, falando mais alto do que ela para que eu atendesse às *suas* necessidades.

Não seja como esse cara.

Nenhum mentor com quem valha a pena aprender vai lhe dar atenção se você estiver tão obviamente envolvido com os próprios problemas que sequer consegue reconhecer as necessidades dos outros a seu redor. Além disso, se você não desenvolver a capacidade de realmente se conectar, não desenvolverá as habilidades necessárias para ter sucesso com clientes e/ou membros de sua equipe. Por fim, sem conexões humanas reais, a saúde mental e emocional sofre.

É por isso que sempre tento me apresentar — como mentor, discípulo, colega, aluno ou amigo — como um ser humano antes de qualquer coisa. Estas são as qualidades que tentei incorporar ao construir minha reputação.

NOVE QUALIDADES IMPORTANTES PARA CONSTRUIR SUA REPUTAÇÃO

1 **Respeito** ao tempo do outro, sempre verificando se não estou sendo muito insistente, agressivo, pedindo demais ou abusando da boa vontade dos outros;

2 **Gratidão** pelo fato de me darem um pouco de seu tempo e gratidão por meio de palavras (agradecimentos genuínos) e ações (presentes, lembrancinhas etc.);

3 **Confiança**, pois mantenho informações privadas em sigilo, cumpro o que digo e levo em frente as coisas com as quais me comprometo;

4 **Aberto** a aprender sobre o outro, fazendo perguntas sobre o que está acontecendo em suas vidas, em que elas estão interessadas e por que estão compartilhando determinadas coisas comigo;

5 **Compaixão** por suas vidas, pensando em como eu me sentiria se estivesse em seu lugar e perguntando como estão se sentindo, em vez de adivinhar, supor ou ignorar, pois não tenho certeza;

6 **Honesto** sobre o que estou pensando, sentindo e vivendo, para que ninguém precise adivinhar ou supor coisas sobre mim;

7 **Curioso** sobre o mundo, como as pessoas se comportam e o que ainda preciso aprender, fazendo muitas perguntas, mas nunca pressionando ou constrangendo as pessoas;

8 **Consistente** em ser a mesma pessoa sempre, com qualquer grupo de pessoas, em todas as situações;

9 **Intencional**, dizendo a mim mesmo, com antecedência, como planejo fazer as próximas interações, o que espero delas, como espero que os outros se saiam, como saberei se isso está acontecendo e o que farei para corrigir o que não atende às expectativas.

Embora tudo isso possa parecer senso comum, essa prática é tudo menos comum. É por isso que aquelas pessoas que agem como descrevi se destacam.

FÓRMULA DE REPUTAÇÃO EM TRÊS PARTES DE JB

Parte 1: Conseguir um conjunto de credenciais inabaláveis;

Parte 2: Fazer um ótimo trabalho e também celebrar o excelente trabalho dos outros;

Parte 3: Mostrar-se uma pessoa respeitosa, confiável e consistente.

Essas três coisas me ajudaram a conquistar respeito, a melhorar minha reputação e a me tornar um profissional mais maduro. Obviamente, seu caminho para melhorar sua reputação pode ser diferente do meu. É por isso que o restante deste capítulo inclui oito princípios fundamentais que você pode usar para trabalhar em sua reputação e seu profissionalismo da forma que achar melhor para você.

OITO PRINCÍPIOS DE REPUTAÇÃO

(1) QUALQUER HABILIDADE, INCLUINDO AS HABILIDADES de Reputação, EXIGE UMA PRÁTICA PACIENTE;

(2) O FEEDBACK, MESMO QUE ENTREGUE da forma errada, É UM PRESENTE PRECIOSO;

(3) Busque o FEEDBACK DE FORMA AGRESSIVA, EXPONHA a si mesmo A QUALQUER oportunidade de CRESCIMENTO;

(4) APRENDA A FORNECER um Ótimo FEEDBACK TAMBÉM;

5. **SER** BOM **EM CONDUZIR** *Conversas Cruciais* **FAZ COM QUE** *Você Seja* **A PESSOA MAIS** *Valiosa* NO **AMBIENTE;**

6. *Conheça* E **ARTICULE SEU** *objetivo* **EM** QUALQUER **SITUAÇÃO;**

7. **CULTIVE** E *Invista* EM **SABEDORIA;**

8. SIGA COM **INTEGRIDADE** E *Autenticidade* **INABALÁVEIS.**

PRINCÍPIO DE REPUTAÇÃO 1

QUALQUER *HABILIDADE,* INCLUINDO *AS HABILIDADES de Reputação,* EXIGE UMA PRÁTICA *PACIENTE*

Todos conhecemos alguém cujo sorriso, personalidade e presença irradiam como o Sol. Eles exalam boas energias e parecem se dar bem com *todos*. Encontrar essas pessoas no trabalho facilita pensar em "uns com tanto, outros com tão pouco". Que isso é um talento que alguns simplesmente não têm. Mas isso não é verdade.

Fui introvertido por toda minha vida, passei minha juventude exausto e irritado diante da ideia de praticamente qualquer interação social. Até mesmo estar em público era difícil para mim. Lembro que, quando criança, as visitas ao shopping da cidade com minha mãe demandavam algumas horas de recuperação em meu quarto, sozinho, com as luzes apagadas e as cortinas fechadas.

Esse padrão persistiu até os meus vinte e poucos anos, quando um amigo me apresentou à indústria da "paquera" e me enviou um e-book escrito pelo profissional de marketing de informação Eben Pagan, sob o pseudônimo David DeAngelo, vendendo produtos pela empresa Double Your Dating.

Ainda que a indústria da paquera apresente elementos machistas definitivamente assustadores, o uso da pesquisa por meio da psicologia social de Eben para examinar rituais de interação humana seduziu meu nerd interior. E a promessa de seu trabalho — *melhore sua interação com as pessoas!* — fez um apelo a meu recluso interior.

Enquanto trabalhava em seus materiais, reuni novas estratégias sociais que tornaram muito mais fácil conhecer pessoas (amigos e interesses românticos). Como alguém que achou que sofreria de introversão e fobia social por toda a vida, isso foi uma revelação.

Por meio do trabalho de Pagan, também conheci outro livro, um manual baseado em práticas que descreve 30 dias de pequenas atividades diárias que, se feitas regularmente, prometiam o domínio das interações sociais. Então, todos os dias, durante um mês, testei algo novo do manual. Um dia era contato visual amigável com três estranhos aleatórios. Em outro, conversar com três pessoas que não conhecia. E assim por diante. Após esse mês de prática intencional, as interações sociais tornaram-se *dramaticamente* mais confortáveis, e eu estava no caminho certo para realmente ir atrás de novas experiências sociais.

Mas, ainda mais importante do que aprender especificamente a desenvolver minhas habilidades sociais, finalmente entendi um objetivo importante que mudou minha vida: a ideia de que qualquer habilidade pode ser construída, até mesmo uma habilidade que eu considerava impossível para mim, se eu acreditar que posso melhorar e, em seguida, praticar pacientemente até conseguir colocá-la em prática.

Minha primeira exposição a essa ideia aconteceu na academia. Eu tinha 1,75m e pesava 61kg. Com exercícios diários e boas escolhas alimentares, adquiri 30kg de massa muscular e o corpo de participante de um campeonato nacional de halterofilismo. Mas esse princípio não fazia parte da minha visão de mundo até que eu passasse de alguém tímido e introvertido, com fobia social, para uma pessoa confortável em conhecer gente nova, iniciar conversas em eventos e falar em público.

Agora é *sua* vez de incorporar isso à *sua* visão de mundo.

Tudo começa com um mindset de crescimento

De acordo com Carol Dweck, autora do livro *Mindset,* as pessoas que são bem-sucedidas em construir novas habilidades ou mudar padrões antigos acreditam que seus esforços serão realmente recompensados.

Em outras palavras, elas acreditam que as habilidades mais básicas podem ser desenvolvidas por meio de dedicação e trabalho duro. E, por acreditarem que o trabalho duro valerá a pena, enxergam o aprendizado como divertido, não frustrante. Elas enxergam as críticas como um feedback necessário, não como um julgamento desolador. Tornam-se ousadas diante de desafios, sem se encolherem de medo. E encaram *tudo* — até mesmo as coisas ruins, aborrecimentos ou contratempos passageiros — como um caminho para evoluírem. Isso é o que Dweck chama de "mindset de crescimento", algo que ela acredita ser a marca registrada de pessoas e de profissionais em rápido desenvolvimento.

Aqueles que têm um mindset de crescimento enfrentam cada experiência como uma chance de melhorar suas habilidades. Os desafios e as falhas são vistos como oportunidades para se fazerem perguntas pensando no futuro, como:

Por que as coisas aconteceram desta forma?

Será que elas poderiam acontecer de maneira diferente?

E se eu tentasse um novo jeito de resolver o problema?

E se me esforçar mais ou pedir ajuda a alguém?

Quem mais pode me ajudar a aprender a melhorar?

Por outro lado, aqueles que acreditam que determinadas qualidades são imutáveis — *Oh, sou magricelo e não consigo ficar musculoso; Não, sou socialmente desajeitada e não vou conseguir melhorar* — estão praticando um "mindset fixo", de acordo com Dweck. Essas pessoas não acreditam em sua capacidade de crescer. Não acham que a prática valha a pena. Como resultado, enxergam tudo, menos o feedback positivo, como ameaça. Eventualmente, um tipo de desolação conhecida surge quando começam a acreditar que "as coisas são como são" e não podem ser mudadas.

Obviamente, poucas pessoas levantariam a mão e diriam: "Sim, essa ideia de mindset fixo me descreve completamente!" Na verdade, muitas pessoas praticam um mindset de crescimento em determinadas áreas e um mindset fixo em outras. A chave para progredir em qualquer habilidade é reconhecer as áreas em que você está praticando um mindset de crescimento e aquelas em que pratica um mindset fixo. O simples fato de reconhecer os benefícios da mudança de um mindset fixo para o de crescimento desbloqueará uma variedade enorme de possibilidades.

Ao fazer esse tipo de inventário, tenha cuidado para não deixar os sintomas do mindset fixo aparecerem, como simplificação e racionalização excessivas. Por exemplo, algumas pessoas racionalizam a falta de crescimento com sentimentos como: "As pessoas afáveis sabem como aturar ou dissimular. Minha integridade não me permite fazer isso. Então, vou continuar sendo eu mesma."

O problema é que esse "eu" não é uma entidade fixa. Pesquisas apontam que as pessoas se mostram muito menos constantes ao longo do tempo do que pensam. Chamamos isso de "ilusão do final da história", é um fenômeno por meio do qual pessoas de todas as idades acreditam ter experimentado um crescimento pessoal significativo e mudanças relacionadas a gostos *até o momento presente*, mas que não crescerão substancialmente no futuro.

A impressão de uma pessoa com 30 anos de quanto vai mudar nos próximos 10 anos parece pequena em relação à lembrança de pessoas com 40 anos sobre quanto realmente mudaram nos últimos 10 anos. Isso acontece em todas as idades.

O fato é que você *mudará* no futuro, e muito mais do que o esperado. Praticar um mindset de crescimento significa estar no banco do motorista dessas mudanças. Ajuda a entender que é possível realizar mudanças e desenvolver habilidades. Auxilia no direcionamento de sua atenção para as áreas em que você mais precisa melhorar. E isso o ajuda a sentir que vale a pena fazer todo o trabalho árduo que está por vir.

Porém, o crescimento acontece por meio da prática diária

No Capítulo 4, falamos sobre como seus clientes somente podem atingir seus objetivos com segurança quando: a) envolvem-se nas práticas diárias que b) levam ao desenvolvimento das habilidades essenciais necessárias para c) alcançar esses objetivos. É importante saber que isso se aplica a *todos* e a *todos os objetivos*. Na verdade, para desenvolver as habilidades de reputação necessárias para se tornar o melhor agente de mudança, você também precisará de prática diária.

O que é fascinante na prática diária é que a maioria de nós a acompanha quando a recomenda *a outra pessoa*, como um cliente. No entanto, quando ela é recomendada *para nós*, procuramos freneticamente outra solução: *Não existe um truque para isso!?!*

Eu já vi isso acontecer milhares de vezes no programa de certificação da Precision Nutrition. O programa de nível 1, como mencionado anteriormente, abrange de forma ampla a arte e a ciência do coaching nutricional. E é entregue da maneira que se imagina. Há um texto oficial, uma pasta de trabalho, módulos de aprendizado online e testes.

O programa de nível 2, por outro lado, é completamente diferente. Leva os graduados de nível 1 a passarem por um programa baseado na prática. Ou seja, todos os dias é solicitado aos alunos que pratiquem habilidades específicas de coaching com clientes, familiares, amigos, entre outras pessoas. Essas práticas são mapeadas para os módulos multissemanais que fazem parte de um currículo de um ano, elaborado para ajudar os alunos a se tornarem master coaches. Tudo isso é realizado ao se afastar da aprendizagem cognitiva e se aproximar da realização em si.

Como todos sabemos, os clientes não se tornam saudáveis ao aprenderem sobre saúde. Eles se tornam saudáveis praticando pacientemente nutrição e fitness de forma consistente (e frequente, sob a orientação de um coach). Da mesma forma, os coaches não desenvolvem uma especialidade ao aprender sobre coaching. Eles se tornam especialistas praticando pacientemente um excelente coaching de forma consistente (sob a orientação de seus coaches).

No entanto, alguns coaches se irritam com a ideia de "provar o próprio veneno". Parecendo os clientes que os frustram com a própria impaciência, alguns de nossos alunos do nível 2 pensam: *Um ano... por que não vai mais rápido!?!* E: *Esse programa não é como eu imaginei... é muito lento e não vejo como me ajudará a melhorar como coach!* Ou: *Não tenho tempo para nenhuma destas práticas!* Eu queria que você ouvisse a angústia quando pedimos a eles para *fazerem o próprio diário alimentar*!

Não seja como esses alunos!

Em vez disso, faça o que for preciso para se lembrar de que a prática diária é a única maneira de desenvolver qualquer habilidade, desde aprender um idioma, tocar um instrumento, melhorar sua forma física, obter um diploma até construir sua reputação. Não há atalhos nem truques.* Basta acreditar que você pode melhorar (mindset de crescimento) e fazer o trabalho meticuloso para realmente melhorar (prática diária).

---

* Na Precision Nutrition, acreditamos que a palavra "truque" significa essencialmente "ocultar a mediocridade". Tentar usar "truques" para sua nutrição, seu sono ou programa de exercícios significa tentar obter os benefícios sem desenvolver habilidades ou domínio. E, como todos sabemos, é improvável que isso aconteça no ramo de saúde e fitness ou em qualquer outro lugar, inclusive em seus negócios.

PRINCÍPIO DE REPUTAÇÃO 2

O FEEDBACK, MESMO QUE ENTREGUE da forma errada, É UM PRESENTE PRECIOSO

Há alguns anos, a Precision Nutrition desenvolveu um curso online gratuito para profissionais de saúde e fitness. Quando pronto, nossa equipe enviou o curso a vários colegas influentes para ver se eles estariam interessados em compartilhá-lo com seus leitores, possíveis clientes e consumidores.

Mike Boyle — meu amigo e um dos coaches mais respeitados do ramo — rapidamente enviou seu feedback, que não era particularmente lisonjeiro. Especificamente, ele criticava a imagem principal da página inicial, um jovem personal trainer com aparência amigável e cabeça raspada. Ele estava vestindo uma blusa azul e seus braços musculosos estavam cruzados. Mike achou que a imagem perpetuava os estereótipos do setor, como um enorme clichê, e seria rejeitada pela maioria dos leitores. Ele nos disse que nunca promoveria o curso, a menos que melhorássemos.

De forma compreensível, depois de trabalhar duro no curso por quase seis meses, os membros da equipe tiveram uma forte reação instintiva. Pelo que pude ver, eles sentiram uma mistura de ego ferido e autodefesa. E alguns simplesmente discordaram de sua avaliação. Eles não tinham certeza do que fazer em seguida. Deveriam acreditar em Mike e mudar a imagem? Ou ignorá-lo e fazer o que achavam melhor?

Minha resposta foi um pouco diferente. Em vez de julgar a habilidade de Mike em fornecer feedbacks, argumentar contra sua posição ou aceitar sua opinião cegamente, fiquei curioso. E me perguntava: "Será que Mike está certo?"; "Se sim, como toda nossa equipe deixou passar uma coisa que ele enxerga de forma tão clara?"; "Se não, o que ele está deixando passar?"; "Como teríamos certeza de que sua crítica é válida?"

Decidimos deixar a solução com nosso público. Criamos cinco páginas iniciais diferentes para o curso, cada uma com uma imagem diferente, e enviamos para 20% de nosso público. Assim, identificaríamos qual seria uma melhor conversão, ou seja, o que melhor faria com que eles se inscrevessem. Antes de iniciar o teste, enviei um e-mail a Mike expressando minha profunda gratidão por seus comentários. A verdade é que ele foi a única pessoa que arrumou tempo em sua agenda lotada e ofereceu sua opinião mais sincera e sem filtro. Eis um trecho do que escrevi:

> *Só quero agradecer rapidamente por seu feedback sobre a página inicial de nosso curso gratuito (falo do cara da regata).*
>
> *Esse feedback honesto e útil é tão valioso que percebi que fica mais raro quanto mais "sucesso" faço. (A menos, é claro, que eu passe muito tempo no Facebook. Lá está cheio disso. ;-))*
>
> *De qualquer forma, repassei para a equipe de design, para ajudá-los a refinar ainda mais suas ideias. Às vezes, acho que os designers recorrem a clichês e precisamos forçá-los a pensar de forma diferente sobre imagens relacionadas à saúde e fitness.*
>
> *Dito isso, fazemos muitos testes A/B. Na verdade, com base em seu feedback, agora temos cinco conceitos diferentes que estamos testando para identificar o que tem melhor desempenho em termos de inscrições.*
>
> *O anexo é a página inicial de nosso curso.*
>
> *Mas testaremos outras quatro versões para ver qual será a "vencedora". (Incluindo o cara da regata, que é o conceito de uma porcentagem de nossa audiência, mas certamente não todos.) Com base em minha experiência, o vencedor nunca é aquele em que apostamos.*

> *É sempre uma zebra surpreendente. De qualquer forma, novamente, queria agradecer pelo tempo que dedicou a essas sugestões. É muito valioso para nós. E raro também. Valorizo muito isso.*

Eu não estava tentando ser elogioso ou "babar o ovo" de Mike. Sinceramente, senti-me grato por seu feedback. Minha gratidão aumentou quando o teste A/B resultou em uma imagem vencedora que nenhum de nós esperaria, uma imagem que usamos até hoje, pois a página inicial converte em uma porcentagem muito acima dos padrões do setor.

Mais uma vez, isso só foi possível por termos olhado além do estilo e nos concentrado no conteúdo. Ao instigar a curiosidade e perguntar: "O que podemos aprender com o feedback?"; "Como podemos descobrir se o feedback está certo?"; "Devemos fazer algo diferente com base nisso?" E, também, ao enviar um gentil agradecimento a Mike, para garantir que ele volte a compartilhar seu feedback no futuro.

Se víssemos o feedback de Mike como um ataque às nossas habilidades, nosso talento ou valor, perderíamos uma oportunidade de aprendizado, negócios e construção de relacionamento. Com base em nossa troca de e-mail, Mike *compartilhou* o curso com seu público, o que nos rendeu diversas perspectivas. Além disso, ele também me enviou outra boa resposta, e minha reputação cresceu aos olhos dele.

É claro que é fácil falar bem sobre receber um feedback quando o benefício é tão explícito. Mas e se ele vier de um chefe grosseiro ou de um cliente reclamão? Bem, pessoalmente, acredito que *todo* feedback é válido. Aceitá-lo de bom grado é essencial para obter sucesso. Vale muito a pena olhar para os antigos hábitos e se concentrar no conteúdo.

Isso vale até para aqueles que são ousados o suficiente para sugerir: "Você é péssimo em *X*!" O segredo é se lembrar deste acrônimo: WAIT?, que significa *Why Am I Talking*? (por que estou falando?). Ou seja, quando alguém começar a dar algum feedback — seja qual for —, não discuta, não se defenda nem justifique ou reaja. Apenas o receba em silêncio. Melhor ainda, agradeça por isso, independentemente de como tenha se sentido no momento.

RESPONDENDO AO FEEDBACK

"Obrigado por ter sido sincero o suficiente para compartilhar isso. Poderia me dizer um pouco mais sobre o motivo pelo qual pensa dessa forma? Gostaria de melhorar nisso futuramente e seria muito útil compreender o que acha e como posso melhorar."

Isso fica mais fácil ao se lembrar de que *você está no controle*. Você não precisa fazer nada com o feedback. Ele não é sequer necessariamente válido ou verdadeiro. Mas decidir seu valor, ou agir de acordo com ele, não é algo a ser feito em tempo real. Seu objetivo é simplesmente receber todas as informações sem impedir a transmissão. Colete agora, processe depois. Após o processamento, você pode avaliar o que vale a pena ser feito. Com base nisso, você pode aproveitar seu mindset de crescimento para aprender, adaptar-se e evoluir naquilo que considerar útil.

Ao final, se praticar essa habilidade, enxergará *tudo* — até mesmo comentários ácidos do Facebook, questionando sua capacidade como ser humano — como uma oportunidade de ajudá-lo a melhorar.

PRINCÍPIO DE REPUTAÇÃO 3

BUSQUE O FEEDBACK de forma agressiva, EXPONHA a si mesmo A QUALQUER OPORTUNIDADE de crescimento

Perguntei a um colega, recentemente, durante uma viagem: "Você me contrataria se fosse o CEO de uma empresa? Caso a resposta seja sim, você me contrataria para fazer o quê?" Como temos uma relação de feedback honesto, solidário e útil há muito tempo, sua resposta foi: "Bem, com certeza não o contrataria para fazer qualquer tipo de gerenciamento."

Então, fui cofundador de uma das maiores empresas do mundo de coaching, ensino e software voltada para nutrição. Ajudei em seu crescimento, passando de uma avaliação de 0 dólares a uma equivalente a mais de US\$200 milhões, sem contar com investidores ou empréstimos bancários, e ajudei a equipe a crescer de 2 para 100 pessoas.

Eu poderia ter escolhido me ofender ou discutir por que ele estava errado. Mas isso negaria a verdade em sua afirmação. Porque me concentro muito pouco em gerenciamento. Sou, no máximo, medíocre nessa área. Como não sou muito bom e não gosto de fazer isso, tento sempre evitar. Portanto, em meu caso, o gerenciamento *é* uma oportunidade de crescimento. No entanto, não farei nada sobre isso, pois, nessa fase de minha carreira, estou concentrado em outras mais importantes.

Como decidi ficar quieto (lembre-se: WAIT?), ele continuou a compartilhar comigo algumas outras áreas de crescimento (sobre as quais *já* tomei atitudes) e a dar uma porção de feedbacks positivos que foram igualmente úteis. Se eu tivesse me ofendido, discutido ou negado sua primeira observação, teria lhe demonstrado que não estava realmente interessado em seu feedback. Ele poderia ter calado a boca também. E eu teria perdido todas as outras informações úteis que ele compartilhou, tudo o que surgiu depois da primeira parte.

Essa ideia de pedir feedback de forma ativa é o que chamo de "buscar feedback". As pessoas que conheço que aprendem mais rápido fazem isso de forma agressiva; estão focadas nisso. Coletam mais feedback por dia, por semana, por mês e por ano do que qualquer pessoa. Isso permite que sejam expostas a todas as possíveis oportunidades de crescimento disponíveis.

Para que eu mesmo possa conseguir isso, frequentemente peço a clientes e colegas, amigos e familiares que compartilhem seus feedbacks — e que não escondam nada. Digo a eles que, embora possa não gostar das críticas no momento, quero e preciso delas. Estarei aberto a elas e as considerarei um presente.

BUSCANDO FEEDBACK

Veja um exemplo de roteiro, para que você possa fazer o mesmo:

Posso pedir que me ajude com algo importante?

Crescimento é algo realmente importante para mim nesse momento de minha vida. Então estou pedindo a algumas pessoas que respeito e admiro que compartilhem seus feedbacks sobre como estou me saindo — e que não escondam nada — sempre que pensarem em algo.

Isso é muito importante para mim porque, assim como todos, tenho pontos cegos. Preciso contar com a ajuda daqueles que me cercam, para enxergar em que estou falhando e para que possa melhorar como coach e colega, amigo e familiar.

Por favor, saiba que espero que você seja o mais sincero possível. Em troca, farei o que puder para não responder de forma emotiva ou defensiva. Para mim, esse feedback é um presente, por mais difícil que seja ouvir algumas coisas.

Espero que haja um bom equilíbrio entre positivo e negativo. Mas, caso não haja, está tudo bem também.

Você ficaria confortável em fazer isso?

Assim, aproveito todas as oportunidades para pedir feedback em situações específicas: após uma sessão de coaching, depois de terminar um trabalho, no fim de uma conversa difícil ou após um dia particularmente divertido. Cumpro minha promessa quando esse feedback chega. Coleto essas "informações" como notas de laboratório, para que possa avaliar posteriormente, e tento nunca argumentar, defender-me ou reagir de forma emotiva.

É claro que nem todo feedback deve ter o mesmo peso. Algumas pessoas são mais articuladas, atenciosas ou críveis do que outras.* O feedback dessas pessoas deve ser considerado mais importante. De qualquer forma, quanto mais feedback melhor. E todo feedback deve ser levado em consideração.

Nem sempre isso será fácil. A maioria das pessoas foge de feedbacks por causa dos riscos. Caso o tópico seja especialmente sensível ou irritante, pode destruir seu ego. Quando nos sentimos magoados, as partes mais primitivas do cérebro podem assumir o controle, anulando os pontos cerebrais mais desenvolvidos. Assim, você externaliza a mágoa, defende-se, ataca a pessoa que está falando (o que impossibilita o aprendizado, prejudica suas relações e garante que você não receba mais feedback — crucial para o crescimento — futuramente).

No entanto, ao reconhecer que o feedback é o único caminho confiável para o crescimento, valorizando mais a substância do que a forma, lembrando-se do WAIT? e recebendo todo o feedback possível, sua habilidade nessa área se desenvolverá rapidamente. Você será capaz de maximizar todas as oportunidades de crescimento. E, ainda, sua reputação se beneficiará disso conforme as pessoas começarem a enxergá-lo como um profissional maduro, experiente e respeitoso.

---

* O investidor bilionário Ray Dalio me ensinou esse conceito. Para avaliar as opiniões, ele dá muito mais importância às ideias daqueles que "desempenharam repetidamente e brilhantemente o assunto em questão, que têm um forte histórico com, pelo menos, três sucessos e apresentam ótimas explicações sobre sua abordagem quando questionados". Ou seja, aqueles que são mais críveis.

PRINCÍPIO DE REPUTAÇÃO 4

APRENDA *A FORNECER* um ótimo FEEDBACK TAMBÉM

Aprender a buscar feedback traz uma série de benefícios capazes de remodelar carreiras. Porém, se não tomar cuidado, isso pode sair caro. Isso porque algumas pessoas se tornam péssimas *fontes de feedback* quando se tornam ótimas em *receber feedback*. Por estarem mais focadas no conteúdo do que na forma, esquecem que a maioria das pessoas ainda não está buscando feedback; estão se escondendo disso. Enquanto outros não praticam WAIT? (por que estou falando?), elas preferem o DRIP (Negar, Reprimir, Ignorar, Fingir).[*]

Mesmo que compartilhe aquele feedback que mais funciona para você, se for muito direto ou fornecer um feedback que não tenha sido solicitado, poderá entrar em uma guerra de juízos. *Elas o julgarão* por ser mau, cruel, ameaçar o ego delas ou por não demonstrar empatia. Você *as julgará* por serem irracionais, cabeças-duras e incapazes de receber feedback de forma positiva. Ninguém ganha nesse impasse. Elas perdem a oportunidade de ouvir sobre como poderiam melhorar. E você terá perdido tempo com algo que achava que seria bem-vindo.

Dessa forma, como você decide melhorar sua reputação, seu próximo objetivo é ser capaz de compartilhar feedbacks com outros de forma atenciosa, amável e compassiva. E reconhecer que a maioria das pessoas não terá a mesma capacidade que você de receber feedbacks; por isso, você terá que elaborar sua fala de forma que as outras pessoas fiquem mais propensas a receber sua opinião.

Parece dissonante — e é mesmo. Você *está* sendo convocado a fazer o trabalho em dobro. Fazer o trabalho pesado de transformar todo o feedback que recebe dos outros — independentemente de quão duro seja — em algo útil. E transformar todo o feedback que fornece aos outros em algo humano e transmitido com sensibilidade. Mas isso faz parte do pacote. Ganhar respeito, conquistar uma reputação sólida e se tornar o maior agente de mudança significa fazer o trabalho que nem todos estão dispostos a fazer.

---

[*] Parabéns à minha amiga dra. Krista Scott-Dixon por cunhar esse acrônimo.

SETE ESTRATÉGIAS PARA MELHORAR SEU FEEDBACK

Caso esteja procurando formas de melhorar seu feedback, confira as sete estratégias que considero úteis.

ESTRATÉGIA DE FEEDBACK	POR QUE É TÃO ÚTIL
Forneça feedback quando as coisas estiverem calmas.	Algumas pessoas têm a falsa impressão de que as coisas precisam ser "resolvidas" no calor do momento, sem perceberem que, muitas vezes, isso piora o conflito e não o resolve. Mas todo feedback — positivo, neutro ou negativo — deve ser fornecido quando os ânimos estiverem acalmados. Isso faz com que ambas as partes se sintam calmas e seguras. Até mesmo o feedback positivo pode parecer mal-intencionado em um conflito.
Fale devagar e de forma suave.	Os batimentos cardíacos aceleram, e as pessoas falam mais rápido e de forma mais intensa sempre que as emoções afloram. Isso desencadeia rápidos (e altos) monólogos carregados de emoção e estranhos, que nunca são bem recebidos. Por isso, espere até que tudo esteja calmo para dar um feedback. Então, acalme o clima ainda mais. Desacelere, e fale de forma suave. Mesmo se achar que está indo muito devagar, é melhor do que falar rápido e alto demais.
Seja imparcial, curioso e se concentre na relação.	Ao fornecer qualquer tipo de feedback, construa-o com uma linguagem neutra e curiosidade natural. Falar "Notei isso..." ou "Pode me falar mais sobre..." é melhor do que falar "Você sempre..." Além disso, deixe claro que você se importa com a pessoa e com seu crescimento, que o objetivo é trabalhar o relacionamento, que ela não precisa responder a seus comentários imediatamente e que, na maioria das vezes, não precisa fazer absolutamente nada sobre esse feedback. Ela está no comando.

ESTRATÉGIA DE FEEDBACK	POR QUE É TÃO ÚTIL
Seja o mais específico e objetivo possível.	Em vez de dar feedbacks generalistas, como "Você é demais!" ou "Que péssimo!", dê feedbacks precisos, específicos e concretos, localizados em determinado momento e local e que descrevam algo que realmente aconteceu (ou deixou de acontecer). Por exemplo: "Percebi que você discutiu o tópico X, mas não o tópico Y em sua apresentação à equipe na terça-feira à tarde. Em minha opinião, incluir Y teria sido útil por causa de Z."; "Quando interagiu com o cliente X na recepção, percebi que você não conseguia encontrar a lista de inscrição. Será que valeria a pena rever o sistema de organização da recepção para checar se teríamos como facilitar o processo?".
Sempre contextualize seu feedback.	Ao fornecer um feedback construtivo, deixe claro que seus comentários não representam tudo o que você sente em relação ao destinatário como membro da equipe ou como pessoa. Afinal, essa pessoa está em sua vida por causa de coisas boas. Então, garanta que esteja transmitindo que aprecia a pessoa, a respeita, acha que ela é incrível e compartilhe seu feedback com base nesse contexto.
Compartilhe muitos feedbacks positivos também.	Existe uma proporção de 20:1 de comentários positivos para negativos quando não há discussão nas parcerias românticas mais bem-sucedidas. Porém, mesmo quando há discussão, esses casais apresentam uma proporção de 5:1 de positivo para negativo. Portanto, garanta um equilíbrio correto entre feedbacks positivos e negativos. Em vez de sempre "flagrar as pessoas fazendo algo errado", lembre-se de "flagrá-las fazendo algo certo". Isso facilita que elas compreendam o contexto como um todo e que aceitem as críticas construtivas.

ESTRATÉGIA DE FEEDBACK	POR QUE É TÃO ÚTIL
	O feedback positivo também oferece às pessoas um "plano de ação" útil para que possam corrigir, melhorar e/ou desenvolver o que for necessário. Por exemplo, "ouvi você conversando com o cliente X e percebi que sua comunicação de vendas está realmente boa! Parece que você está trabalhando particularmente na escuta ativa e tentando entender suas realidades para adequar nossa oferta de inscrição àquilo que ele procura. Isso é muito eficaz! Continue trabalhando nisso!" Assim, o destinatário sabe exatamente em que acertou e em que pode continuar trabalhando.
Peça permissão.	Pode parecer óbvio, mas isto geralmente é esquecido: as pessoas tendem a aceitar melhor o feedback quando o solicitam. Então, a primeira coisa que se deve fazer é pedir permissão: "Tudo bem se eu lhe der um feedback sobre o X?" Por vezes, será necessário que você dê um feedback que não foi solicitado. Nesses casos, tente deixar isso claro: "Queria lhe dar um feedback que não foi solicitado. Entendo perfeitamente que você não o solicitou e que estou falando isso do nada. Agora é um bom momento para conversarmos? Caso não seja, quando é melhor?"

PRINCÍPIO DE REPUTAÇÃO 5

SER BOM EM CONDUZIR Conversas CRUCIAIS FAZ COM QUE você seja A PESSOA Mais Valiosa NO AMBIENTE

Como é possível notar, acredito muito no *loop* de feedback tanto como forma de crescimento pessoal e profissional como para transmitir sua maturidade e seu profissionalismo às outras pessoas.

Outra modalidade comunicacional essencial para a construção de uma reputação sólida é o que os autores Kerry Patterson, Joseph Grenny, Ron McMillan e Al Switzler chamam de "conversas cruciais", em seu livro de mesmo nome. Uma conversa crucial é uma discussão entre duas ou mais pessoas, em que se tem muito a perder, opiniões variadas e sentimentos aflorados. Alguns exemplos são:

Pedir a um amigo que pague por um empréstimo feito há muito tempo;

Conversar com um cliente sobre seu vício em álcool ou drogas;

Dar um feedback a seu chefe sobre suas ações ou seu comportamento;

Criticar o trabalho de um colega;

Pedir que os clientes cumpram determinados compromissos.

Caso seu coração tenha acelerado só de ler essa lista, isso é normal. Muitos sentem isso por conta de experiências anteriores com esses tipos de diálogos. Essas conversas normalmente terminam em silêncio (negação, repressão, ignorância, fingimento), em colapso (vergonha, constrangimento, abandono) ou em hostilidade (combatividade física ou verbal, agressão e ameaça), mesmo que as pessoas tenham tomado a iniciativa e começado uma conversa crucial, ou simplesmente estiveram envolvidos em uma discussão.

Some essas experiências a uma falta de direção específica para o desenvolvimento de habilidades, e não será nenhuma surpresa se algumas pessoas evitarem conversas cruciais a todo custo.

Ao mesmo tempo, ser capaz de conduzir conversas cruciais com maestria elevará suas habilidades de coaching, sua colaboração profissional e seus relacionamentos pessoais a outro nível. Em vez de evitar questões importantes ou trazê-las à tona de forma que provoque uma reação defensiva (e, consequentemente, nenhuma resolução efetiva), você será capaz de conduzir com maestria situações para as quais outras pessoas não veem saída. Você se tornará o comunicador mais valioso em qualquer ambiente.

Nem sempre fui bom nisso. Na verdade, dediquei-me a isso durante uma década, porque eu era *ruim* nisso.

Quando mais jovem, eu me via como um cara "preto no branco". Eu dizia o que me vinha à mente e pensava que isso fazia de mim uma pessoa autêntica, sem enrolações e de imensa integridade. Na verdade, eu era realmente egoísta, agressivo e cruel.

Lembro-me de quando trabalhava em um laboratório de pesquisa na época em que fazia pós-graduação. Eu e um de meus colegas de trabalho nunca nos entendemos, mas tínhamos que trabalhar juntos todos os dias. Como ainda estava na fase do "preto no branco", acabei recebendo diversas visitas de nosso diretor de recursos humanos.

Ao perceber que esse comportamento não estava funcionando para mim, tentei agir de forma mais agradável. Mas, como ainda não havia feito nenhum tipo de trabalho interno, estava simplesmente passando a mesma mensagem de antes. A "gentileza" era uma máscara que parecia mal-intencionada e manipuladora.

Depois de alguns meses agindo dessa forma, outra colega de trabalho me chamou de lado e falou comigo de igual para igual. "Percebo que está trabalhando duro para tentar se dar bem com a Linda. Mas, devo admitir, está parecendo falso. Todos sabem que vocês não se gostam. Mas, agora, além do óbvio ressentimento que sente por ela, o 'JB legal' está apenas agindo de forma falsa e artificial."

Então, ela me recomendou o livro *Conversas Cruciais*, que mudou completamente minha perspectiva. À medida que avançava no livro, percebi que gastava muito tempo culpando os outros e muito pouco tempo investigando aquele que poderia vir a ser meu papel nessas dificuldades.

Por exemplo, antes, quando surgiam conversas difíceis, eu ficava obcecado com o que a outra pessoa estava fazendo, em como elas eram, o que poderiam dizer em resposta às minhas palavras e como eu poderia "rebater" seus argumentos. Estava tentando forçar que as coisas fossem do meu jeito. Isso era exatamente o oposto dos conselhos do livro, que me ensinaram a liderar com curiosidade, estar aberto a conversas reais e buscar significado no livre fluxo de informações.

Quando comecei a colocar essas técnicas em prática, aprendi a parar de me concentrar no que dizer e, em vez disso, depositar minha energia em preparar minha mente e meu coração para ouvir.

Por que ouvir é tão importante? Porque, em conversas cruciais, você precisa das ideias, das teorias, dos sentimentos, dos pensamentos e da opinião de todos para desenvolver o que chamo de "pool de significado compartilhado" (os autores do livro *Conversas Cruciais* chamam de "pool de informações compartilhado"). Quanto mais informações (e entendimento) pudermos compartilhar, maiores serão nossas chances de tomar decisões certas — e ceder nos pontos certos —, para que todos possam conseguir mais daquilo que querem e de que precisam.

Atualmente, para garantir que estou ouvindo o suficiente, entro em qualquer conversa crucial fazendo perguntas. Dar aos outros a chance de falar primeiro mostra que me preocupo com suas perspectivas, o que facilita que se importem com as minhas também. E a combinação de ambos leva a um "pool de significado compartilhado" mais profundo e amplo. Sim, esse tipo de diálogo exige paciência, desprendimento de ego e muito tempo extra. Mas a outra opção toma muito mais tempo, pois simplesmente não funciona.

Mesmo que nunca tenha descoberto como ter um excelente relacionamento de trabalho com Linda, nosso conflito despertou em mim uma vontade de aprender a conduzir conversas cruciais, a responder positivamente a elas, quando iniciadas por outras pessoas, e a mediar conversas cruciais entre outras pessoas.

Levei muito tempo para me aperfeiçoar nessa área — novamente sobre aquele exercício de paciência —, mas percebi que essa modalidade comunicacional me ajudou a melhorar minha reputação pessoal e profissional mais do que qualquer outra. Passei a ser visto como lúcido, perspicaz e sábio em situações em que, normalmente, as coisas poderiam ficar tensas. Mais do que isso, levou-me a alguns dos momentos mais gratificantes de minha vida adulta. Questões arriscadas que normalmente poderiam ameaçar meus relacionamentos levaram a belos momentos de maior clareza e conexão com minhas pessoas preferidas.

Para desenvolver a própria habilidade de ter conversas cruciais, apresento quatro estratégias adaptadas do livro.

Mude os próprios propósitos

Aqueles que gostam de ajudar *adoram* consertar os outros. No entanto, você só pode exercer controle sobre si mesmo; por isso, a primeira pessoa com que precisa trabalhar é você mesmo.

Quando surgirem situações difíceis, analise, primeiramente, seu papel pessoal nos problemas e desafios que encontrar. Pergunte a si mesmo: "De que forma, por menor que seja, sou responsável por isso?" Saber de que forma você contribuiu reduz suas chances de culpar ou constranger outras pessoas. Além disso, ao entrar em conversas cruciais, certifique-se de que seu objetivo real está claro. À medida que tensões se instauram, é fácil se deixar levar por querer sair por cima ou se defender para não ficar por baixo — ou mesmo vencer. Mas, na maioria das vezes, seu maior objetivo é encontrar uma solução mutuamente benéfica que fortaleça seu relacionamento com a outra pessoa. Pergunte a si mesmo: "Estou contribuindo para o pool de significado compartilhado nesse momento ou perdi esse objetivo de vista?"

Embora seja verdade que, às vezes, enfrentamos um verdadeiro dilema, em que ambas as opções são ruins, na maioria das vezes, temos alternativas saudáveis. Portanto, considere trocar o pensamento "alternativo" ("Bem, acho que é isto ou aquilo") pelo "inclusivo" ("Como podemos entender isto e aquilo?"). Ao procurar soluções "inclusivas", nosso cérebro passa a desenvolver pensamentos mais inclusivos e complexos. Pergunte a si mesmo: "Agora que entendo exatamente o que o outro deseja, como posso ajudá-lo a conseguir isso e trabalhar para conseguir o que eu mesmo desejo?" Em outras palavras, analise se consegue fazer as coisas de forma que *todos* se beneficiem.

Crie um ambiente seguro

Quando as coisas dão errado em conversas cruciais, a maioria das pessoas assume que o problema está no *conteúdo* de sua mensagem. Então, tentam explicar de outra forma, tentam diluir o assunto ou simplesmente param de falar por completo.

No entanto, conversas difíceis geralmente fogem do controle, porque as pessoas não se sentem seguras e apoiadas. Elas sentem que sua posição, seu orgulho ou seu equilíbrio estão em risco. No entanto, quando sua intenção é clara e você transmite apoio e torna as coisas seguras, pode conversar com quase qualquer pessoa sobre qualquer coisa.

Para criar um ambiente seguro, as pessoas precisam saber que você se importa com seus interesses e objetivos e que compartilha de alguns desses mesmos interesses. Isso é chamado de *propósito mútuo*. Elas também precisam saber que você se importa com elas como indivíduos. Isso se chama *respeito mútuo*.

Você pode informá-las de forma implícita (por meio de linguagem corporal e expressões faciais, ouvindo primeiro, sem interromper, mostrando que está claramente interessado em suas ideias, seus sentimentos e suas perspectivas) e explícita (dizendo: "Eu quero que saiba que me importo com seus interesses e objetivos; refleti muito sobre eles e acho que faço ideia do que representam, mas adoraria ouvir sua opinião primeiro, para garantir que estou certo...").

Lembre-se de que nenhuma postura substitui um cuidado verdadeiro. É por isso que, em conversas cruciais, seu tempo é mais bem gasto se dedicado a pensar por que as pessoas envolvidas — e seu relacionamento com elas — têm relação ao que você vai dizer em seguida. Se realmente se importar e demonstrar esse cuidado, as pessoas poderão relaxar e absorver o que você está dizendo. Elas se sentirão seguras.

Porém, no instante em que deixarem de acreditar que você se importa (e isso pode acontecer instantaneamente — mesmo com aquelas pessoas com quem mantemos um relacionamento longo e amoroso), a segurança é interrompida, e o silêncio, o colapso ou a hostilidade se instalam.

Adicione sua perspectiva

Quando for sua vez de falar, use o método STATE (do inglês, *Share, Tell, Ask, Talk, Encourage*).

1 Primeiro, *COMPARTILHE seus fatos* em vez de sua história. Por exemplo, digamos que uma pessoa esteja constantemente atrasada. Em vez de compartilhar sua interpretação do fato (que essa pessoa "não respeita seu tempo"), basta começar dizendo que você notou que ela costuma se atrasar;

2 Depois, quando o fato for revelado, *CONTE sua versão* sobre ele. Você pode compartilhar sua interpretação, deixando claro que é apenas sua interpretação, e não necessariamente o fato em si;

3 Então, *PERGUNTE sobre a experiência da pessoa,* lembrando que o objetivo não é provar que você está certo, mas entender a perspectiva dela e resolver a situação;

Para incorporar as três estratégias, você pode dizer algo como: "Percebi que você costuma se atrasar. Bem, não faço ideia por que isso está acontecendo. Mas me passa a impressão, e aos outros, de que você não é confiável ou não se importa com o modo que seu atraso afeta as pessoas. Será que entendi bem o que está acontecendo? Adoraria ouvir seu ponto de vista";

4 Quando compartilhar sua história, lembre-se de que é uma suposição, não um fato. Então, *FALE sobre sua impressão provisória dos fatos* e mostre que está aberto à possibilidade de estar errado. Dizer coisas como "Isso me faz pensar" e "Tenho a impressão" funciona melhor do que dizer "Para mim, é óbvio" ou "Está claro que";

5 Por fim, *INCENTIVE o teste,* pedindo que compartilhem o ponto de vista delas, mesmo que seja completamente oposto ao seu. Isso ajuda a aumentar o conjunto de significados compartilhados, além de mostrar que você deseja ouvir o que as pessoas têm a dizer. Se elas não quiserem se comunicar, você pode dizer: "Digamos que eu esteja errado. Você pode me ajudar a ver as coisas de seu ponto de vista?" ou "Você parece frustrada e eu gostaria de entender por que. Você pode me ajudar a entender sua perspectiva?".

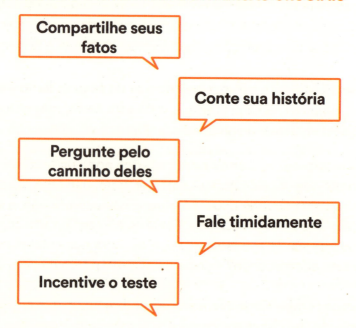

O MÉTODO STATE PARA CONVERSAS CRUCIAIS

- Compartilhe seus fatos
- Conte sua história
- Pergunte pelo caminho deles
- Fale timidamente
- Incentive o teste

Encontre o caminho para a ação

O objetivo final da conversa não é apenas criar um clima saudável, ou mesmo um entendimento claro entre as partes. Embora ambos sejam úteis, não atingem o verdadeiro objetivo: sair da estagnação e tomar as medidas apropriadas.

Sem ação, nem toda conversa saudável do mundo será útil e, eventualmente, terminará em decepção e ressentimentos.

Para agir, sempre concorde mutuamente sobre quando e como os acompanhamentos serão realizados. Pode ser um simples e-mail confirmando a ação até determinada data. Um relatório completo em uma reunião de equipe. Ou, até mesmo, uma conversa de acompanhamento. Independentemente de como ou com que frequência você faz isso, o acompanhamento é necessário, para criar uma ação produtiva contínua. Com essa colaboração (em vez de você ditar como tudo vai acontecer), as chances de continuidade são muito maiores.

Além disso, documente seu trabalho. Equipes eficazes e relacionamentos saudáveis têm como suporte os registros de decisões tomadas importantes e de atribuições acordadas. Esses documentos são revisados para acompanhar tanto as decisões quanto os compromissos. Quando alguém não mantiver um compromisso, discuta o problema com franqueza e de forma direta.

Desde cedo, apesar de minha antiga atitude de "falar na cara" e de minha abordagem mais recente de "ser mais legal", destaco o conceito de conversas cruciais. No começo, eu me sentia incompetente, intimidado, frustrado e com raiva. Ao final, saía derrotado e exausto.

Ainda me lembro nitidamente da primeira vez que tive que demitir alguém da Precision Nutrition, uma das conversas cruciais mais importantes que tive. Sofri muito nos dias anteriores a essa conversa. *O que ele vai dizer? Se eu disser isso, como ele responderia? O que posso responder?* E assim por diante. Comparada ao pavor que senti, a conversa foi até muito bem. *Houve* raiva e lágrimas da outra parte. Eu era menos comunicativo, empático e compreensivo do que aprendi a ser. Lembro-me, claramente, no entanto, das consequências. Fui direto para a cama e dormi por 12 horas. Levei quase uma semana para me sentir totalmente recuperado.

Depois de mais alguns anos de prática, pode acreditar que ainda fico *emocionado* cada vez que preciso participar de uma conversa crucial (embora eu nunca goste da ideia de demitir um funcionário). Isso acontece porque conversas cruciais se tornaram tão raras que é difícil praticá-las. E é preciso repeti-las para desenvolver um domínio cada vez maior em solução de problemas, aprimoramento de relacionamentos, construção de reputação e conquista do respeito dos outros.

QUATRO ESTRATÉGIAS PARA CONDUZIR CONVERSAS CRUCIAIS

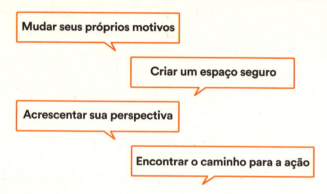

Mudar seus próprios motivos

Criar um espaço seguro

Acrescentar sua perspectiva

Encontrar o caminho para a ação

PRINCÍPIO DE REPUTAÇÃO 6

CONHEÇA E ARTICULE SEU *Objetivo* EM QUALQUER SITUAÇÃO

Há alguns anos, dei uma palestra para 500 profissionais de saúde e fitness. A sessão correu muito bem até chegar às perguntas e respostas, quando uma pessoa da plateia se levantou e agressivamente discordou de uma recomendação que fiz.

Como aprendi, lhe dei espaço para compartilhar seu ponto de vista, disse que ficaria feliz em conversar com ele após a sessão e perguntei se havia mais perguntas. Insatisfeito, ele começou a falar ainda mais alto e em tom ainda mais agressivo. Eu lhe disse que consegui sentir sua frustração e sabia de onde ela vinha. Prometi ouvi-lo plenamente por alguns minutos ao final da palestra e disse que ele teria o tempo que precisasse.

Após o término da palestra, tivemos uma discussão surpreendentemente calma e pacífica (guiada por algumas das estratégias cruciais de conversação descritas anteriormente). Mais tarde, um colega me perguntou como consigo permanecer calmo e confiante, nunca levantando o tom de voz, sempre abordando profissionalmente qualquer situação assim. Minha resposta: mantenho o objetivo em mente.

Pode parecer difícil. Imagine que você é a atração principal e está sendo atacado — em voz alta, publicamente. Por que não usar o púlpito para revidar, bater no peito e exercer seu domínio? Porque esse não é o objetivo. E nunca pode ser o objetivo.

Pense assim: Será que meu objetivo é vencer uma briga com uma única pessoa da plateia, que está tentando claramente desviar a atenção de mim para ele? Claro que não! O objetivo é demonstrar às outras 499 pessoas da plateia que sou um profissional calmo e racional. Confiante, seguro, empático, acessível e solícito. Que sou uma pessoa com quem querem aprender e fazer negócios. Qual seria meu objetivo em eventos como esse? Discutir, tentar ganhar argumentos ou rebaixar os outros torna o debate sobre mim, não sobre a pessoa com quem estou discutindo. É sobre meu ego. Não estou ali para massagear meu ego. Estou ali como profissional, embaixador em meu nome, de meus negócios e (de certa forma) de todo o setor.

Além disso, há uma plateia assistindo, observando, avaliando e julgando. As pessoas estão *sempre* assistindo, seja uma plateia, sua família, colegas, colegas de trabalho, amigos ou contatos de redes sociais. Por isso, independentemente de quem "vencer" qualquer conflito público, ambas as partes perdem. É por isso que um dos meus mantras vem da música *Takeover*, do Jay-Z.[*]

> Uma vez, um homem sábio disse para não discutir com tolos porque as pessoas não conseguiriam nos diferenciar à distância.

Então, não discuto. Em vez disso, agradeço às pessoas por suas ideias e seus comentários. Quanto mais desrespeitosos, resistentes ou instigantes eles tentam ser, mais eu tento respirar fundo, lembrar-me do objetivo e responder com isso em mente.

Conheça seu objetivo

Perguntar: "Qual é meu verdadeiro objetivo aqui? O que busco realizar?" ajudará a evitar distrações e manter o foco no que importa. Para começar, considere seu objetivo em cada um dos seguintes cenários:

Ministrando um seminário:

> ⬇ Para fazer este exercício, e os próximos, faça o download de nossas planilhas imprimíveis + editáveis em www.altabooks.com.br.

Interagindo nas redes sociais:

---

[*] O homem sábio a quem ele estava se referindo é provavelmente Mark Twain, que disse: "Nunca discuta com um tolo; os espectadores podem não ser capazes de distingui-los" e "Nunca discuta com pessoas estúpidas; elas o arrastarão para seu nível e o derrotarão com experiência".

Escrevendo um artigo:

⊥

Falando com um cliente ou um paciente:

⊥

Em uma reunião de equipe:

⊥

Respondendo a críticas:

⊥

Essa ideia de manter o objetivo em mente também se estende a todas as situações em sua vida profissional e pessoal. Desde conversas cruciais até apresentações em um palco; de postagens em redes sociais a educar os filhos; da criação de uma política de reembolso a lidar com comportamentos impróprios.

Perguntar: "Qual é meu verdadeiro objetivo aqui? O que busco realizar?" ajudará a evitar distrações e manter o foco no que importa. Ao praticar isso, você ser tornará reconhecido como um profissional completo, imperturbável, uma pessoa que mantém o objetivo principal como seu objetivo principal; sua reputação florescerá.

PRINCÍPIO DE REPUTAÇÃO 7

CULTIVE E *Invista* em *SABEDORIA*

Ter autoconhecimento suficiente para compreender os próprios objetivos e ter disciplina para se concentrar neles e não se distrair depende do desenvolvimento de sabedoria. Embora, por vezes, possa parecer uma qualidade intangível, os psicólogos sugerem que a sabedoria é um processo de pensamento que *integra* conhecimento, experiência, profundo entendimento, bom senso e insight.

Observe como as pessoas sábias funcionam e você perceberá que elas pensam de maneira única. Por exemplo:

Reconhecem padrões, observando como as coisas acontecem ao longo do tempo;

Parecem confortáveis com a ambiguidade e a falta de controle sobre a vida;

São tolerantes com as incertezas da vida, assim como seus altos e baixos;

Também enxergam o cenário geral, têm senso de proporção e se conhecem.

Mas a sabedoria não é algo com que você nasce, muito menos uma qualidade que "simplesmente acontece" para algumas pessoas. Pelo contrário, é algo com que você se compromete, investe e trabalha. A sabedoria é algo que você cultiva como um jardim: preparando o solo, plantando as sementes, regando, capinando, podando e cortando. Finalmente, após uma longa estação de crescimento e muito trabalho, vem a colheita.

Como cultivar e investir em sabedoria? Veja algumas formas.

EXPERIMENTE COISAS DESCONHECIDAS.

Cada vez que tenta algo desconhecido — desde visitar um novo lugar, experimentar um novo hobby, conferir uma forma diferente de entretenimento ou experimentar uma nova habilidade no trabalho —, você se abre para o aprendizado. Encare isso com um mindset de crescimento e o *você atual* lentamente se tornará o *você do futuro mais sábio*. Além disso, você se sentirá melhor em seu propósito, suas habilidades e seus valores únicos. Porque as experiências lhe ensinam o que fazer mais e o que diminuir;

ENFRENTE SEUS MEDOS ESTRATEGICAMENTE E FAÇA O QUE É DESCONFORTÁVEL.

Muitas vezes, são as coisas das quais temos medo, as coisas para as quais apresentamos, aparentemente, boas justificativas para *não* fazer, que nos ajudam a crescer. Ou, pelo menos, detêm a chave para nos ajudar a lidar com algum desconforto no futuro. Não se exponha de propósito a um perigo real ou psíquico. Em vez disso, vá de encontro a coisas assustadoras — como começar a escrever aquele livro em que você tem pensado, solicitar aquele novo empréstimo comercial ou pedir ajuda a um colega — que lhe proporcionarão um *crescimento significativo*, em vez de apenas um sofrimento ou uma ansiedade inúteis;

CONVERSE COM PESSOAS COM DIFERENTES PERSPECTIVAS.

Ouvir atentamente a pessoas que pensam diferente de você (sobre questões sociais, políticas, econômicas, religiosas e científicas) e que têm experiências de vida diferentes (lugar em que cresceram, seus empregos, as dificuldades que enfrentaram, seus triunfos) pode fazê-lo aprender sobre perspectiva, gentileza e compaixão. Mas é preciso ouvir de verdade. E perguntar: "Como é estar em seu lugar? Qual seria minha visão de mundo se eu fosse essa pessoa?" Você não precisa concordar com as conclusões deles. Entretanto, quanto mais conseguir enxergar o mundo através de várias lentes e entender por que elas existem, mais sábio se tornará;

BUSQUE CONHECIMENTO.
Não, você não precisa voltar à escola. Mas precisa ter a intenção de aprender. Quanto mais exposto você estiver a pontos de vista organizados e bem pesquisados, maior será a probabilidade de discernir fatos de ficção, sinais de ruídos. Falaremos mais sobre isso no Capítulo 7;

LEIA.
A leitura pode fazer parte de seu currículo educacional ou apenas ser uma leitura por prazer. Qualquer que seja o objetivo, leia. Esse hábito não apenas o expõe a narrativas e dramas internos de milhares de personagens reais e imaginários, como também oferece um momento de silêncio para que você absorva, processe e reflita sobre o que está aprendendo em *sua* vida e ajude a integrá-lo a *seu* pensamento;

PASSE UM TEMPO COM PESSOAS SÁBIAS.
Os seres humanos são especialistas em imitação. Desde a infância, tudo que aprendemos é copiando os outros. Ao nosso redor, as pessoas andavam, conversavam e se alimentavam. Então, aprendemos a andar, conversar e a nos alimentar. Se nosso objetivo for a sabedoria, o próximo passo é óbvio: Passe um tempo com pessoas sábias. Sim, pergunte a elas como pensam, que estruturas usam para enxergar o mundo e por que fazem o que fazem. Mas, o mais importante, observe o que está por trás das palavras: observe como elas vivem;

CONHEÇA A SI MESMO (EM MUDANÇA).
Embora aprender com os outros seja claramente importante, a sabedoria também vem do equilíbrio entre o que eles oferecem e o que *você* oferece. Como mencionado anteriormente, o seu "eu" não é uma coisa fixa, mas está em constante mudança. Porém, em qualquer momento, cada um de nós tem um propósito, habilidades e valores únicos. Conheça cada interação de seu *eu*

atual—esperando, é claro, que um dia esse "eu" mude — para ficar cada vez mais confortável com a sabedoria adquirida por meio da mudança;

LIDERE COM A MENTE DE UM INICIANTE.

À medida que você adquire experiências, educação e insights, é fácil confiar no reconhecimento de padrões, fazer suposições rápidas e entender tudo errado. Por isso, é importante entrar em novas situações como um iniciante: de olhos bem abertos e curioso. Faça perguntas, ouça atentamente e confirme se você entendeu bem antes de supor que sabe exatamente o que está acontecendo e o que fazer a respeito;

REVEJA CAUSA E EFEITO FREQUENTEMENTE.

Nada soa mais frustrante e tolo do que cometer os mesmos erros repetidas vezes, sem aprender nada ou mesmo entender o que está acontecendo. A sabedoria é capaz de enxergar padrões e ligações entre entradas e saídas, em vez de insistir que algo *deve* funcionar, mesmo que comprovadamente isso não tenha acontecido. No entanto, é difícil ver isso sem abrir espaço para refletir ou, propositadamente, buscar entender como as coisas podem estar conectadas;

DESACELERE.

Quando você age (ou reage) muito rapidamente, não sobra tempo para todas as partes de seu cérebro entrarem em ação. Especialmente aquelas que armazenam conhecimento, experiência, entendimento, senso comum e insight acumulados. Para desenvolver essa habilidade, pratique meditação, mindfulness ou, até mesmo, conte até dez. Responder rápida e emocionalmente demais em situações de alto risco dará a sensação de que você nunca cultivou sua sabedoria.

Pratique essas coisas, cultive sua sabedoria e você começará a enxergar além. Começará a perceber padrões e a enxergar o plano geral, enquanto os outros ficam presos a detalhes. Você permanecerá calmo diante de desafios e oportunidades, enquanto os outros oscilarão entre o desespero esmagador e o otimismo irracional. E você poderá ajudar outras pessoas a fazer o mesmo.

Eis mais uma razão pela qual a sabedoria é tão importante.

Vivemos no que é chamado de "era da informação", o que significa que a maioria das pessoas tem acesso ao tipo de informação (fatos e números, procedimentos e processos) que quem viveu no passado jamais teria conhecimento.

Apenas há algumas centenas de anos, todo o conhecimento registrado ficava em algumas bibliotecas, com curadoria e controle de uma pequena porcentagem da população mundial. A tecnologia abriu espaço para tudo isso. E está nos ajudando a criar conhecimentos em taxas alarmantes: 90% dos dados do mundo foram gerados nos últimos 2 anos, o que significa que o restante da história registrada, desde o início dos tempos, representa apenas 10% do que sabemos atualmente.

Ainda que o acesso aberto ao conhecimento seja positivo, esse excesso de informações traz novos desafios que a tecnologia precisa resolver. Por exemplo, é impossível selecionar os 2,5 quintilhões de bytes de dados criados diariamente ou avaliar sua precisão. (Para entender melhor, isso significa que o mundo criará dados suficientes para preencher, atualmente, 39 milhões de iPhones de 64 GB, e 14 bilhões de iPhones em um ano.) Além disso, mesmo que houvesse uma forma de selecionar, avaliar e consumir essas informações, as pessoas agora percebem que novos conhecimentos não são equivalentes a habilidades. Eles sabem que dizer "assisti a um vídeo sobre como tocar piano" é muito diferente de "sei tocar o Nocturne, de Chopin, em Dó Menor".

Por essas razões, e outras mais, a sabedoria se tornou uma coisa tão importante. As pessoas já consumiram todas as informações de que precisam ou sabem como obter. Porém, não a compreendem, priorizam ou colocam em ação. É por isso que procuram alguém que as ajude nisso. Quando você puder fazer isso com calma e sabedoria, sua reputação crescerá mais rapidamente do que imagina.

PRINCÍPIO DE REPUTAÇÃO 8

SIGA COM *INTEGRIDADE* E *autenticidade* INABALÁVEIS

Um grande amigo meu, Tony, é professor universitário, pesquisador, escritor, podcaster e palestrante. Sempre o admirei porque, entre outras coisas, ele "se apresenta" da mesma forma em seus artigos, no palco e em sua vida pessoal, com amigos e familiares. O contexto não importa, seus princípios — até mesmo sua "voz" articulada, interessante, espirituosa e sábia — permanecem os mesmos.

Essa marca única de autenticidade (ou seja, saber quem ele é e ser fiel a isso) e integridade (agir de forma consistente com os próprios valores) o torna memorável. Seu público — alunos, colegas, clientes e amigos — sempre sabe o que receberá dele e confia nele.

Embora a autenticidade e a integridade tenham se tornado palavras de ordem, é importante não perder seu valor de vista. Quando você se torna o tipo de pessoa que sempre cumpre o que promete, cujos princípios e valores são esclarecidos, que age em alinhamento com esses valores, sem se desviar deles e que leva isso a todos os contextos da vida, acaba por se destacar como o tipo de profissional que os outros respeitam e admiram. Você se tornará o tipo de pessoa com quem os outros desejam trabalhar ou colaborar. E mais, você *se* manterá em alta. Aprender a reconhecer e ter orgulho das próprias virtudes é uma das características mais subvalorizadas de uma carreira e uma vida de sucesso.

Esse orgulho não vem somente de "ser você mesmo". Pelo contrário, vem de "agir como seu *melhor*". No início deste capítulo, mencionei como, lá pelos meus 20 anos, fui exposto à dinâmica social aplicada à "comunidade da paquera". Na literatura, eles frequentemente questionavam essa máxima social popular: "Seja você mesmo." O argumento: Se "você mesmo" for socialmente desajeitado, desinteressante, desqualificado, rude, grosseiro, condescendente, preconceituoso, soberbo ou elitista, então definitivamente *não* seja você mesmo. É melhor que você dedique algum tempo a suas "habilidades internas", construindo as qualidades e as características necessárias para se tornar a melhor versão de si mesmo. Que só aparecerá quando você aprender a praticar:

Escuta ativa;

Liderança empática e compreensiva;

Fornecer feedback com cuidado e perspectiva;

Entregar mais sem esperar nada em troca;

Encarar todas as experiências como oportunidades para crescer; e

Manter-se honesto, humilde e íntegro.

No fim, como mencionado anteriormente, a reputação é um fator humano. Ou seja, seu desenvolvimento é melhorado por qualidades humanas. Ninguém nasce com essas habilidades. Cada um de nós deve acreditar que é importante desenvolvê-las, confiar que sua prática valerá o esforço e, depois, partir para a ação.

Obviamente, não é possível dominar todas as oito habilidades da noite para o dia. Exige anos de prática. Porém, o domínio não é necessário. O simples fato de as pessoas verem você trabalhando com elas as atrairá até você, até seus produtos e serviços. Continue trabalhando, e as pessoas também começarão a indicá-lo para amigos e familiares.

Perguntas e Respostas com JB: Reputação

Para dar suporte ao que você está aprendendo, compilei questionários ao final de cada capítulo, repletos de perguntas reais e ponderadas que ouvi ao longo dos anos. Em cada pergunta, compartilho minha opinião sem filtros sobre os desafios que, sem dúvida, você enfrentará à medida que progredir em sua carreira.

Você pode conferir todas as perguntas e respostas do *Agente de Mudança* no site: **www.altabooks.com.br**.

As perguntas deste capítulo incluem:

P: Em um de seus seminários, você menciona sua estratégia de "Jogar o Oposto no Google" como uma forma de buscar feedback sobre determinadas ideias. Pode explicar mais sobre isso? (Resposta: ~ 400 palavras)

P: Neste capítulo, você fala sobre "ser você mesmo". Como a aparência se encaixa nisso? "Eu mesmo" estou vestindo bermuda e camiseta, mas não acho que muitas pessoas pensariam que é uma aparência profissional. (Resposta: ~ 400 palavras)

P: E falar palavrão? Conheço um coach que usa palavrões assim como as vírgulas. Não acho que isso seja muito bom em termos de reputação. (Resposta: ~ 225 palavras)

P: Uma vez, um cliente me disse que meu site não tinha "cara de profissional". O quanto isso influencia no desenvolvimento de minha reputação? (Resposta: ~ 275 palavras)

P: Você fala sobre inclusão em relação a diferentes tamanhos, corpos, raças, gêneros e níveis de habilidade. Qual é a importância disso? (Resposta: ~ 500 palavras)

PALAVRAS DE SABEDORIA: REPUTAÇÃO

A Reputação é um FATOR HUMANO.
É O QUE OS OUTROS pensam SOBRE você;

PARA CONSTRUIR UMA ótima REPUTAÇÃO:
Adquira CREDENCIAIS INABALÁVEIS,
FAÇA um BOM TRABALHO DE FORMA CONSISTENTE, E
MOSTRE-SE COMO UM ser humano AUTÊNTICO;

Assim COMO FICAR mais musculoso NA
ACADEMIA, AS HABILIDADES DE REPUTAÇÃO SÃO
reforçadas POR MEIO DA prática PACIENTE E DE um
mindset DE CRESCIMENTO;

Qualquer FEEDBACK AJUDA em seu CRESCIMENTO.
POR ISSO, É UM PRESENTE precioso.
NÃO IMPORTA COMO ele NOS É ENTREGUE;

AS PESSOAS QUE APRENDEM MAIS RÁPIDO
BUSCAM feedback, ISSO AUMENTA suas
oportunidades DE CRESCIMENTO;

À MEDIDA QUE você FICA MELHOR
EM RECEBER feedbacks,
VOCÊ pode FICAR PIOR EM
RESISTIR a ELES;

Transforme Seu medo DE CONVERSAS CRUCIAIS
EM EMPOLGAÇÃO PARA conseguir praticar
E REALIZAR melhorias;

LEMBRE-SE SEMPRE DE SUA meta.
Não deixe QUE DISTRAÇÕES (OU EGO)
O AFASTEM DO QUE É importante;

CULTIVE SUA sabedoria.
você VIVERÁ UMA VIDA MELHOR
E AJUDARÁ aqueles QUE O CERCAM;

NÃO SEJA SIMPLESMENTE "VOCÊ MESMO"
DESENVOLVA SEU melhor EU
E PERMANEÇA ASSIM.

CAPÍTULO 7

EDUC

AÇÃO

UM CURRÍCULO COMPLETO PARA *Se Tornar* O *Melhor dos* AGENTES DE MUDANÇA

Quando era pequeno, eu detestava a escola.

Não sei se detestava porque era obrigado a ir, porque tínhamos que ficar sentados na mesa o dia todo ou porque todos aprendíamos as mesmas coisas, no mesmo ritmo, independentemente de nossa aptidão. Mas, mesmo agora, depois de uma longa e bem-sucedida carreira acadêmica, ainda fico arrepiado quando penso em "educação".

E quanto a você?

Adorava sua época de ensino médio? Ou vivia sendo mandado para a sala do diretor? Seu professor de química parecia um mago? Ou o relacionamento de sua professora de literatura com Chaucer parecia preocupante? Resolver equações algébricas era sua paixão? Ou, assim como eu, você *detestava tudo* (e mais tarde descobriu a fonte do conhecimento)?

De qualquer forma, independentemente de suas experiências acadêmicas anteriores, tornar-se o melhor agente de mudança de saúde e fitness depende de uma nova relação com o aprendizado, em que sua educação continuada é um equilíbrio entre entusiasmo, inspiração (*Mal posso esperar para aprender isso!*), relevância e utilidade (*E posso usar na minha prática amanhã!*).

Podemos comparar isso com o que vejo em muitos treinadores, nutricionistas, técnicos de saúde, especialistas em reabilitação e médicos funcionais. Depois de concluírem o treinamento especializado, eles interrompem seu aprendizado. Fazem um seminário aqui, um cursinho ali. Leem um livro lá, um artigo de jornal aqui. Participam de uma conferência aqui, outro webinar ali. Talvez haja *um pouco de* emoção e inspiração. Mas, na maioria das vezes, é algo mecânico, fazem os cursos que acham que *deveriam* fazer para conseguir os certificados e riscar itens da lista de renovação da qualificação.

Sim, eles estão adquirindo novos conhecimentos. Mas esse não é o ponto. Sem um plano mestre que conecte todo o aprendizado, acabam desperdiçando energia em tempo, dinheiro e ferramentas de coleta que nunca saberão como usar na prática em seu dia a dia.

EDUCAÇÃO 281

Além disso, muitos dos cursos que eles fazem são tão específicos (três dias dedicados à neuroanatomia do extensor esquerdo longo dos dedos?) que é difícil traduzir em resultados para clientes e pacientes, para o crescimento dos negócios ou para formar uma reputação notável.

A parte boa? Este capítulo oferece um plano melhor.

Neste capítulo, há informações essenciais de que *você* precisará para criar um currículo inspirado e construir sua reputação. Algo que o coloque no caminho certo para uma carreira duradoura, gratificante e bem-sucedida.

Você não acha que um currículo ativo de educação continuada é *tão* importante assim?

Considere a taxa de rotatividade anual de 40% no setor de saúde e fitness. A essa altura, no ano seguinte, teremos perdido 4 em cada 10 profissionais. Eles abandonam uma carreira pela qual, inicialmente, eram completamente apaixonados. Perdem a oportunidade de encontrar significado em seu trabalho. E desperdiçam a chance de, talvez, até salvar vidas.

Por quê? Porque não estavam preparados. Porque ninguém lhes ensinou quem, o que, onde, quando, por que e como continuar a educação e o aprendizado ao longo da vida.

Esse é o objetivo deste capítulo: ajudá-*lo* a elaborar um plano educacional intencional, prático, com visão de futuro e orientado para o sucesso, para que você não se torne outra estatística negativa no setor de saúde e fitness. Para ajudá-lo a moldar seu caminho e se tornar o melhor agente de mudança em saúde e fitness.

Por que um CURRÍCULO Importa PARA A CARREIRA?

No início, os clientes e os pacientes procurarão "indicadores de credibilidade" e "provas sociais" como: em que universidade você se formou, seu(s) diploma(s) e certificação(ões), se há algo escrito sobre você na mídia, ou transmitido na rádio, ou em programas de TV; ou, ainda, se você recebeu depoimentos de clientes satisfeitos e entusiasmados.

Depois disso, eles imediatamente começam a se importar mais com quem você é (como coach e pessoa) e como pode ajudá-*los* a alcançar *os objetivos deles*. Por que, então, *sua* educação continuada importa?

Para conseguir um primeiro emprego? Para conseguir um emprego melhor? Para ganhar o respeito de seus colegas? Para mostrar seu cérebro gigante (combinando com seus bíceps enormes)?

A educação continuada *pode* ajudar com essas coisas. Mas esses benefícios me parecem colaterais. Em outras palavras: Não leia livros, participe de seminários, complete programas de certificação ou conquiste diplomas porque espera que eles produzam algum tipo de benefício e validação externos. Em vez disso, continue estudando ao longo da vida em virtude dos benefícios internos.

Você muda pelo aprendizado. O aprendizado o ajuda a se tornar um aluno melhor, um questionador e pensador; a se tornar mais curioso, interessado e consciente. Ajuda a desenvolver uma mentalidade de crescimento muito importante. E, também, a se tornar um agente de mudança mais completo, confiante e destemido. Quando isso acontecer, certamente você conseguirá seu primeiro emprego, um emprego melhor, mais sucesso, ou qualquer outro resultado externo que os jovens esperam da educação. No entanto, se seu motivo for comprar credenciais ou procurar emprego, os reais benefícios serão perdidos.

Enfatizo isso porque, frequentemente, os cínicos ridicularizam o valor de programas de graduação, as certificações e outros caminhos estruturados da educação continuada, dizendo: "Os clientes não ligam para seu diploma!"; "Você realmente acha que a certificação vai ajudá-lo a conseguir um emprego?!?"

E eles estão certos, até certo ponto. Quando satisfeitos com sua credibilidade, os clientes não se importarão muito com os detalhes de seu último curso. E aquela certificação pela qual você batalhou tanto para conquistar pode não ajudá-lo a conseguir um emprego. Mas isso não quer dizer que os diplomas e certificações são inúteis. Mais uma vez, o valor não é externo. É interno.

É por isso que você deve entender o *porquê* da educação antes do *quê*. O porquê estabelece como pensar em seu trajeto educacional e ajuda a criar critérios bastante conscientes para os cursos que você selecionar. Com base nisso, em vez de tentar acumular uma sopa de letrinhas em títulos antes de seu nome, para impressionar os outros, procure o conhecimento, a sabedoria e a percepção específicos das tarefas de que você precisará para dominar a si mesmo e sua profissão.

Eric Cressey — um grande amigo meu, um dos principais treinadores de força do mundo e um empresário muito bem-sucedido, que administra instalações de treinamento esportivo em Hudson, Massachusetts, e em Jupiter, na Flórida — compartilha estas perguntas para avaliar qualquer oportunidade de educação continuada.

Avaliando a Educação Continuada

Na próxima vez em que você se perguntar se deve se inscrever em um curso específico, pergunte a si mesmo o seguinte:

Será que ele me fornecerá informações específicas que eu não conseguiria obter de outra forma?

 Para fazer este exercício e os próximos, faça o download de nossas planilhas que podem ser impressas e editadas no site: **www.altabooks.com.br**.

Informações que posso aplicar imediatamente em minha interação com clientes e funcionários?

Os professores são alguns dos melhores do ramo? Eles têm experiência e prática? Ou são acadêmicos que há anos não trabalham com clientes?

Eu adicionaria uma pergunta a mais, que considero importante:

Faz parte de um plano abrangente de desenvolvimento pessoal de longo prazo, elaborado para me ajudar a alcançar um domínio profundo de meu ofício e conduzir a meus objetivos finais de carreira?

Incluo esta última porque acho que ==a educação continuada deve se encaixar em seu próprio plano de domínio de carreira. Ele precisa ser um mapa para seu *eu do futuro*, o tipo de profissional que você gostaria de se tornar um dia.==

Comparo isso aos modelos de desenvolvimento de atletas a longo prazo, criados por órgãos nacionais do esporte em todo o mundo. Minha filha tem treinamento de ginástica e minha esposa é treinadora de patinação artística. Fui exposto a ambos os treinamentos, adoro como eles descrevem *claramente*: a) quais habilidades serão necessárias, b) quais lições devem ser ministradas, c) quais modalidades de treinamento usar e d) quais etapas específicas transformarão uma criança não qualificada em uma campeã olímpica em 10 ou 15 anos.

Independentemente de o atleta, os pais e os treinadores juniores saberem disso ou não, todos estão executando um plano de 10 anos conhecido por levar a um resultado específico. Cada lição, curso, treino e habilidade estão sendo desenvolvidos em direção ao objetivo de formar um atleta magistral, alguém que possa competir no mais alto nível do esporte.

Por que não pensar na própria carreira da mesma maneira?

O que você poderia realizar com um plano próprio de desenvolvimento profissional de longo prazo? Qual a probabilidade de aumentar seu sucesso se as oportunidades de educação não fossem escolhidas aleatoriamente, mas como parte de um currículo mestre?

CONSTRUINDO *Seu* CURRÍCULO *PESSOAL*

No Capítulo 1, eu disse que o setor da saúde e fitness acabará se transformando de uma área repleta de especialistas focados para uma área de generalistas amplos. Os clientes e os pacientes esperam cada vez mais ter uma experiência de saúde e fitness. E é isso que os profissionais do futuro oferecerão.

Você não precisa desistir de seu sonho de ser o maior especialista do mundo em smoothies de aspargos. Mas isso significa que você precisa dar um toque mais amplo à sua educação. E ampliar sua base de competência para dar suporte a todos os aspectos da saúde: movimento, nutrição, suplementação, sono, controle do estresse e muito mais.

Você certamente não será especialista em todas essas áreas, muito menos fará diagnósticos ou prescrições. Mas precisará do treinamento para entregar um resumo básico de cada tópico com segurança. Além disso, caso tenha dúvidas ou se alguém precisar de mais ajuda do que você pode fornecer, deverá criar uma lista de contatos repleta de profissionais a quem pode recorrer ou encaminhar clientes.

Observe um exemplo: Quando eu prestava consultoria a equipes profissionais de elite e esportivas de nível olímpico, meu foco principal era a ciência e a nutrição esportiva. Não tinha problema na área de fitness e nutrição. Era nossa praia. Infelizmente, alguns atletas ainda se sentiam mal: cansados, letárgicos, cheios de dores.

Percebi que não podíamos tirar o máximo proveito deles até olharmos suas vidas de forma holística. Muitos desses atletas viajavam com tanta frequência (com tão pouco conhecimento sobre rotina de sono e ritmos circadianos) que não importava o nível da estruturação de seu treinamento ou quantos gramas de proteína consumiam. Sua recuperação, composição corporal e desempenho nunca alcançariam os níveis desejados até que cuidássemos de suas necessidades de sono. Quando finalmente passei a compartilhar estratégias básicas de sono e de gestão circadiana, nossos protocolos de condicionamento físico e de combustível tiveram a chance de funcionar; e deram certo.*

Novamente, não estou sugerindo que é preciso um doutorado em medicina do sono para falar sobre isso. Mas ajudar as pessoas a se sentirem melhor é seu trabalho. Se o sono fosse um fator limitante, não faria sentido compartilhar ideias básicas de rotina de sono?

Uma de minhas maneiras favoritas de pensar sobre essa abordagem é o modelo de aprendizado em formato T:

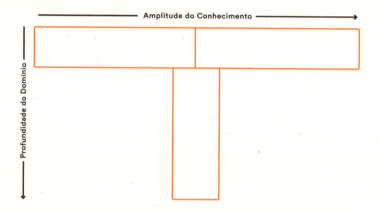

Nesse modelo, a barra horizontal representa todos os assuntos que você precisa aprender e compreender para se tornar um profissional de elite completo. Podem estar incluídos domínios específicos do cliente, como exercícios, nutrição, suplementação, sono e gerenciamento de estresse. Também pode incluir domínios de desenvolvimento profissional, como psicologia de mudança, filosofia de coaching, marketing e vendas, atendimento ao cliente, sistemas e processos de negócios, gerenciamento de reputação e muito mais.

A barra vertical representa sua especialidade, ou seja, em que você tem conhecimento profundo e específico. Pode ser em qualquer uma das áreas do cliente, como movimento, nutrição, reabilitação, diagnóstico, tratamento médico etc. Também pode aparecer em uma área de desenvolvimento profissional, como marketing e vendas.

---

* Para os atletas que precisavam de mais ajuda, indiquei um especialista em sono de confiança.

Minha carreira em saúde e fitness, por exemplo, pode ser ilustrada da seguinte forma:

Tenho mestrado e doutorado em nutrição e suplementação, e busquei educação e orientação em todas as áreas da barra horizontal para me tornar um palestrante, escritor, empreendedor, coach e empresário de sucesso.

Agora é sua vez!

Ao pensar no próprio aprendizado em formato T, lembre-se de seu objetivo. Você vai querer saber um pouco sobre muitas coisas (principalmente aquelas que contribuem para o sucesso na carreira) e saber muito sobre poucas coisas (principalmente aquelas que você domina). Também desejará montar uma rede de aliados em formato T, com diferentes especialidades (que sabem muito sobre as coisas de que você tem pouco conhecimento). Dessa forma, sua rede pode auxiliá-lo. Você pode entrar em contato e consultá-los quando necessário.

Pense em algumas das pessoas mais interessantes que já conheceu. Geralmente são pessoas que podem conversar sobre uma ampla variedade de assuntos — seja sobre eventos recentes, técnicas de jardinagem, cervejarias locais, filmes de super-heróis, história francesa, meio ambiente, seja lá qual for o assunto. Mas elas também costumam ter uma área em que agregam valor, na qual são especialistas.

Um dos exemplos mais citados de pessoa em formato T é o escritor norte-americano Ernest Hemingway. Sua profunda maestria na escrita (a barra vertical de seu T) era "complementada" por seus interesses em caça, pesca, esporte, idiomas, acampamento, viagens, arte, música, história, vinho, dinâmica social e muito mais (a barra horizontal de seu T). De acordo com seus amigos próximos, ele tinha uma "estranha presença poderosa" e causava um "ataque de admiração" nas pessoas.

Portanto, viver uma "vida em formato T" não apenas contribuirá para o nivelamento de sua carreira, mas também para o nivelamento de sua vida pessoal. Como profissional, você se tornará o coach que seus clientes precisam que você seja. E, como pessoa, podem até mesmo falar sobre *sua* "presença poderosa" e ter "ataques de admiração" por *você*.

Obviamente, você provavelmente já conhece sua principal área de concentração — a barra vertical de seu T. Pode ser programação de exercícios, coaching nutricional, diagnóstico, prescrição, entre outras. Você provavelmente também investiu muito tempo e dinheiro em aprofundar essa área de conhecimento. No entanto, talvez seja o momento de se concentrar mais na barra horizontal de seu T e preenchê-la com treinamento em algumas áreas diferentes.

ÁREAS PARA DESENVOLVER
ALÉM DE SUA ESPECIALIDADE

EXERCÍCIO E FITNESS.
Desenvolver uma compreensão mais profunda sobre como as diferentes modalidades de exercícios podem contribuir para melhorias consideráveis na área de saúde, condicionamento, resistência a doenças e desempenho;

NUTRIÇÃO E SUPLEMENTAÇÃO.
Entender mais profundamente como as decisões alimentares de seus clientes e as opções de suplementação influenciam os níveis de energia, a saúde física, a qualidade de vida e o desempenho;

MOVIMENTO PARA A SAÚDE E MOBILIDADE.
Descobrir como o movimento e a mecânica desempenham papéis importantes na saúde diária e nas capacidades funcionais dos funcionários de escritórios, passando por trabalhadores braçais, atletas, crianças e muito mais;

GESTÃO DE ESTRESSE E SAÚDE MENTAL.
Aprender como a saúde mental e o estresse influenciam quem somos, como vemos o mundo, como nosso corpo funciona em repouso (ou durante as atividades) e o que somos capazes de fazer (ou não fazer);

SONO.
Compreender como a quantidade e a qualidade do sono estão intimamente ligadas ao exercício (habilidades e capacidade), à alimentação (escolhas e digestão/absorção), à saúde mental e muito mais;

COACHING E PSICOLOGIA DE MUDANÇA.
Perceber que saber tudo sobre função celular, movimento, nutrição, sono e estresse não o levará muito longe *sem* que você saiba como ajudar as pessoas a mudar suas ações e práticas;

MARKETING, VENDAS E NEGÓCIOS.
Aprender a atrair pessoas para seu negócio, convencendo-as de que você é a pessoa certa para elas e cumprindo exatamente o que prometeu de forma a exceder expectativas.

Ficou curioso para saber quais são os melhores cursos em cada área? Ao final deste livro, você encontrará exemplos em cada categoria. Mas, antes de começar, considere preencher o currículo em formato T a seguir com as categorias que você considera essenciais para alcançar seus objetivos de carreira.

Sua Planilha de Currículo em Formato T

O modelo em formato T ajuda a visualizar a profundidade e a amplitude de conhecimento, além de mapear as habilidades necessárias para mudar seu *hoje* para seu *futuro*. Para isso, preencha o currículo em formato T a seguir com as áreas que você considera essenciais para alcançar seus objetivos de carreira.

A barra horizontal deve ser preenchida com as áreas em que você precisa ser fluente para se tornar o *você do futuro* — o agente de mudança completo que almeja se tornar.

A barra vertical deve ser preenchida com as áreas em que você gostaria (ou já faz) de se especializar — cujo domínio alcançará.

Você pode incluir as categorias listadas anteriormente, bem como outras habilidades profissionais (como ter conversas cruciais, dar e receber feedbacks) ou habilidades clínicas (como ler e interpretar exames de sangue, diagnosticar e tratar condições especiais).

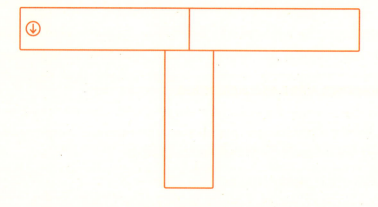

OS PRÓS E OS CONTRAS DE DIFERENTES Formatos DE APRENDIZADO

Agora que você sabe em quais áreas deseja (e precisa) receber mais treinamento — espera-se que, ao longo de uma carreira longa e produtiva, você procurará treinamento em *todas* essas áreas —, vamos falar sobre os diferentes formatos de aprendizado disponíveis, seus prós e contras, e seu valor.

Antes de começar, no entanto, é importante lembrar que, assim como tudo na vida, as escolhas educacionais que você faz têm vantagens e desvantagens.

(Você quer se casar? Nesse caso, estar casado provavelmente lhe garantirá ter uma companhia. Mas você provavelmente perderá um pouco de sua independência. Quer ficar solteiro? Nesse caso, você consegue manter sua independência. Mas vai ficar solitário.)

Para facilitar seu entendimento sobre as vantagens e as desvantagens de cada um dos sete formatos populares de aprendizado a seguir, criei um sistema de classificação com base nos seguintes critérios:

FACILIDADE:
10 representa uma educação de simples acesso;

ACESSIBILIDADE:
10 representa uma educação gratuita ou de baixo custo;

RELEVANTE CONTEXTUALMENTE:
10 representa uma educação em um contexto apropriado;

CONSTRUÇÃO DE HABILIDADES:

10 representa uma educação que o ajudará a desenvolver habilidades práticas;

CREDENCIAIS:

10 representa uma educação que lhe dará credenciais;

VALOR DE CARREIRA:

10 representa uma educação que fará a diferença em sua carreira.

Formato de Aprendizagem nº 1: Artigos em revistas, periódicos, publicações impressas ou online

Com publicações para todos os interesses e todas as profissões, além do boom das publicações online, atendendo a todos os subnichos dentre todos os nichos, há artigos por toda parte! Se você encontrar uma fonte confiável, honesta e autoritária, é fácil superar a facilidade de acesso e o custo. Além disso, os artigos podem ser publicados rapidamente, para fornecer informações excelentes e oportunas. É por isso que tantas pessoas leem artigos online como parte da educação pessoal e profissional.

No entanto, como os artigos são projetados para serem curtos e específicos, nem sempre orientam com relação ao que você está aprendendo em um contexto adequado, dentro de uma área maior de conhecimento. Nem todos os artigos são igualmente autoritários e críveis, é claro. Eles raramente o ajudam a desenvolver práticas que levam a novas habilidades de maneira confiável.

Então, escolha com sabedoria. Lembre-se também de que, se você gastar todo seu tempo para desenvolvimento pessoal lendo artigos, não terá tempo extra para desenvolver as habilidades necessárias em sua prática diária. A leitura não produz o mesmo tipo de aprendizado que a ação.

Formato de Aprendizagem nº 2: Livros e e-books

Em um tempo não tão distante, ter um livro publicado era um marcador de autoridade e credibilidade, porque os livros só podiam ser publicados por um pequeno grupo de guardiões da informação (ou seja, editoras). Isso tornou a publicação mais difícil para as pessoas, mas ajudou a proteger os leitores de autores não qualificados e de informações fraudulentas.

Atualmente, não há mais guardiões. As decisões tradicionais de publicação de livros são motivadas principalmente pela probabilidade de um livro ser vendido, e não necessariamente por sua confiabilidade ou credibilidade. Além disso, a publicação independente não requer permissão ou revisão. Portanto, o comprador deve ter atenção. Só porque alguém escreveu um livro não significa que o livro seja original, valioso ou útil.[*]

Assim, bons livros, escritos por autores confiáveis e críveis, podem fornecer informações valiosas, se inseridas em um contexto apropriado. Como os livros costumam ter de 10 a 20 vezes mais conteúdo do que os artigos, podem permitir uma exploração mais profunda sobre tópicos específicos. Embora eles quase nunca produzam mudanças transformadoras por conta própria, geralmente apresentam novas ideias que, se exploradas mais profundamente em outros formatos de aprendizado, podem levar a uma transformação.

---

[*] Menos este, é claro, que é imune a todas as críticas.

Como exigem um investimento de tempo considerável (dias, semanas ou meses, dependendo de quanto tempo você dedicar à leitura) e não são particularmente orientados para o desenvolvimento de habilidades, tenha certeza de saber do que mais precisa antes de escolher um novo livro: Mais informações sobre um tópico que você conhece pouco, ou mais prática sobre o que você já "conhece", mas ainda não implementou?

Formato de Aprendizagem nº 3: Vídeos, palestras, podcasts online gratuitos

Classifico vídeos, palestras e podcasts online gratuitos de maneira semelhante a artigos gratuitos, pois compartilham alguns dos mesmos prós (baratos, de fácil acesso) e contras (sem contexto, pouco desenvolvimento de habilidades, a menos que ofereçam exercícios para serem feitos em casa).

Da mesma forma como artigos e livros, a falta de guardiões de credibilidade significa que você deve ser muito diligente ao encontrar fontes confiáveis, com autoridade e honestas que baseiam seu trabalho em uma revisão equilibrada de pesquisa (em oposição a artigos de opinião escritos com determinadas intenções).

Como o conteúdo do vídeo é onipresente, barato e de fácil acesso, assim como acontece com artigos e livros, é importante não confundir acessibilidade com progresso, especialmente se você precisar desenvolver habilidades mesmo com a coleta de informações.

Formato de Aprendizagem nº 4: Apresentação de seminários (remunerados)

Os seminários de fim de semana em formato de cúpulas (diversos palestrantes que fazem apresentações de 30 a 90 minutos sobre diversos tópicos), ou workshops (palestrantes únicos que fazem apresentações em 1 ou 2 dias sobre um tópico específico), são populares no setor de saúde e fitness. Dependendo da qualidade do evento e dos palestrantes, os participantes geralmente voltam para casa com uma mistura de novas informações, coisas novas a serem experimentadas e (às vezes) experiências práticas.

Os workshops geralmente nos permitem explorar um tópico específico em profundidade, além de interagir com especialistas no assunto. Isso significa que você pode considerar que o conteúdo atende melhor às suas necessidades e aos seus interesses específicos do que aquilo que coleta em livros, artigos e vídeos online.

No entanto, o valor desses eventos deve ser ponderado, no estágio atual de sua carreira, com relação ao comprometimento de tempo, custo (viagens e ingressos dos eventos) e utilidade. Por exemplo, um workshop avançado em projetos de programa para atletas, embora pareça interessante para alguns personal trainers, pode não ser relevante se a maioria dos clientes praticar exercícios de forma recreativa. Da mesma forma, se o principal fator limitante de um médico funcional é ter mais clientes, o plano de fazer outro workshop de bioquímica pode ser adiado.

Geralmente, o verdadeiro valor em participar de eventos como esses é conhecer pessoas. Participar de uma conversa de uma hora sobre nutrição para idosos provavelmente será menos instrutivo do que ler um livro do mesmo autor. Porém, ter a chance de interagir com o profissional e com outras pessoas interessadas nesse mesmo assunto pode ajudar a expandir sua rede de contatos, ou simplesmente ajudá-lo a se conectar com outros profissionais da área. Como muitos participantes experientes de conferências sabem: as melhores conversas acontecem durante o *coffee break*.

Formato de Aprendizagem nº 5: Programas de certificação

Os programas de certificação em saúde e fitness oferecem aos profissionais a oportunidade de aprender não apenas uma tremenda quantidade de conceitos sobre determinado assunto, mas também de obter uma credencial na área escolhida. Por exemplo, uma certificação em pré e pós-natal demonstra que você passou nos padrões mínimos exigidos para trabalhar com mulheres antes, durante e após a gravidez.

Além disso, programas de certificação bem-sucedidos são excelentes para adquirir conhecimento sobre toda a área ao realizar a revisão de todas as pesquisas disponíveis e ao usar as informações em uma prática relevante. Por exemplo, um programa bem-sucedido de certificação nutricional o ajudará a descobrir exatamente como uma dieta pobre em carboidratos funciona bioquimicamente, para quem ela pode ser apropriada (ou não) e quando é apropriada (ou não). Basta compararmos com artigos, livros ou palestras em vídeo de pessoas que argumentam a favor ou contra essa abordagem e entenderemos melhor a ideia de prática e por que é tão importante.

Em minha opinião, na escassez de programas de graduação, escolher programas de certificação autorizada, equilibrada e confiável, almejando desenvolver fluência em uma disciplina específica, oferece um melhor retorno para seu investimento. Ainda que o investimento de tempo e dinheiro às vezes seja significativo, se você puder pagar pelos dois, terá um conhecimento mais profundo, uma prática mais relevante e uma visão mais equilibrada do que simplesmente ler artigos, livros ou participar de seminários.

Duas ressalvas:

Em primeiro lugar, há muitos programas de certificação ruins. Portanto, convém usar o método de triangulação descrito a seguir, para ajudá-lo a separar o joio do trigo.

Em segundo lugar, não suponha que uma certificação sempre significará credenciamento ou contratação. Por exemplo, sem se formar em dietética, há determinadas coisas em nutrição que mesmo um profissional certificado não pode fazer (como terapia nutricional médica). Além disso, enquanto muitos empregadores atribuem maior valor a determinadas certificações ao selecionar candidatos, a certificação não garante que você conseguirá um emprego, ou até mesmo clientes.

Conforme discutido anteriormente, a educação é sobre os benefícios internos, e não externos. É uma jogada de longo prazo, e não de curto prazo. **Invista em seu desenvolvimento interno por meio de aprendizado e educação e, com o tempo, você se tornará mais desejável para empregadores e clientes.**

Formato de Aprendizagem nº 6: Estágios e experiência prática

Estágios e experiências práticas com profissionais de alto nível ou em instalações de alto desempenho podem oferecer um incrível desenvolvimento de habilidades práticas, atuantes e relevantes para seu trabalho. Isso acontece porque essas opções demandam que você *faça* a coisa, em vez de apenas *aprender* sobre ela. (Considere a diferença entre *ler sobre* como fazer um levantamento terra e realmente *tentar* fazer um levantamento terra.)

Além disso, estágios e experiências práticas podem ser consideradas uma oportunidade única de analisar se você realmente gosta desse trabalho especificamente. Isso foi particularmente importante para mim porque, em um ponto de minha carreira acadêmica, considerei atuar como farmacêutico. Felizmente, primeiro consegui um emprego de meio período em uma farmácia, onde aprendi que não era o certo para mim.

Embora os estágios e as experiências práticas possam oferecer muito valor, também podem exigir realocação (pelo menos temporariamente), o que pode ter um alto custo, especialmente se forem estágios não remunerados. Além disso, nem todos os estágios são criados de forma igual. Alguns são simplesmente tentativas mal estruturadas de conseguir mão de obra gratuita de jovens para um profissional ou uma instituição, enquanto outros são elaborados de maneira maravilhosa, para expô-lo a todos os aspectos de sua prática e fazer com que você saia com uma quantidade enorme de aprendizado prático em um curto período de tempo. Portanto, avalie criteriosamente cada oportunidade de estágio.

Formato de Aprendizagem nº 7: Programas acadêmicos

Em algumas profissões, é preciso um diploma para poder atuar na área. (Por exemplo, você não pode atuar em dietética sem um diploma de técnico em dietética; não pode atuar em medicina sem um diploma em medicina; não pode atuar como quiroprático sem um diploma em quiropraxia.) Portanto, se você estiver escolhendo uma carreira na área de saúde e fitness que exija um diploma universitário, ele é obrigatório.

Além disso, os programas acadêmicos com um currículo bem construído geralmente oferecem a visão mais ampla do conteúdo (ou seja, muitos cursos em diferentes áreas de especialidade, incluindo treinamentos práticos, realizados ao longo de muitos anos). Esses programas também podem oferecer uma compreensão mais ampla sobre uma variedade de outros tópicos, inclusive mais experiência de aprendizado, pensamento crítico, escrita, avaliação de ideias e muito mais.

Por mais excelente que seja o treinamento acadêmico, ele também pode ser extremamente demorado (quatro anos para concluir um programa de graduação padrão) e caro (centenas de milhares de dólares em custos diretos, além do custo de não trabalhar durante esses quatro anos). Além disso, nem sempre é relevante para determinadas carreiras, e é muito menos provável que vá ajudá-lo a conseguir um emprego em outras. Pesquise para descobrir se aquilo em que você quer trabalhar exige um diploma universitário ou não.

Recurso bônus: Mentores

Não incluí mentores nas categorias de aprendizado citadas porque considero a mentoria algo que todo profissional deve fazer em todas as etapas de sua carreira.

Se você estiver lendo isso e não tiver um mentor ainda, sugiro que comece a procurar alguém que possa ajudá-lo a alcançar o próximo estágio em sua jornada profissional. Alguém atencioso, experiente e sábio. Um pouco mais além do que você no caminho (mas não tão longe, a ponto de não conseguir entender os desafios e as oportunidades que você enfrenta).

Quer saber como encontrar um? Eu simplesmente presto atenção às pessoas incríveis que gostaria de imitar e que realizaram algumas das coisas notáveis que eu gostaria de realizar.* Se tiver uma chance de contatá-las, seja por e-mail ou pessoalmente, eu o faço. E sigo os conselhos que compartilhei no Capítulo 6, agindo com respeito, gratidão, abertura, compaixão, honestidade e curiosidade. Depois, deixo a natureza seguir seu curso.

Encontre um Mentor

Meu amigo Nate Green, um conector mestre que recebeu mentoria de uma lista enorme de pessoas interessantes e bem-sucedidas, adota uma abordagem muito mais proativa e intencional. É assim que ele faz a abordagem a possíveis mentores, entre outras estratégias que ele recomenda.

ENVIE UM E-MAIL.
Nate enviou um e-mail a Lou Schuler, o jornalista mais conhecido do setor fitness, quando tinha apenas 19 anos. Ele contou a Lou o quanto queria trabalhar como ele e lhe perguntou como havia conseguido.

---

* Essas não precisam ser apenas realizações profissionais, embora possam ser. Estou tão empolgado em aprender com alguém que tem uma ótima vida familiar quanto com alguém que montou uma empresa de bilhões de dólares.

"Não foi meu melhor e-mail", Nate me disse. Mas Lou o surpreendeu ao responder e oferecer aconselhamento profissional. "Isso significou muito para mim. Nunca o conheceria (ou muitas outras pessoas que ajudaram a moldar minha carreira) se eu não tivesse dado o primeiro passo."

Esse é um roteiro atualizado que ele recomenda, caso você queira entrar em contato com um mentor em potencial por e-mail.

> *Olá, NOME,*
>
> *Meu nome é Nate e sou um grande fã de seu trabalho.*
>
> *Especificamente, seu (artigo/livro/podcast) sobre (A, B, C) realmente me ajudou a (X, Y, Z).*
>
> *Sei que você está ocupado, mas espero que tenha um minuto para responder a uma pergunta muito curta e específica.*
>
> *INSERIR A PERGUNTA CURTA E ESPECÍFICA*
>
> *Se você não tiver tempo, entenderei totalmente.*
>
> *Obrigado novamente pelo seu trabalho.*

ABORDE UM PROFISSIONAL, MAS NÃO COMO UM "FÃ".
Independentemente se você começar por um e-mail ou tiver uma chance de conhecer pessoalmente um mentor em potencial, torne aproximadamente 5% da interação seguinte sobre quanto você adora seu trabalho. Os 95% restantes devem ser mais parecidos com como um amigo falaria com eles. (Isso funciona melhor pessoalmente, é claro, mas também se aplica ao e-mail.)

Nate recomenda nunca adular as pessoas, exagerar na conversa ou parecer carente. "É como num namoro", ele diz. "Ninguém quer sair com alguém que fica o tempo todo falando 'AH, MEU DEUS, EU TE AMO' e que fica tão apegado."

Além disso, ao conhecer as pessoas pessoalmente, *jamais* peça para tirar fotos com elas. ("É coisa de fã", de acordo com Nate.) Porém, sinta-se à vontade para oferecer pequenos presentes, como um livro de que você realmente goste e que acha que ele também gostaria;

PERGUNTE SE PODE ENTRAR EM CONTATO NOVAMENTE.

Se você encontrar alguém em um evento profissional ou social por acaso e tiver uma boa conversa inicial, Nate recomenda perguntar se pode entrar em contato novamente. Veja como você pode fazer isso:

> *Foi muito bom conversar com você, NOME.*
>
> *Sei que está ocupado, então quero respeitar seu tempo.*
>
> *Se eu tiver uma pergunta MUITO específica sobre (X, Y, Z), posso enviar um e-mail curto?*
>
> *Se não tiver tempo para responder, tudo bem.*
>
> *Mas eu respeito sua opinião e acho que realmente poderia me ajudar em minha carreira.*
>
> *Você tem minha palavra de que, o que quer que me diga para tentar, vou tentar.*

Se eles disserem que sim:

> *Muito obrigado. Qual é a melhor forma de contatá-lo?*

Se disserem que não:

> *Muito obrigado. Excelente trabalho. Você está ajudando muitas pessoas.*

SE DEREM ALGUNS CONSELHOS, ACEITE-OS.
Mais do que presentes ou recompensas financeiras, a maior recompensa de um mentor é saber que um discípulo respeita seu tempo, leva sua ajuda a sério e não tem medo de trabalhar duro.

"Digamos que eu esteja em uma conferência e conheça alguém que respeito e com quem quero aprender. Talvez tenhamos uma conversa de cinco minutos, e essa pessoa me dê um pequeno conselho. Eu anoto esse conselho (mais tarde, quando voltar a meu quarto de hotel) e, então, *sigo esse conselho*. Se eles me disserem para ler determinado livro, eu o leio. Se me disserem para começar um blog, eu faço."

Seja o que for, Nate faz o que eles indicam. Mais tarde, ele lhes conta isso. "Mando um e-mail depois, falando sobre isso. E peço um conselho sobre o que fazer em seguida, outra sugestão para minha próxima ação.";

SEMPRE REFLITA SOBRE: "O QUE POSSO LHES OFERECER?"
Você pode não fazer ideia do que é. Mas é bom pensar assim — estar sempre atento a como você pode fazer algo, qualquer coisa que seja, para expressar sua gratidão pela ajuda, orientação e apoio.

Se você questionar por que os mentores gastariam seu tempo ajudando-o dessa forma, a resposta é fácil. Eles *querem*, e muito, ter discípulos. Querem compartilhar o que aprenderam. E querem fazê-lo com pessoas jovens, inteligentes e curiosas, que provavelmente farão algo valioso com seus conselhos (e relatarão o que fizeram e como isso se desenrolou de forma honesta).

E, lembre-se, eles não querem ser "impressionados". Francamente, se você tiver um mentor com quem valha a pena aprender, não *pode* impressioná-lo com seu nível de desenvolvimento. Portanto, não é preciso ser o especialista nem lhes mostrar como você é inteligente ou, ainda, impor as próprias ideias limitadas. A intenção é apresentar uma ótima atitude e um mindset de crescimento. Ouça com atenção, faça ótimas perguntas e coloque em prática o que está aprendendo.

No entanto, ainda que esteja ali para aprender, ser curioso, atencioso e agregar valor ao relacionamento de outras maneiras, expressar gratidão pelos conselhos e pela oportunidade valem pontos extra. Para isso, muitas vezes, envio bilhetes escritos à mão a meus mentores, breves relatos sobre como usei seus conselhos para meu benefício (como Nate) e pequenas lembranças para mostrar minha gratidão. Adoro quando meus mentorandos fazem o mesmo.

Escolher OS CURSOS

E OS *RECURSOS* CERTOS

Agora que você já sabe em que áreas deseja (e precisa) receber mais treinamento, bem como os prós e os contras de diferentes modalidades de aprendizado disponíveis, é hora de discutir como selecionar os recursos, as pessoas e as empresas certos para seus estudos.

Independentemente de você estar buscando aprimorar seu conhecimento nutricional por meio de uma certificação ou aprimorar seu conhecimento sobre anatomia por meio de um curso de dissecção facial, há *muitas* opções. Para ajudá-lo a escolher o que é certo para você, recomendo um método que aprendi com Phil Caravaggio que se chama triangulação.

Usando o método de "triangulação"

Quando Phil se interessa por algo, ele *mergulha* de cabeça. Recentemente, ele foi a fundo no café — até o ponto em que decidiu montar uma cafeteria na sede da Precision Nutrition, em Toronto. Obviamente, ele poderia ter pesquisado no Google, conversado com alguns especialistas locais e consultado alguns fabricantes de cafeteiras para descobrir como montar uma.

Mas não é assim que Phil faz as coisas. Quando ele se importa com algo — seja em comprar a melhor cafeteira ou contratar o melhor CEO — ele usa uma fórmula específica e altamente eficaz.

1 Encontrar, pelo menos, três pessoas *confiáveis,*[*] com competência *comprovada*[**] e verdadeira paixão pelo assunto;

2 Elaborar perguntas reflexivas, perspicazes e profundamente curiosas para essas pessoas. Fazer isso pode exigir uma pesquisa e um "dever de casa" antecipado — por exemplo, revisar a carreira de uma pessoa em particular, ler os materiais que essa pessoa escreveu, e assim por diante;

3 Usar essas perguntas para entrevistar as pessoas pessoalmente (de preferência) ou por videoconferência; ouvir atentamente e absorver tudo o que elas falarem, fazendo anotações completas;

4 Prestar atenção especial às áreas em que os especialistas não concordam. (Isso é importante.) Em seguida, contatar novamente cada um deles para descobrir *por que* discordam;

5 Só então levar tudo em consideração e tomar a decisão.

---

[*] Pessoas que realizaram repetidamente e com sucesso o que está em questão, com um forte histórico de, pelo menos, três sucessos, e que, quando questionadas, oferecem excelentes explicações sobre sua abordagem.

[**] Mostrar que merece o título de "autoridade" ou "especialista" com desempenho consistente e de alto nível.

No caso da cafeteria, Phil telefonou para três pessoas (incluindo um barista campeão mundial, um produtor de café conceituado e um líder referencial em equipamentos para café/cafeteiras) e fez perguntas sobre tudo, desde grãos até máquinas e processos de preparação da bebida. Durante as entrevistas, eles concordaram em muitas coisas. Porém, dois deles discordaram fortemente sobre a máquina (e o processo) que Phil deveria usar em sua cafeteria. Isso foi incrível, pois entender *onde e por que* os especialistas discordam pode representar um melhor aprendizado.

Quando Phil citou essa discordância, o especialista 1 mencionou que, embora respeite seu colega, o especialista 2 está realmente preso ao uso de maquinário para a consistência na preparação do café. Portanto, sua prioridade é fazer uma xícara de café confiável e reproduzível sempre, independentemente das condições variáveis que podem influenciar a sua produção (altitude, temperatura ambiente, qualidade da água etc.). Sua recomendação foi influenciada por um conjunto particular de interesses próprios. Quando Phil conversou com o especialista 2, ele mencionou que, embora também respeite seu colega, o especialista 1 está interessado no artesanato e nos fatores humanos envolvidos na preparação do café. Ele não se importa com um pouco de variação, desde que cada xícara seja excelente. Portanto, sua recomendação foi tendenciosa por interesses próprios (muito diferentes).

Para Phil, isso foi especialmente esclarecedor, pois ficou claro que esse desacordo não era sobre qual abordagem era certa ou errada, melhor ou pior. Pelo contrário, a questão era sobre estilo e preferência pessoal. Como cada abordagem tinha seu mérito, cabia a Phil decidir quais questões ele estava disposto a aceitar para sua cafeteria, com base nos próprios objetivos.

É isso que a triangulação proporciona: a capacidade de ouvir especialistas famosos, buscar áreas de acordo e aprender com as discordâncias. E, conforme mencionado, eu *recomendo* usar esse processo, especialmente quando tentar avaliar com quais pessoas e empresas aprender durante a construção de seu currículo educacional.

Encontre algumas pessoas críveis. Pergunte a elas as melhores oportunidades de aprendizado em cada domínio. Anote quando elas concordarem, e questione mais profundamente quando discordarem.

Eis um ótimo exemplo que surgiu em meu trabalho. As pessoas frequentemente me perguntam se devem fazer uma das duas certificações nutricionais específicas: a certificação da Precision Nutrition (PN) ou a certificação da International Society of Sport Nutrition (ISSN). Obviamente, elas esperam que eu recomende a que eu cocriei, o programa da PN. Elas geralmente se surpreendem com a minha resposta.

Quando questionado, eu lhes digo que *ambos* os programas são valiosos e muito respeitados e que qualquer profissional da área de saúde e fitness com profundo interesse em nutrição acabará fazendo ambos. Portanto, não pergunte: "Qual é o melhor?", mas "Qual devo fazer primeiro?".

A resposta é: aquele que trata de seus atuais fatores limitantes.

A certificação da PN é uma certificação de *coaching* nutricional. Enquanto a primeira metade do programa se concentra na ciência da nutrição, a segunda foca o coaching e a psicologia da mudança. A certificação do ISSN, por outro lado, trata da ciência da nutrição e suplementação esportiva, na teoria e na prática.

Portanto, se você precisar *mais* ou *com mais urgência* de protocolos avançados de nutrição esportiva e suplementação para atletas altamente disciplinados e em conformidade nutricional, pode começar pelo programa da ISSN e fazer o da PN posteriormente.

Por outro lado, se precisar ajudar os clientes a *mudar seus comportamentos*, considerar fatores limitantes, criar sistemas de hábitos, lidar com a ambivalência natural do crescimento e melhorar sua qualidade nutricional no contexto atual de sua vida, talvez seja melhor começar pelo programa da PN. Mas não precisa acreditar em mim. Ainda com base na energia da triangulação, peça a algumas pessoas em que confia para ajudá-lo a encontrar algumas opções. Depois de restringir sua seleção com base nos especialistas com que conversou, considere as duas etapas adicionais a seguir para aumentar a confiança em sua decisão.

Crowdsourcing

Peça opinião a amigos, colegas ou contatos de redes sociais. Você pode, até mesmo, postar pesquisas em seus grupos do Facebook. Veja qual parece ser a melhor opção para você, de acordo com as pessoas, deixando claro exatamente quais são seus objetivos e por que está considerando esses programas.

(Apenas se certifique de fazer isso após a triangulação. É melhor pedir às pessoas que o ajudem a escolher entre duas ou três opções do que pedir recomendações abertas.)

Avaliações online

Se você já conhece os programas dentre os quais está tentando escolher, pesquise no Google suas avaliações digitando o nome do programa e "revisões", como "certificação Precision Nutrition avaliações" ou "certificação ISSN avaliações".

Lembre-se de que você não conhece exatamente a credibilidade dos revisores online ou se os objetivos deles estão alinhados com os seus. Portanto, aumente a avaliação de seus especialistas originais, usando crowdsourcing e avaliações para ampliar seu processo de tomada de decisão, mas não como seu único critério.

ARRUMANDO *TEMPO*
PARA *Priorizar* A EDUCAÇÃO

Após ajudar os novos profissionais de saúde e fitness a elaborar seu currículo de aprendizado em formato T, com categorias educacionais específicas, e ajudá-los a decidir quais cursos (ou recursos) serão usados em cada uma dessas categorias, a pergunta inevitável que eles fazem é:

"Como vou fazer tudo isso?!?"

Confie em mim, eu entendo. Eu costumava ficar tomado pela ansiedade ao perceber que meu conhecimento era tão pouco em comparação com o quanto ainda precisava aprender. Eu me sentia atrasado, impaciente e estressado. Como se nunca fosse chegar aonde queria. Em alguns momentos, pensei se não deveria abandonar completamente o setor.

Se estiver se sentindo assim agora, lembre-se: Não é uma corrida. Você não está atrasado. E não há nada para "alcançar". A educação é, na verdade, um processo que dura toda sua carreira. Se você fizer do jeito certo, nunca vai parar.

Por exemplo, tenho 25 anos de carreira e, atualmente, participo de mais seminários e workshops do que no início dela. Com 4 filhos pequenos, menos interesse em estar em aviões e com uma empresa de US$200 milhões para administrar, geralmente escolho seminários online ou pré-gravados (em vez de ter que comparecer). No entanto, ao final de cada um deles, acabo tendo páginas cheias de ideias e novidades para nossa equipe testar quando voltar ao escritório.

Além disso, escolho três pessoas e/ou empresas impressionantes para acompanhar de perto a cada ano. Quando digo de perto, é realmente de *perto*. Visito todas as páginas de seus sites, leio todos os comunicados e compro todos os produtos, com o objetivo de entender o que os torna especiais. Das empresas que sigo, geralmente escolho uma maior que a nossa, outra do mesmo tamanho e uma terceira menor. Se sigo uma pessoa, geralmente é alguém talentoso, porém mais jovem. Isso acontece porque, seguindo-a, vejo como fazem uso de novas estratégias e tecnologias para alavancar princípios atemporais e imutáveis. À medida que aprendo como essas pessoas e empresas funcionam, compartilho as melhores ideias com minha equipe.

E ainda tenho minha "taxa de colheita de informação". Aprendi com meu falecido amigo Charles que sempre que preciso aprender algo específico encontro um dos principais pensadores do mundo sobre esse assunto — seja um cientista, educador ou profissional atuante — e lhes ofereço uma taxa por uma hora, durante a qual colherei informações com relação às suas especializações. Cientistas e professores, especialmente aqueles que trabalham para instituições públicas, costumam estar abertos a passar uma ou duas horas conversando com alguém profundamente interessado em sua área de especialização, principalmente se essa pessoa estiver bem preparada* e oferecer uma remuneração por seu tempo.**

Enfim, estou em uma posição privilegiada, em que posso *criar conhecimentos* por meio de testes de pesquisa (experimentos de laboratório com pequenos grupos de voluntários e ensaios clínicos com grandes grupos de clientes autorizados da Precision Nutrition), projetos-piloto relacionados a negócios (explorar novas estruturas organizacionais e lançar novos produtos beta) ou projetos relacionados ao marketing (testar as tendências de preços e explorar novos modelos de lançamentos).

Como você pode ver, continuo estudando até hoje, mesmo que de forma diferente de antigamente, com meus programas acadêmicos, cursos estruturados e mentorias/estágios guiados. É difícil imaginar um momento em que acharei que "acabei" no que diz respeito a aprender, crescer e me desenvolver.

Suspeito que meu currículo em formato T continue a evoluir até o fim de meus dias.

Se você planejar bem *sua* carreira, seu currículo em formato T também continuará evoluindo. Ele sempre representará seu *eu do futuro*. E você nunca chegará ao fim disso. Porque, para pessoas ambiciosas, a montanha *sempre* se torna mais alta quanto mais perto você chega do cume. Quando alcançar a altura que almeja, não importa qual seja, haverá *muitas* coisas novas que desejará experimentar, aprender e fazer.

---

* Estar bem preparado é fundamental para garantir que a) não desperdice o próprio tempo e dinheiro e b) eles não sintam que desperdicei o tempo deles. Isso significa estar familiarizado com seu trabalho, entender o que os deixa entusiasmados e fazer perguntas importantes e esclarecedoras.

** Normalmente, ofereço entre US$100 e US$200/hora pelo tempo que cederam. Às vezes, eles pedem mais. Mais frequentemente, porém, sequer aceitam o pagamento.

É por isso que, no momento, o único caminho a seguir é dar um passo de cada vez. Nesse caso, um curso de cada vez. Quando tempo e dinheiro são recursos escassos, geralmente se investe em apenas um curso, um evento ou uma certificação por ano. Se você tiver mais recursos, pense em mais de uma oportunidade de aprendizado por ano. Porém, siga seu ritmo, pois esse é o único ritmo que você pode seguir.

Então, como escolher o próximo curso?

Esta é minha recomendação:

COMECE POR ONDE VOCÊ ESTÁ AGORA.
Seja honesto sobre o ponto em que você está em sua carreira, seu conhecimento e sua experiência básicos, e o que seus clientes em potencial e consumidores mais precisam no momento. Por exemplo, inscrever-se em um curso de fisiologia superfamoso após concluir seu treinamento básico de especialidade pode não ser uma boa jogada, caso você ainda não tenha muito conhecimento sobre aquisição de clientes ou psicologia de mudança;

VERIFIQUE SUAS LACUNAS.
Você desenhou seu T de forma correta? Olhe para as lacunas em branco. Depois de seu treinamento especializado, construa sua linha horizontal antes de esgotar suas opções na linha vertical. Amplie antes de restringir. Além disso, reconheça e respeite o poder do chamado efeito Dunning-Kruger, um fenômeno psicológico que significa que, quando somos menos experientes, não percebemos nosso pouco conhecimento ou nossa relativa falta de qualificação. Portanto, se você perceber que pensa que "já sabe tudo" ou que está "tudo dominado", preste atenção e ajuste suas habilidades e seu desempenho de acordo com especialistas mais famosos;*

---

* Mas não seja vítima do problema oposto: "Nunca estarei no nível de fulano! Nem faz sentido tentar! É muita diferença!" Acalme-se, elabore um plano e preencha essas lacunas uma a uma, lenta e firmemente.

FAÇA UMA ANÁLISE DO FATOR LIMITADOR.

Agora que você sabe o que está perdendo, faça a si mesmo a pergunta mais importante no processo: Qual é meu ponto fraco mais impeditivo? Em outras palavras, qual fator é mais limitador para seu crescimento pessoal e profissional? Chamamos isso de **análise do fator limitante**. Ela força você a ser crítico com relação a lacunas de informações e habilidades, além de priorizar o aprendizado nas áreas que farão uma maior diferença para sua carreira de forma imediata.

Por exemplo, se você for como a maioria dos profissionais de saúde e fitness (que precisam atrair os próprios clientes), marketing e vendas podem ser seus fatores limitantes. Sem a capacidade de atrair, conquistar e reter clientes, você não se manterá no mercado por muito tempo. Ou talvez saiba muito sobre a fisiologia do corpo, mas não tem estratégias para trabalhar com seres humanos de carne e osso na vida real. Seu fator limitante pode ser a psicologia de mudança. Ou talvez você seja modelo fitness com uma extensa experiência em exercícios e nutrição e tem 100 mil seguidores, mas não sabe ao certo como transformar isso em um negócio. Seus fatores limitantes podem ser sistemas e estratégia de negócios;

FAÇA UM CAMPEONATO.

Depois de identificar seu(s) fator(es) limitador(es), é hora de priorizar o aprendizado nessas áreas. Porém, como vimos anteriormente, a priorização é difícil. Mesmo depois de seguir as etapas anteriores, você provavelmente ainda ficará com uma lista não tão sucinta de cursos que parecem importantes para o desenvolvimento de sua carreira. Como mencionado, a lista levará anos para ser completada. Em vez de ficar estressado com isso ou paralisado pela inatividade, elabore uma competição entre os itens da lista, como em um campeonato esportivo de chave, igual ao mencionado no Capítulo 5.

Veja um exemplo de como poderia ser:

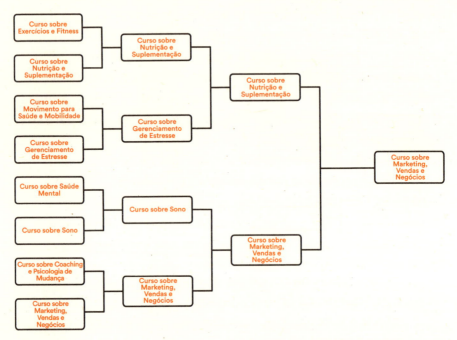

Obviamente, *seu* torneio pode ser muito diferente desse, mas o processo é o mesmo.

Seu Campeonato Educacional

Preencha um diagrama de chaves de competição em branco para decidir sobre seu próximo curso ou oportunidade de aprendizado. Junte os itens de sua lista, coloque-os para competir pelo próximo ponto precioso de sua agenda de aprendizado e veja quem vence. (Então, é claro, coloque isso em prática e se matricule no curso.)

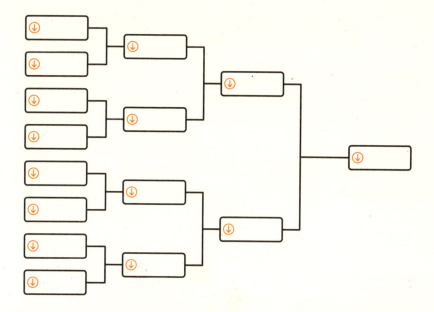

Importante: Depois de concluir sua última aventura de aprendizado, certifique-se de fazer novamente a competição. Sempre mantenha sua lista original, suas chaves e seus vencedores o mais atualizados possível, com base no que aprendeu desde a última vez em que realizou a competição.

Às vezes, até realizar um novo curso por ano pode parecer assustador no contexto da própria vida, especialmente se você estiver tentando conciliar trabalho, vida social, família ou outros compromissos e responsabilidades. É nesse ponto que as mesmas habilidades de priorização (como aquelas discutidas no Capítulo 5) se mostram tão importantes. Quando sobrecarregado com opções e oportunidades, afazeres e trabalho, a única forma confiável de dedicar tempo para o que mais importa é reavaliar como você está gastando seu tempo e priorizar as tarefas com potencial para fazer uma maior diferença.

Priorizando as Pedras Maiores

Um método útil para identificar e seguir suas prioridades é pensar em seu tempo como um pote, que você pode encher com um número finito de pedras, seixos e areia. Observe o exemplo.

As pedras, os seixos e a areia são diferentes entre si. Mas, independentemente disso, se você encher seu pote com muita areia primeiro, as pedras e os seixos não caberão.

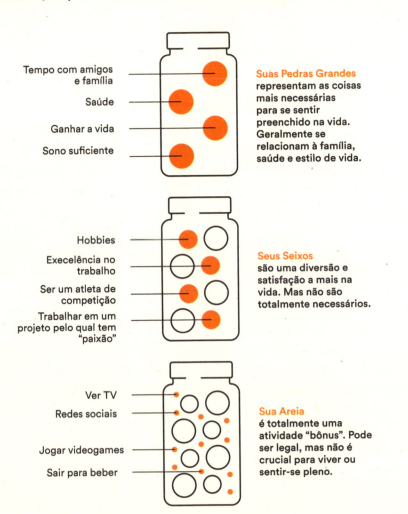

Tempo com amigos e família
Saúde
Ganhar a vida
Sono suficiente

Suas Pedras Grandes representam as coisas mais necessárias para se sentir preenchido na vida. Geralmente se relacionam à família, saúde e estilo de vida.

Hobbies
Excelência no trabalho
Ser um atleta de competição
Trabalhar em um projeto pelo qual tem "paixão"

Seus Seixos são uma diversão e satisfação a mais na vida. Mas não são totalmente necessários.

Ver TV
Redes sociais
Jogar videogames
Sair para beber

Sua Areia é totalmente uma atividade "bônus". Pode ser legal, mas não é crucial para viver ou sentir-se pleno.

Reflita sobre suas "grandes pedras", seus "seixos" e sua "areia" e preencha:

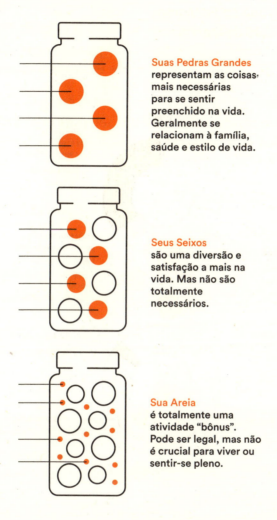

Outra ótima maneira de reservar tempo para as coisas mais importantes é fazer um diário de tempo, também mencionado no Capítulo 5. Sua agenda reflete como você está priorizando as atividades em sua vida. Portanto, quando registrar seus horários por algumas semanas, descobrirá se são consistentes com seus objetivos e valores.

Para isso, comece acompanhando seu dia em intervalos de 15 minutos. Por exemplo:

7h–7h15: Acordei, escovei os dentes, lavei o rosto.
7h15–7h30: Dei uma olhada no Instagram.
7h30–7h45: Ainda no Instagram.
7h45–8h: Fiz café da manhã.

E, então, faça uma análise.

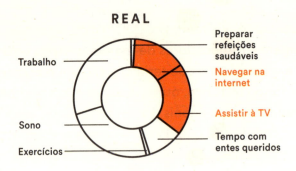

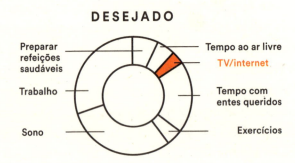

Sem fazer julgamentos, pergunte a si mesmo se sua agenda reflete suas verdadeiras prioridades e o que você sabe que o ajudará a alcançar seus objetivos pessoais e profissionais. Caso contrário, faça algumas mudanças para conseguir tempo para as tarefas pessoais e profissionais mais importantes (incluindo a educação continuada).

MEUS RECURSOS EDUCACIONAIS FAVORITOS EM CADA CATEGORIA

Há alguns anos, procurei um parceiro de suplemento para a Precision Nutrition. Eu não queria realmente vender suplementos. Na verdade, queria um *parceiro confiável para indicar a meus clientes* quando eles me perguntassem sobre produtos seguros e eficazes.

Pesquisei muito. Visitei diversas sedes de empresas, fábricas de embalagem e fornecedores de materiais. Após uma extensa pesquisa, encontrei uma que teria orgulho em recomendar. Eles tinham um longo histórico, ótimas vendas e faziam tudo certo. Infelizmente, três anos depois, foram comprados e pararam de fabricar os produtos de que nossos clientes precisavam, com a qualidade que eu exigia.

É por isso que até as melhores empresas vêm e vão. Decidi não incluir uma lista abrangente de livros, seminários, cursos e certificações nesta seção. Claro, eu adoraria ajudar a elaborar seu currículo com algumas recomendações confiáveis. No entanto, a Precision Nutrition existe há 15 anos e, durante esse período, vi empresas fecharem, livros serem retirados do mercado e recursos antes relevantes ficarem mais velhos do que um pão dormido.

Dito isso, na seção Recursos Educacionais, ao final deste livro, compartilharei alguns dos recursos que achei mais benéficos para *minha* carreira. São empresas, pessoas e programas dos quais me beneficiei, assim como nossos alunos. (É por isso que eles acabam pendendo para nutrição e fitness.)

No momento em que você ler este livro, eles já podem ter sumido. (Espero que não.) Se for esse o caso, tudo bem. Como agora você sabe avaliar as modalidades de aprendizado, faça a triangulação entre especialistas confiáveis e utilize o crowdsourcing e as revisões online para escolher e priorizar os cursos certos para você.

PALAVRAS DE SABEDORIA: EDUCAÇÃO

O VALOR DA educação
É INTERNO, E NÃO EXTERNO;

A EDUCAÇÃO muda QUEM VOCÊ É;
ELA AMPLIA SEU PENSAMENTO,
aprendizado E QUESTIONAMENTO;

Seu CURRÍCULO EDUCACIONAL
DEVE LEVAR A SEU EU DO FUTURO
E A quem VOCÊ GOSTARIA DE SE TORNAR;

PROCURE O CONHECIMENTO ESPECÍFICO DE TAREFAS,
a sabedoria, O INSIGHT PARA
DOMINAR a si mesmo E sua profissão;

TORNE-SE UM PROFISSIONAL EM FORMATO DE T.

Aprenda UM POUCO SOBRE MUITAS COISAS
E muito SOBRE POUCAS COISAS;

ALÉM DISSO, JUNTE-SE A PESSOAS que
sabem MUITO SOBRE O QUE
VOCÊ sabe POUCO;

NÃO É COMO SE você SE FORMASSE
E COMEÇASSE A trabalhar;
Fazer E APRENDER ANDAM LADO A LADO;

QUANDO tomar DECISÕES IMPORTANTES, triangule;
Ouça TRÊS ESPECIALISTAS IMPORTANTES E
SEJA ESPECIFICAMENTE curioso SOBRE SUAS
DISCORDÂNCIAS,

A PRIORIZAÇÃO É DIFÍCIL,
mas É A ÚNICA FORMA DE ARRUMAR TEMPO
PARA AS COISAS MAIS importantes;

SEM PRESSA.
NÃO é uma corrida;
VOCÊ NÃO ESTÁ ATRASADO.

CONCLUSÃO

Uma Pessoa Com Tanta Pressa Raramente Alcança Bons Resultados

Era uma vez um jovem chamado Matajuro. Como seu pai, ele queria ser um grande espadachim. Então, arrumou suas coisas e partiu para o Monte Futara ao encontro do famoso espadachim Banzo.

"Você deseja aprender esgrima sob minha orientação?", perguntou Banzo. "Sim", disse Matajuro. "Se eu me dedicar muito, quanto tempo levará para me tornar um mestre?", ele perguntou.

"Ah, você não cumpre os requisitos", disse Banzo, rejeitando o pedido de Matajuro.

"Mas…", ele implorou. "Estou disposto a passar por qualquer dificuldade se você me ensinar! Se eu me tornar seu servo dedicado, quanto tempo vai demorar?"

"Oh, talvez *dez anos*", disse Banzo.

"Mas meu pai está ficando velho e logo precisarei cuidar dele", respondeu Matajuro. "Se eu me dedicar com mais intensidade, quanto tempo levaria?"

"Nesse caso, talvez *trinta anos*", Banzo respondeu.

"O quê?!? Primeiro você diz *dez* anos e, agora, *trinta*. Aguentarei qualquer dificuldade para dominar essa arte no menor tempo possível!", exclamou Matajuro, impaciente.

"Bem…", disse Banzo. "Nesse caso, você precisará ficar aqui comigo por *setenta anos*. Uma pessoa com tanta pressa raramente alcança bons resultados."

Agora que chegamos ao fim deste livro, compartilho essa história — de um dos Koans Zen mais famosos do mundo — como um lembrete gentil de que, por mais apaixonado que você seja por todas as coisas ligadas à saúde e fitness, e por mais entusiasmado que possa estar para assumir esse trabalho que muda vidas, seu caminho até o domínio também exigirá estratégia, raciocínio claro e *muita* prática paciente.

Se esse trabalho parecer desafiador, é porque ele é mesmo. Embora, como ensino a meus alunos, todos nós — como Matajuro — tendamos a *superestimar* a dificuldade das coisas e a *subestimar* quanto tempo elas levarão.

Esperamos que o currículo estabelecido neste livro o ajude a calibrar isso.

---

* Provavelmente, muito mais do que você está pensando agora.

Além disso, espero que o ajude a minimizar os desvios que desperdiçam seu tempo e esmagam os sonhos em seu caminho para o sucesso, levando-o constantemente em direção ao que é mais importante: às poucas coisas, cuidadosamente escolhidas, que podem fazer toda a diferença para você e para as pessoas que você espera servir.

Tornar-se o melhor agente de mudança de todos exigirá que você pense de forma diferente sobre quem é, por que está aqui, como pode ter uma ótima vida e como pode fazer verdadeiramente a diferença. Isso começa com novas perguntas como:

Quais são meu objetivo, meu conjunto de habilidades únicas e meu sistema de valores?

O que as pessoas que espero servir realmente querem?

Como posso atender a essas necessidades e, também, respeitar as minhas?

Quais habilidades devo desenvolver para transformar minha paixão em algo sustentável?

E não se esqueça das perguntas mais cruciais:

Quando morrer, ou me aposentar, terei me dedicado a buscar algo valioso, significativo e satisfatório?

Todos os meus esforços fizeram alguma diferença?

Como posso confirmar isso?

Cresci em uma família de imigrantes. Meus pais vieram para a América do Norte após deixarem sua pequena vila agrícola na parte central da Itália, em que a maioria das casas, inclusive a deles, não tinha eletricidade ou água corrente. Quando criança, eu os assistia trabalhar arduamente, às vezes de forma esgotante, enquanto esperavam e recebiam muito pouco em troca. O mesmo acontecia com a maioria das outras famílias que eu conhecia.

Essa é uma das razões pelas quais continuo espantado com as ricas recompensas que *recebi* ao seguir as lições deste livro.

Não estou querendo parecer humilde. Estou *legitimamente* admirado com o tipo de alquimia que pode transformar um garotinho com um sotaque engraçado, que cresceu em um apartamento minúsculo, em cima de uma garagem degradada em... mim.

Meu trajeto diário para o trabalho são dez passos até meu escritório, em minha casa. Tenho uma família saudável com quem posso passar o tempo que quiser e faço isso em abundância. Tenho amigos interessantes e amizades profundas. Sou muito bem remunerado para prestar consultoria às maiores empresas do mundo. Fundei e continuo envolvido em uma das mais respeitadas organizações de saúde e fitness. Sou apaixonado pelo que faço e acredito que meu trabalho fez e continuará fazendo a diferença.

Embora a ética do trabalho que aprendi com minha família certamente tenha algo a ver com essa vida mágica que estou vivendo, também tenho certeza de que o sucesso é muito mais do que "abraçar a rotina". Porque todo imigrante que conheci quando pequeno trabalhava dez vezes mais do que você pode imaginar. Todas as manhãs, dias e noites. Fins de semana também. E a maioria mal ganhava um salário digno.*

Observar essa incompatibilidade entre "ética de trabalho" e "sucesso" me fez perceber que, se eu quisesse fazer melhor, não poderia simplesmente me esforçar *mais*. Seria preciso que eu tentasse algo *diferente*. No começo, eu não fazia ideia de como seria esse "diferente". Agora, quase três décadas depois, estou começando a entender. Na verdade, acredito que, se houvesse uma "fórmula" para o sucesso pessoal e profissional, ela seria assim:

---

* Ainda que tenha sido uma recompensa suficiente para muitos deles. Porque, dependendo de onde eles vieram, seu objetivo era escapar do desemprego, da pobreza extrema, da perseguição e/ou da morte.

SISTEMA para EXECUÇÃO Diária (UM PLANO CLARO e estratégico para SER APLICADO AO SEU TRABALHO);

SUCESSO PESSOAL E PROFISSIONAL.

Ao longo deste último ano escrevendo este livro, tentei delinear a lógica de cada elemento dessa fórmula com a maior clareza possível. Alguns dias, era fácil de escrever. Em outros, desafiador. Continuei porque acredito que essas lições têm o poder não apenas de mudar sua vida, mas de remodelar todo um setor.

No entanto, aprender não é o mesmo que fazer. Não para seus clientes. Nem para você.

É por isso que mais uma vez sugiro que você visite, se ainda não o fez, o site www.alta-books.com.br e faça o download de exercícios, atividades, perguntas e planilhas gratuitas que forneci. Elas podem transformar seu conhecimento em uma ação de mudança de carreira. Para mostrar a seu *eu de hoje* o caminho para seu *eu do futuro*. Para trazer à tona o agente de mudança mais poderoso que você puder ser.

Ao trabalhar com eles, lembre-se sempre disto: Não é uma corrida. Você não está atrasado. E não há nada para "alcançar". Como Banzo sabia bem, paciência, domínio e sucesso andam de mãos dadas.

GUIA DE REFERÊNCIA RÁPIDA PARA PLANILHAS, EXERCÍCIOS DE REFLEXÃO E RECURSOS

Depois de concluir o primeiro rascunho deste livro, reuni 15 amigos e colegas — em diferentes pontos de suas carreiras em saúde e fitness, e também pessoas que trabalham em diferentes setores — para fazer uma espécie de revisão do material por partes. Usando o protocolo verbal Think Aloud, descrito nas Perguntas e Respostas do Capítulo 3, eles passaram inúmeras horas lendo, ponderando e comentando o conteúdo. O resultado? Aproximadamente 1 mil ideias e comentários para revisar e decidir se deveria incorporar (ou não) ao livro.[*]

O pedido número 1? Planilhas e páginas de resumo. Eles queriam uma forma de encontrar rapidamente os exercícios mais relevantes para si mesmos. Além da capacidade de compartilhar aqueles que mais poderiam beneficiar seus amigos e colegas. É disso que este guia de referência rápida trata. Incluí uma lista de modelos, roteiros e planilhas para os exercícios e instruções para os processos mais importantes.

Para fazer o download gratuito das versões em PDF que podem ser impressas e editadas, visite o site: www.altabooks.com.br.

Segue uma lista completa desses recursos:

CAPÍTULO 1: OPORTUNIDADE

Do Desafio à Oportunidade, página 20 ☐

CAPÍTULO 2: CARREIRA

Descobrindo Sua História de Origem, página 27 ☐

Seis Passos Para Escolher uma Carreira Plena, página 29 ☐

Definindo Seu Propósito, página 33 ☐

Descobrindo Suas Habilidades Únicas, página 39 ☐

As Habilidades Únicas de John Berardi, página 44 ☐

---

[*] Sim, foi um processo meticuloso e demorado. Mas também valeu totalmente a pena. Este livro é muito melhor em virtude desse esforço coletivo. Sou eternamente grato a cada um deles por seus cuidados.

GUIA DE REFERÊNCIA RÁPIDAPARA PLANILHAS, EXERCÍCIOS DE REFLEXÃO E RECURSOS **327**

Dedicando Tempo a Suas Habilidades Únicas, página 46 ☐

Sintonizando Seus Valores Individuais, página 51 ☐

Escolhendo Sua Carreira, página 62 ☐

Tomando Decisões Inteligentes Todos os Dias, página 65 ☐

Reavaliando Seu Propósito, Suas Habilidades Únicas e Seus Valores ao Longo do Tempo, página 67 ☐

As Cinco Etapas da Oportunidade, Capítulo 2 Perguntas e Respostas (online) ☐

Como Dizer Não Com Gratidão e Delicadeza, Capítulo 2 Perguntas e Respostas (online) ☐

CAPÍTULO 3: CLIENTES

Estrutura de Trabalhos A Serem Feitos, página 82 ☐

Como Usar o "protocolo verbal Think Aloud", Capítulo 3 Perguntas e Respostas (online) ☐

Estratégias para Serem Usadas no Lugar de "Trabalhos A Serem Feitos", Capítulo 3 Perguntas e Respostas (online) ☐

CAPÍTULO 4: COACHING

Os Sete Superprincípios de Coaching, página 110 ☐

Foco no Coach x Foco no Cliente, página 114 ☐

Perguntas para uma Escuta Empática, página 118 ☐

Estímulos de Coaching Baseados em Bondade, página 123 ☐

Definir os Tipos Certos de Objetivos, página 125 ☐

Dos Objetivos à Planilha de Ações, página 132 ☐

Transformar Metas em Habilidades e Práticas, página 134 ☐

Fórmula 5S da Precision Nutrition para Objetivos, página 135 ☐

Teste de Confiança, página 136 ☐

Quatro Cenários de Coaching, página 141 ☐

O Truque da Conversa da Mudança, página 141 ☐

O Continuum, página 142 ☐

As Perguntas Malucas, página 144 ☐

A Solução Própria, página 145 ☐

Seus Cinco Porquês, Capítulo 4 Perguntas e Respostas (online) ☐

Olhando para o Passado, Olhando para o Futuro,
Capítulo 4 Perguntas e Respostas (online) ☐

CAPÍTULO 5: NEGÓCIOS

As Cinco Habilidades de Negócios Mais Importantes, página 155 ☐

Eficaz x Eficiente, página 160 ☐

Seu Diário de Tempo, página 162 ☐

Agende um Horário para Refletir, página 164 ☐

A Competição das Pendências, página 167 ☐

Quatro Estratégias para Melhorar a Priorização, página 169 ☐

A Fórmula do Tripé do Marketing, página 172 ☐

O Que Você Pode Doar?, página 181 ☐

O Futuro Esperançoso, página 183 ☐

Seu Discurso de Elevador, página 186 ☐

Venda de Pesquisas, página 188 ☐

O Desafio de "Contar às Pessoas o Que Você Faz", página 191 ☐

Como Aproveitar Suas Comunidades Existentes, página 195 ☐

Construindo Seus Sistemas, página 198 ☐

Seis Importantes Lições sobre Contratação, página 211 ☐

Equilíbrio Entre o "Lado de Dentro Do Muro" e o
"Lado de Fora Do Muro", página 215 ☐

Perguntas de Projeto e Priorização, Capítulo 5 Perguntas e
Respostas (online) ☐

CAPÍTULO 6: REPUTAÇÃO

Oito Princípios de Reputação, página 234 ☐

Elogiar Quando os Outros Fazem um Bom Trabalho, página 228 ☐

Nove Qualidades Importantes para Construir sua Reputação, página 232 ☐

Fórmula de Reputação de Três Partes de JB, página 233 ☐

Respondendo ao Feedback, página 244 ☐

Buscando Feedback, página 246 ☐

Sete Estratégias para Melhorar seu Feedback, página 249 ☐

O Método STATE para Conversas Cruciais, página 259	☐
Quatro Estratégias para Conduzir Conversas Cruciais, página 260	☐
Conheça seu Objetivo, página 262	☐
Dez Formas de Cultivar a Sabedoria, página 265	☐

CHAPTER 7: EDUCAÇÃO

Avaliando a Educação Continuada, página 279	☐
Áreas para Desenvolver Além de Sua Especialidade, página 284	☐
Sua Planilha de Currículo em Formato T, página 285	☐
Sete Formatos de Aprendizagem, Classificados, páginas 286–294	☐
Encontre um Mentor, página 296	☐
O Método de Triangulação para a Tomada de Decisões, página 300	☐
Seu Campeonato Educacional, página 309	☐
Priorizando as "Pedras Maiores", página 310	☐

Novamente, você pode fazer o download das versões em PDF de cada planilha e resumo, que podem ser impressos e editados, no site: www.altabooks.com.br.

GUIA DE REFERÊNCIA RÁPIDA PARA AS PERGUNTAS E RESPOSTAS

Para dar suporte ao que você está aprendendo neste livro, compilei questionários ao final dos capítulos, repletos de perguntas reais e ponderadas que ouvi ao longo dos anos. Em cada pergunta, compartilho minha opinião sem filtros sobre os desafios que, sem dúvida, você enfrentará à medida que progredir em sua carreira. Para economizar espaço, disponibilizamos esses arquivos online, para que você possa fazer o download (gratuitamente) no site: www.altabooks.com.br.

As perguntas incluem:

Capítulo 2: Carreira

P: Estou animado para entrar no ramo de saúde e fitness. Sinto que é onde mora meu propósito e poderei fazer a diferença com as habilidades únicas que possuo. Mas parece ser uma área realmente saturada, com muitas pessoas querendo participar. Será que devo me preocupar com a concorrência? (Resposta: ~ 375 palavras)

P: Você falou anteriormente sobre usar seu propósito, suas habilidades únicas e seus valores para ajudar a determinar o que deve ser aceito e o que deve ser rejeitado. Isso vale para todas as etapas de sua carreira? (Resposta: ~ 700 palavras)

P: Compreendo o valor de recusar certas oportunidades em determinados estágios de minha carreira. Mas como posso fazer isso sem parecer ingrato, desapontar as pessoas que talvez contem com meu sim e não arruinar oportunidades futuras? (Resposta: ~ 650 palavras)

P: Pelo que entendi, você está dizendo que a paixão deve ser o fio condutor de uma carreira. Soube que isso não é uma boa ideia e você precisa ser mais prático. O que você acha disso? (Resposta: ~ 150 palavras)

Capítulo 3: Clientes

P: As ideias deste capítulo são, principalmente, qualitativas e me considero uma pessoa mais quantitativa. Você não coleta dados mensuráveis ao planejar seu marketing, sua publicidade e seus produtos? (Resposta: ~ 275 palavras)

P: Você falou sobre uma técnica chamada "protocolo verbal Think Aloud". O que é isso e como funciona? (Resposta: ~ 425 palavras)

P: Meu negócio é relativamente novo, ainda não tenho muitos clientes e ofereço apenas um serviço. Eu adoraria ter insights mais profundos, porém realmente não sinto que tenha tempo disponível para isso; não tenho certeza se posso pagar para conversar com as pessoas e me pergunto se o que eu aprendi será útil. O que devo fazer? (Resposta: ~ 350 palavras)

Capítulo 4: Coaching

P: Você descreveu sete princípios de coaching e todos parecem importantes. Estou um pouco perdido sobre o que fazer em seguida. O que você recomenda? (Resposta: ~ 200 palavras)

P: Acho que a responsabilidade é grande parte do motivo pelo qual as pessoas contratam coaches, mas acho que elas também ficam frustradas quando as coisas não acontecem do jeito que querem. Como equilibrar o fato de responsabilizar os clientes sem parecer que estou incomodando ou chateando? (Resposta: ~ 200 palavras)

P: Os clientes sempre me apresentam o objetivo vago de perder peso, o que é ótimo. Mas, agora que sei que devo fazer mais perguntas, qual é o próximo passo? (Resposta: ~ 300 palavras)

P: O que fazer quando os clientes resistem a quase todas as suas sugestões? (Resposta: ~ 200 palavras)

P: Certo, vamos falar de resultados. Como você os controla? (Resposta: ~ 225 palavras)

P: Alguma dica para clientes que parecem impacientes ou frustrados com o efeito platô? (Resposta: ~ 175 palavras)

P: Tenho muitos clientes que são basicamente preguiçosos. Eles não querem se dedicar, não importa o que eu tente ou quanto eu facilite. E agora? (Resposta: ~ 575 palavras)

P: Às vezes, meus clientes têm teorias elaboradas e incorretas sobre o que funciona para eles e qual deve ser o próximo passo. Como lidar com isso? (Resposta: ~ 450 palavras)

P: Você disse que tentou ser um coach tipo "líder de torcida". Tenho orgulho de ser motivador e positivo, e as pessoas me dizem que gostam disso. Então, está dizendo que eu não deveria ser assim? (Resposta: ~ 200 palavras)

P: Quer que eu fique em silêncio às vezes? Eu deveria ter as respostas. (Resposta: ~ 425 palavras)

P: Estou muito frustrado com as pessoas que dizem que querem testar algo que viram na TV. Tem algum conselho com relação a isso? (Resposta:~ 200 palavras)

P: Meus clientes juram que estão "fazendo tudo certo", mas tenho minhas dúvidas. O que posso fazer para desafiá-los, sem que pareça contraditório? (Resposta: ~ 125 palavras)

Capítulo 5: Negócios

P: Adoro a ideia de uma competição para ajudar na priorização e vou começar a aplicá-la. Mas nem sempre tenho certeza de qual ação deve vencer. Você pode me ajudar com isso? (Resposta: ~ 300 palavras)

P: E se eu ainda estiver com problemas? (Resposta: ~ 300 palavras)

GUIA DE REFERÊNCIA RÁPIDA PARA AS PERGUNTAS E RESPOSTAS **333**

P: No ramo de saúde e fitness, vejo muitas pessoas com outras fontes de renda. Eles usam o coaching como segunda fonte de renda ou fazem outros serviços para complementar a renda do coaching? Isso é uma boa ideia? (Resposta: ~ 175 palavras)

P: Parece que muitas pessoas fazem carreira para se tornarem famosas na internet ou nas redes sociais. Esse é um modelo de negócios razoável? (Resposta: ~ 425 palavras)

P: Há outras lições de negócios que você aprendeu ao longo dos anos? (Resposta: ~ 625 palavras)

Capítulo 6: Reputação

P: Em um de seus seminários, você menciona sua estratégia de "Jogar o Oposto no Google" como uma forma de buscar feedback sobre determinadas ideias. Pode explicar mais sobre isso? (Resposta: ~ 400 palavras)

P: Neste capítulo, você fala sobre "ser você mesmo". Como a aparência se encaixa nisso? "Eu mesmo" estou vestindo bermuda e camiseta, mas não acho que muitas pessoas pensariam que essa é uma aparência profissional. (Resposta: ~ 400 palavras)

P: E falar palavrão? Conheço um coach que usa palavrões assim como as vírgulas. Não acho que isso seja muito bom em termos de reputação. (Resposta: ~ 225 palavras)

P: Uma vez, um cliente me disse que meu site não tinha "cara de profissional". O quanto isso influencia no desenvolvimento de minha reputação? (Resposta: ~ 275 palavras)

P: Você fala sobre inclusão em relação a diferentes tamanhos, corpos, raças, gêneros e níveis de habilidade. Qual é a importância disso? (Resposta: ~ 500 palavras)

Mais uma vez, você pode fazer download de todas as perguntas e de minhas respostas gratuitamente no site: www.altabooks.com.br.

RECURSOS EDUCACIONAIS

A Precision Nutrition existe há 15 anos e, durante esse período, vi empresas fecharem, livros serem retirados do mercado e recursos antes relevantes ficarem mais velhos do que um pão dormido. Por esse motivo, decidi não incluir uma lista abrangente de livros, seminários, cursos e certificações neste livro

Enfim, gostaria de compartilhar alguns dos recursos que achei mais benéficos para *minha* carreira. São empresas, pessoas e programas dos quais me beneficiei, assim como nossos alunos. (É por isso que eles acabam pendendo para nutrição e fitness.)

No momento em que você ler este livro, eles já podem ter sumido. (Espero que não.) Se for esse o caso, tudo bem. Como agora você sabe avaliar as modalidades de aprendizado, faça a triangulação entre especialistas confiáveis e utilize o crowdsourcing e as revisões online para escolher e priorizar os cursos certos para você.

EXERCÍCIO E FITNESS:

Personal Trainer certificado pelo ACSM (certificação)

Personal Trainer certificado pelo ISSA (certificação)

Personal Trainer certificado pelo NASM (certificação)

Especialista em Força e Condicionamento certificado pela NSCA (certificação)

Personal Trainer Development Center (site)

NUTRIÇÃO E SUPLEMENTAÇÃO:

Examine.com (site)

The Examine Research Digest (assinatura)

Programa International Society of Sport Nutrition CISSN (certificação)

PrecisionNutrition.com (site)

Programa de Certificação da Precision Nutrition Nível 1 (certificação)

EDUCAÇÃO SOBRE MOVIMENTO:

Programa de certificação de sistemas de movimento funcional (certificação)

ISSA Corrective Exercise Specialist (certificação)

MobilityWOD.com (site, seminários e cursos)

Postural Restoration Institute (site, seminários e cursos)

Z-Health Performance Solutions certification program (certificação)

COACHING, COMUNICAÇÃO, PSICOLOGIA DE MUDANÇA:

Crucial Conversations: Tools for Talking When Stakes Are High (livro) Girls Gone Strong (site)

Programa de Certificação Girls Gone Strong Nível 1 (certificação)

PrecisionNutrition.com (site)

Programa de Certificação da Precision Nutrition Nível 2 (certificação)

Switch: How to Change Things When Change Is Hard (livro)

Thanks for the Feedback (livro)

SONO, ESTRESSE, SAÚDE MENTAL:

Curso CAMH em Saúde Mental

Curso CAMH em Entrevista Motivacional

Curso CAMH em Terapia Comportamental Cognitiva

Motivational Interviewing: Helping People Change (livro)

Motivational Interviewing Network of Trainers (seminários)

The Sleep Revolution (livro)

SleepEducation.org (site)

Why Zebras Don't Get Ulcers (livro)

NEGÓCIOS, VENDAS, MARKETING:

Business for Unicorns (artigos, cursos de negócios, programas de coaching)
OnlineTrainer.com (site)
Online Trainer Academy (certificação de coaching online)
Net Profit Explosion (artigos, cursos, programas de fitness coaching)
Results Fitness University (mentoria de negócios fitness ao vivo)
Strategic Coach (coaching e mentoria em empreendedorismo)

TREINAMENTO DE ALTA INTENSIDADE/GRUPO:

Training for Warriors (diversos níveis de certificação)
CrossFit (diversos níveis de certificação)
TRX (diversos níveis de certificação)

DEMOGRAFIAS ESPECIAIS:

CrossFit Kids (certificação)
Programa de certificação da Girls Gone Strong Pre- and Post-Natal (certificação)
ISSA Senior Fitness Specialist (certificação)

OPORTUNIDADES DE ESTÁGIO:

Altis (cursos de treinamento esportivo de elite e estágios)
EXOS (cursos de performance humana e estágios)
Cressey Sports Performance (estágios de força e condicionamento de elite)

ÍNDICE

A

Ação produtiva contínua, 263
Alimentação saudável, 13
Al Switzler, 256
Análise do fator limitante, 313
Ansiedade, 163
Aprendizado, 280
    modelo em formato T, 286
Área de conhecimento, 288
Aristóteles, 3
Atenção
    individual inesperada, 179
    plena, 80
Autenticidade, 273
Autoconfiança, 6, 45
Autoconhecimento, 115, 268
Autoconsciência, 68
Autocrítica, 136
Autocuidado, 13, 50
Autodeterminação, 115
Autodomínio, 231
Autoeficácia, 115
Autopromoção, 199
Autoridade, 226

B

Barreiras psicológicas, 111
Baterias
    físicas, 168
    mentais, 168
Bioquímica de nutrientes, 111
Bob Moesta, 82, 91
Brainstorming, 169

C

Campeonato educacional, 314
Carol Dweck, 241
Carreira, 63
    como escolher sua, 63
    estratégias de, 68

Categorias de e-mail, 205
Catherine Nomura, 37
Certificação de coaching nutricional, 308
Chris Spiek, 91
Clay Christensen, 82
Clichês industriais, 80
Clientes em potencial, 6
Coaching, 5
    baseado em bondade, 124
    baseado em maldade, 123
    treinamento em, 5
Colaboração profissional, 257
Competências técnicas e pessoais, 228
Compreensão superficial dos clientes, 78
Comunidades existentes, 198
Condicionamento físico, 286
Conexão pessoal, 179
Conexões humanas reais, 236
Confiança
    em seu corpo, 189
    mental, 189
Consequências não intencionais, 217
Continuum de comportamentos, 146
Conversas cruciais, 256
Credenciais inabaláveis, 229
Crença fundamental, 124
Crescimento
    dos negócios, 281
    pessoal, 256
    profissional, 256
    significativo, 269
Criar um ambiente seguro, 260
Crise de saúde, 6
Críticas construtivas, 254
Crowdsourcing, 309
Cultura de trabalho, 211
Currículo, 281
    educacional, 307

D

Dan Sullivan, 11, 37
Desenvolvimento
contínuo de habilidades, 131
de atletas, 284
de habilidades práticas, 298
de sabedoria, 268
interno, 297
pessoal, 284
profissional, 284
Diálogo com foco em mudanças, 150
Diário
de comida, 165
de tempo, 317
de Tempo, 165
Diminuição da mudança, 140
Disciplina, 163
Discurso de elevador, 190, 195
Dissonância cognitiva, 109
Domínio de carreira, 284
DRIP
Negar, Reprimir, Ignorar, Fingir, 252

E

Educação, 280
continuada, 280, 318
pessoal, 292
profissional, 292
Efeito Dunning-Kruger
fenômeno psicológico, 312
Empatia genuína, 145
Empresa de brincadeira, 219
Era da informação, 272
Eric Cressey, 283
Ernest Hemingway, 288
Escolhas educacionais, 291
Escuta
ativa, 274
de alta qualidade, 118
empática, 118, 150
habilidades de, 119
Especializações, 12
se ater às suas, 12

E (coluna direita)

Espírito de crescimento, 231
Estágio de mudança, 110
Estilo de vida, 14
Estratégia de negócios, 313
Estrutura organizacional, 158, 217

F

Fatores
humanos, 228
limitantes, 308
Feedback, 109
7 estratégias para melhorar seu, 253
buscar, 250
construtivo, 254
contextualize seu, 254
loop de, 256
positivo, 254
preciso, 254
Ferramentas psicológicas, 5
Filtro de valores e prioridades, 51
Fio condutor, 330
Fisiologia muscular, 111
Foco
no cliente, 114, 124, 194
no coach, 114, 124
Fonte do conhecimento, 280
Forças emocionais, 85
Formatos de aprendizado, 291
Fórmula
5S, 138
do Tripé do Marketing, 176
Fracasso fitness, 95
Funil de vendas, 184
Futuro esperançoso, 186, 200

G

Gatilho, 79, 94
de resistência, 119
significativo, 79
Georges St-Pierre, 133
Gerenciamento de estresse, 13
Glen Mills, 227
Guias profissionais, 109

H

Habilidades
    de coaching, 257
    de marketing, 176
    de negócios
        contratar equipe, 216
        criar sistemas, 202
        organização de equipes, 218
        priorizar, 160
        reduzir o tempo, 168
        refletir, 168
    de priorização, 163, 315
    desenvolver, 243
    empresariais, 158
    em vendas, 176
    internas, 273
    necessárias, 160
    únicas, 11, 27, 60
        constante melhoria, 38
        energia, 38
        habilidade superior, 38
        paixão, 38
Hábitos, 119
Hiroshi Mikitani, 217

I

Ilusão do final da história, 243
Indicadores de credibilidade, 282
Índice Kolbe
    ferramenta de avaliação de ações, 211
Infraestrutura profissional, 17
    plano progressivo, 17
Integração organizacional, 213
Integridade, 273

J

Jahvid Best, 133
Jonathan Goodman, 179
Joseph Grenny, 256
Julia Waller, 37

K

Ken Cooper, Dr., 2
Kerry Patterson, 256

L

Leads qualificados, 183
Lee Bolman, 218
Liderança empática, 274

M

Macronutrientes, 111
Manter "a mente aberta", conceito, 80
Mapeamento mental, 169
Marketing, 186, 200
Mars, 75
    Snickers, 75
Mary Kate, 151
McDonald's, 74
Meditação, 271
Mentalidade de crescimento, 282
Mentoria, 300
Metas de comportamento, 136
Método
    de chaves de competição, 171
    de triangulação, 297, 305
    STATE, 261
Micronutrientes, 111
Mike Boyle, 245
Mindfulness, 271
Mindset
    de crescimento, 241, 248, 269, 304
    fixo, 242
Modelo de resposta, 202
Modo deficit, 124
Momento
    de mudança, 144
    resistência, 144
    simplificador, 99

N

Nate Green, 300
Neil Rackham, 200

O

Obesidade, 4
Objetivos, 11
    a alcançar, 129
    a evitar, 129

340   AGENTE DE MUDANÇA

alinhá-los a suas habilidades únicas, 11
comportamentais, 127, 136
de desempenho, 131
de domínio, 131
definir explicitamente seu, 11
resultantes, 126
Oportunidade do "oceano azul", 7

P

Paixão, 49
se deixar levar pela, 49
Pensamento
alternativo, 259
inclusivo, 259
Perfil Caliper
ferramenta de avaliação de
personalidade, 211
Perguntas
de acompanhamento, 149
de aconselhamento, 122
de planejamento, 121
de visualização, 120
exploratórias, 120
focadas em soluções, 120
para a avaliação de prontidão, 121
para validar sentimentos, 121
que evocam mudanças, 121
Pesquisa
ativa, 99
passiva, 99
Phil Caravaggio, 305
Plano educacional, 281
Ponto de equilíbrio, 220
Pool de significado compartilhado, 258
Prática
diária, 136, 243
estratégica, 138
intencional, 241
paciente, 322
Prioridades, 57
Priorização
implacável, 182
insuficiente, 208

Priorizar
aprender a, 160
eficiência ou eficácia?, 161, 169
Probabilidade de sucesso, 160
Processo contínuo de domínio, 231
Procrastinação, 168
Produtividade, 163
Profissionalismo, 18
Programas de certificação, 296
Progressão, 132
lógica, 134
Proporção entre doações e pedidos, 183
Propósito, 10, 26, 59
defina seu, 30
explícito, 27
mútuo, 260
real, 30
verdadeiro, 30
X história de origem, 26
Prova social, 99, 282
Psicologia da mudança, 111

R

Raízes emocionais, 90
Recursos, 201
educacionais, 319
uso eficaz de seus, 201
Reflexão, 169
Registros de treinamento, 165
Regra dos 3 e 10, 217
Relacionamento significativo e duradouro, 9
Relações entre coach e cliente, 108
Renée Mauborgne, 7
Renovação da qualificação, 280
Reputação, 226–277
construção da, 230
duradoura, 229
fórmula de, 229, 237
inabalável, 229
notável, 281
qualidades importantes para
Aberto a aprender sobre o outro, 236
Compaixão, 236

Confiança, 236
Consistente, 237
Curioso sobre o mundo, 237
Gratidão, 236
Honesto, 237
Intencional, 237
Respeito, 236
Respeito, 226
mútuo, 260
Resultados desejados, 136
Robert Cialdini, 200
Ron McMillan, 256

S

Saber o que os clientes realmente querem, 90
Seja "antropólogo" de seus clientes, 177
Shannon Waller, 37
Simon Sinek, 10, 30
Sistemas
de energia, 111
de valores, 323
orgânicos, 111
Soluções "inclusivas", 259

T

TASF, estrutura, 81, 91
forças, 86
linha do tempo, 86
Taxa de colheita de informação, 311
Tempo, 48
como deveria gastar seu, 48
como está gastando seu, 48
Teoria das restrições, 172

Terminologia científica, 226
Terrence Deal, 218
Teste de confiança, 140
Tomada de decisões do cliente, 85
Trabalho a ser feito, princípio, 76
Trajeto educacional, 283
Treinamento
acadêmico, 299
especializado, 280

U

Usain Bolt, 227

V

Valores, 49
confrontar seus, 56
individuais, 27
listar seus, 57
são princípios orientadores, 49
únicos, 269
Valor intrínseco, 131
Venda de pesquisas, 192
Vendas, 186, 200
Vulnerabilidade, 31

W

WAIT?
Why Am I Talking?
por que estou falando, 247
W. Chan Kim, 7

Y

Yohan Blake, 227

SOBRE O AUTOR

John Berardi é um empresário canadense-americano, mais conhecido como cofundador da Precision Nutrition, a maior empresa de coaching, educação e software de nutrição do mundo.

Ele também é o fundador da Change Maker Academy, dedicada a ajudar os possíveis agentes de mudança a transformarem sua paixão por saúde e fitness em um objetivo poderoso e uma carreira com enorme sucesso.

Berardi prestou consultoria para empresas como Apple, Equinox, Nike e Titleist; equipes e atletas como San Antonio Spurs, Carolina Panthers, o campeão do US Open, Sloane Stephens, e o campeão do UFC em duas divisões, Georges St-Pierre; e foi considerado um dos 20 coaches mais inteligentes do mundo e 1 das 100 pessoas mais influentes em saúde e fitness.

Ele vive em Ontário, Canadá, com sua esposa e quatro filhos.

Projetos corporativos e edições personalizadas
dentro da sua estratégia de negócio. Já pensou nisso?

Coordenação de Eventos
Viviane Paiva
viviane@altabooks.com.br

Assistente Comercial
Fillipe Amorim
vendas.corporativas@altabooks.com.br

A Alta Books tem criado experiências incríveis no meio corporativo. Com a crescente implementação da educação corporativa nas empresas, o livro entra como uma importante fonte de conhecimento. Com atendimento personalizado, conseguimos identificar as principais necessidades, e criar uma seleção de livros que podem ser utilizados de diversas maneiras, como por exemplo, para fortalecer relacionamento com suas equipes/ seus clientes. Você já utilizou o livro para alguma ação estratégica na sua empresa?

Entre em contato com nosso time para entender melhor as possibilidades de personalização e incentivo ao desenvolvimento pessoal e profissional.

PUBLIQUE SEU LIVRO

Publique seu livro com a Alta Books. Para mais informações envie um e-mail para: autoria@altabooks.com.br

 /altabooks   /alta-books   /altabooks   /altabooks

CONHEÇA OUTROS LIVROS DA **ALTA LIFE**

Todas as imagens são meramente ilustrativas.

Este livro foi impresso nas oficinas gráficas da Editora Vozes Ltda.,
Rua Frei Luís, 100 – Petrópolis, RJ.